高校人文社科研究论著丛刊
College Treatise Series in Humanities & Social Sciences

弘扬求是精神，打造学术研究精品
提升创新能力，促进学术交流发展

现代英语语言学多维研究

XIANDAI YINGYU YUYANXUE
DUOWEI YANJIU

朱建斌　张双华　王大力　编著

中国书籍出版社
China Book Press

图书在版编目(CIP)数据

现代英语语言学多维研究/朱建斌,张双华,王大力编著. --北京:中国书籍出版社,2014.6
ISBN 978-7-5068-4235-8

Ⅰ.①现… Ⅱ.①朱…②张…③王… Ⅲ.①英语—语言学—研究 Ⅳ.①H31

中国版本图书馆 CIP 数据核字(2014)第 138398 号

现代英语语言学多维研究

朱建斌　张双华　王大力　编著

丛书策划	谭　鹏　武　斌
责任编辑	南恒轩
责任印制	孙马飞　马　芝
封面设计	崔　蕾
出版发行	中国书籍出版社
地　　址	北京市丰台区三路居路 97 号(邮编:100073)
电　　话	(010)52257143(总编室)　(010)52257140(发行部)
电子邮箱	chinabp@vip.sina.com
经　　销	全国新华书店
印　　刷	三河市铭浩彩色印装有限公司印刷
开　　本	710 毫米×1000 毫米　1/16
印　　张	19.5
字　　数	349 千字
版　　次	2015 年 9 月第 1 版　2015 年 9 月第 1 次印刷
书　　号	ISBN 978-7-5068-4235-8
定　　价	56.00 元

版权所有　翻印必究

前　言

　　语言是人们进行交流和沟通的重要工具,是人类文明得以传承和保留的重要途径。无论在日常生活、工作中,还是在对外交流中,语言都扮演着极为重要的角色,并发挥着巨大的作用。确切地说,语言已经成了人类生活中不可或缺的一部分,没有语言也就没有人类文明的存在。人们自出生起就开始接触语言,所以对于语言的操控和把握应该相当熟练,但如果问及他们一些语言现象和语言规律等理论上的问题时,却无法得到令人满意的答案。因此,想要真正地了解语言,首先就要认真研究语言,也就是研究语言学。到目前为止,国内外诸多专家、学者已经开始着手研究语言学的相关内容,且取得了一定的成果,与之相关的著作也层出不穷。但是,这些研究仍然存在一些问题,如过分强调理论的研究而忽略实践的说明;观点不够鲜明,重点不够突出;研究范围过于狭窄等。基于此,作者精心编撰了《现代英语语言学多维研究》一书。本书试图在吸取同类书籍优点的基础上,提出更加清晰的观点和概念,以期为语言学的发展指明方向。

　　本书共有十一章。第一章和第二章重点介绍语言学的相关理论知识,为以后章节奠定了理论基础。第一章作为本书的首章,对"语言"一词进行了全面、透彻的介绍,包括语言的内涵、外延、起源、发展、特征和功能。第二章则对现代语言学的理论流派进行了阐述,带领读者重新回顾了语言学的不同派别和历史渊源。第三章至第七章分别对语言学的几个主要分支进行了研究,包括语音学与音位学、形态学、句法学、语义学、语用学,旨在帮助读者系统地学习和理解语言学这门学问。这部分是本书的重点内容。第八章至第十一章分别探究了语言与社会、文化、认知、技术四大领域的关系。这部分内容属于本书的一大亮点。第八章"语言与社会"首先辨别了语言与社会的关系,然后对社会语言学展开了概述,接着讨论了语言与方言的联系,最后分析了语言与性别的关系。本章利用语言与社会的关系,巧妙地引出了要研究的社会语言学这一语言学分支,既符合逻辑,又有事实依据可言。语言与文化的关系是众所周知的,故在第九章"语言与文化"中,作者先对二者的关系展开了说明,接着描述了文化差异的语言表现,随后又引出了语言相对论的重要假说,最后研究了英语文化的教与学。第十章"语言与认知"

首先分析了认知的内涵,接着探讨了认知语言学,最后介绍了有关认知语言学的重要概念与理论。第十一章作为本书的最后一章,将语言学研究提升到了另一个高度,即与技术融合在一起加以探究。

本书主要有四大特点:第一,观点新颖,为语言学的发展指明了方向;第二,逻辑清晰,内容充实;第三,语言朴实,通俗易懂;第四,理论与实践结合,实用性较强。本书旨在为广大英语教师和从事语言研究的学者提供新的理论指导和参照。

为了保证本书的科学性、准确性、实用性,作者在编撰过程中参阅了大量的专著文献,并引用相关专家的观点,在此表示真诚的感谢。由于作者水平有限,时间匆促,书中难免有疏漏和不妥之处,恳请同行专家和读者批评指正。

作　者
2014 年 6 月

目　录

第一章　语言学导论 ⋯⋯⋯⋯⋯⋯⋯⋯⋯⋯⋯⋯⋯⋯⋯⋯⋯⋯ 1
　　第一节　语言的内涵与外延 ⋯⋯⋯⋯⋯⋯⋯⋯⋯⋯⋯⋯⋯ 1
　　第二节　语言的起源与发展 ⋯⋯⋯⋯⋯⋯⋯⋯⋯⋯⋯⋯⋯ 4
　　第三节　语言的特征与功能 ⋯⋯⋯⋯⋯⋯⋯⋯⋯⋯⋯⋯⋯ 12

第二章　现代语言学的理论流派 ⋯⋯⋯⋯⋯⋯⋯⋯⋯⋯⋯⋯ 18
　　第一节　现代语言学的开端 ⋯⋯⋯⋯⋯⋯⋯⋯⋯⋯⋯⋯⋯ 18
　　第二节　布拉格学派 ⋯⋯⋯⋯⋯⋯⋯⋯⋯⋯⋯⋯⋯⋯⋯⋯ 23
　　第三节　哥本哈根学派 ⋯⋯⋯⋯⋯⋯⋯⋯⋯⋯⋯⋯⋯⋯⋯ 28
　　第四节　英国语言学派 ⋯⋯⋯⋯⋯⋯⋯⋯⋯⋯⋯⋯⋯⋯⋯ 29
　　第五节　美国语言学派 ⋯⋯⋯⋯⋯⋯⋯⋯⋯⋯⋯⋯⋯⋯⋯ 34

第三章　语音学与音位学 ⋯⋯⋯⋯⋯⋯⋯⋯⋯⋯⋯⋯⋯⋯⋯ 41
　　第一节　语音学综述 ⋯⋯⋯⋯⋯⋯⋯⋯⋯⋯⋯⋯⋯⋯⋯⋯ 41
　　第二节　音位学综述 ⋯⋯⋯⋯⋯⋯⋯⋯⋯⋯⋯⋯⋯⋯⋯⋯ 59

第四章　形态学 ⋯⋯⋯⋯⋯⋯⋯⋯⋯⋯⋯⋯⋯⋯⋯⋯⋯⋯⋯ 69
　　第一节　词汇和词汇学 ⋯⋯⋯⋯⋯⋯⋯⋯⋯⋯⋯⋯⋯⋯⋯ 69
　　第二节　词汇的结构 ⋯⋯⋯⋯⋯⋯⋯⋯⋯⋯⋯⋯⋯⋯⋯⋯ 74
　　第三节　词汇的变化 ⋯⋯⋯⋯⋯⋯⋯⋯⋯⋯⋯⋯⋯⋯⋯⋯ 79
　　第四节　英语构词法 ⋯⋯⋯⋯⋯⋯⋯⋯⋯⋯⋯⋯⋯⋯⋯⋯ 84

第五章　句法学 ⋯⋯⋯⋯⋯⋯⋯⋯⋯⋯⋯⋯⋯⋯⋯⋯⋯⋯⋯ 99
　　第一节　句法和句法学 ⋯⋯⋯⋯⋯⋯⋯⋯⋯⋯⋯⋯⋯⋯⋯ 99
　　第二节　句法功能与规则 ⋯⋯⋯⋯⋯⋯⋯⋯⋯⋯⋯⋯⋯⋯ 101
　　第三节　句子关系与层级 ⋯⋯⋯⋯⋯⋯⋯⋯⋯⋯⋯⋯⋯⋯ 114
　　第四节　转换生成语法 ⋯⋯⋯⋯⋯⋯⋯⋯⋯⋯⋯⋯⋯⋯⋯ 119

第六章　语义学 ⋯⋯⋯⋯⋯⋯⋯⋯⋯⋯⋯⋯⋯⋯⋯⋯⋯⋯⋯ 127
　　第一节　语义和语义学 ⋯⋯⋯⋯⋯⋯⋯⋯⋯⋯⋯⋯⋯⋯⋯ 127

第二节　语义特征……………………………………131
　　第三节　语义关系……………………………………134
　　第四节　语义异常……………………………………154

第七章　语用学………………………………………………**158**
　　第一节　语言的运用和语用学………………………158
　　第二节　会话含义理论………………………………165
　　第三节　言语行为理论………………………………172
　　第四节　礼貌原则……………………………………183
　　第五节　关联理论……………………………………189

第八章　语言与社会…………………………………………**192**
　　第一节　语言与社会的关系…………………………192
　　第二节　社会语言学概述……………………………193
　　第三节　语言与方言…………………………………196
　　第四节　语言与性别…………………………………207

第九章　语言与文化…………………………………………**216**
　　第一节　语言与文化的关系…………………………216
　　第二节　文化差异的语言表现………………………218
　　第三节　语言相对论假说……………………………229
　　第四节　英语文化的教与学…………………………235

第十章　语言与认知…………………………………………**252**
　　第一节　认知的内涵…………………………………252
　　第二节　认知语言学…………………………………254
　　第三节　有关认知语言学的重要概念与理论………260

第十一章　语言与技术………………………………………**274**
　　第一节　计算机语言学简述…………………………274
　　第二节　计算机辅助语言学习………………………279
　　第三节　机器翻译……………………………………284
　　第四节　语料库语言学………………………………295

参考文献………………………………………………………**304**

第一章 语言学导论

毋庸置疑,语言在人们的社会生活中扮演着重要的角色,它是人们传达信息、进行交流的重要依据。虽然语言对于人们来讲非常重要,但人们对它的了解却很少,甚至将许多与语言有关的现象当成是理所当然的。本章就对语言学的相关理论知识进行概述,包括语言的内涵与外延、语言的起源与发展、语言的特征与功能。

第一节 语言的内涵与外延

一、语言的内涵

关于语言的内涵,不同的学者和专家有着不同的观点和看法。下面就介绍一下近现代哲学家和语言学家对语言内涵的认识和看法。

洪堡特((Humboldt)认为,语言是构成思想的工具。

施坦塔尔(Steinthal)提出,语言……是对意识到的内部的心理的和精神的运动、状态和关系的有声表达。

以上说法是针对语言与人类精神活动的关系来讲的。

舒哈特认为,语言的本质就在于交际。

萨丕尔(Sapir)认为,语言是人类特有的,非本能地利用任意产生的符号体系来表达思想感情和愿望的方法。

以上说法是针对语言功能来讲的。

索绪尔(Saussure)认为,语言是表达思想的符号体系。

叶姆斯列夫(Hjemslev)认为,语言是……纯关系的结构,……是不依赖于实际表现的形式或公式。

以上说法是针对语言的结构特点来讲的。

乔姆斯基(Chomsky)认为,语言是一种能力,是人脑中的一种特有的机制。此观点是针对语言的心理和认识基础而展开的论述。

另外,对于"语言"内涵的理解,《韦氏新世纪词典》(*Webster's New*

World Dictionary)也有着详细的论述:[1](a)人类语言(human speech);(b)通过这一手段进行交际的能力(the ability to communicate by this means);(c)一种语言和语义相结合的系统,用来表达和交流思想感情(a system of vocal sounds and combinations of such sounds to which meaning is attributed, used for the expression or communication of thoughts and feelings);(d)系统的书写形式(the written representation of such a system);[2](a)任何一种表达或交流的手段,如手势、标牌或动物的声音(any means of expressing or communication, as gestures, signs, or animal sounds);(b)由符号数字及规则等组合成的一套特殊体系,用来传递信息,类似计算机信息传递(a special set of symbols, letters, numerals, rules etc. used for the transmission of information, as in a computer)…①

尽管前面从不同角度对语言的内涵进行了阐述,且都对语言的特征进行了一定的说明,但却不是全面的,而且即使将上述观点融合在一起,也不能全面地说明语言的内涵。可以说,迄今为止还没有一个确切的"语言"内涵。

总之,语言最直接、最简明的定义就是,语言是一种口头交际工具。

二、语言的外延

对于语言的外延,这里主要介绍其结构与建构两个方面。

(一)语言的结构

语言是音义结合的词汇和语法体系,语言包含的所有结构要素都有规律地相互联系和制约,构成一个统一的整体。

在语言体系中,词汇就像语言的建筑材料。词汇主要包括词和熟语,其中的词是能够独立使用的最小单位,主要由词素构成。而词素是语言中的最小单位,不能再继续划分。例如,英语中的 manly 是由词根 man 和后缀-ly 两个词素构成的;汉语中的"奶牛"是由"奶"和"牛"两个词素构成的。熟语是词的固定组合,如英语 cast pearls before swine,汉语"对牛弹琴"等。需要指出的是,词汇不能脱离语法的支配,而只有在语法的支配下,词汇才具有可理解的性质。

语法是指语言的组织规律。在一定的语法规则的支配下,词素可以构成词或词性,词可以构成词组,词组可以构成句子。词素构成词的规则为构

---

① 廖美珍.语言学教程(修订版)精读精解.成都:西南交通大学出版社,2009

词规则;词搭配成词组的规则为造词组规则。语法规则是语言中现成的,它们构成语言的语法,用来组织词汇单位,所以可将其称为"语言的建筑法"。① 构词规则即构词法,构形规则即构形法,构词法和构形法合称为"词法"。词法可进一步分为词素分类和词类。构造词组的规则即词组构词法,造句规则即造句法,词组构词法和造句法合称为"句法"。句法又分为词组类型和句型。语言的结构如图1-1所示。

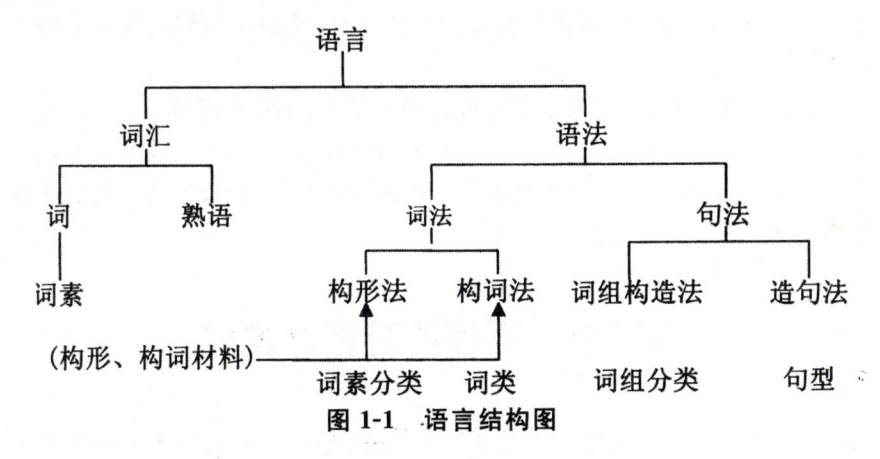

图1-1 语言结构图

前面提到,词汇和语法都是音义结合的。这里的"音"即语音,是作为语言的物质外壳而存在的,其最小单位是音素。这里的"义"即语义,是语言的意义内容,其涉及词汇意义、语法意义和修辞意义三个方面。对于语义来讲,语音就是表现形式,没有语音的物质形式,语义也就不能表达;但是如果只有语义形式而没有语义内容,那么声音也就不能称之为语言单位。

总之,语言是以语音为物质外壳、以语义为意义内容的、音义结合的词汇建筑材料和语法组织规律的体系。② 语言体系是在人类历史的发展过程中形成的,是客观存在的,是约定俗成的,具有较强的稳定性。此外,各语言体系还具有民族性。因此,在学习和研究语言的过程中,必须对语言体系及其结构要素间的关系予以足够的重视。

(二)语言的建构

建构的含义主要包括两个方面,一是指利用语言体系中的材料构成话

---

① 王德春.普通语言学.上海:上海外语教育出版社,2011
② 同上

语,二是指利用话语中的创新,在其约定俗成之后,充实语言结构体系。①语言的建构主要有两个特征:阶段性和连续性,二者是相统一的关系。阶段性使得语言结构相对稳定,能够保证交际的需要;而连续性使得语言结构不断发展,能够满足不断增长的交际需要。

任何语言的结构都是在交际和思维活动中建立起来的,并通过使用逐渐形成,形成之后也不是固定不变的,而是不断发展的。因此,建构是动态的,在语言交际过程中,建构无数新话语的同时,话语中的创新成分不断丰富着语言体系。

综上所述,语言结构和语言建构是相互联系、相互作用的。如果语言结构离开了语言建构,那么语言结构就不能适应社会交际,语言体系就会显得匮乏。因此,语言学在继续研究语言结构的同时,还应研究语言建构的基本规律,以促进语言的发展。

第二节 语言的起源与发展

语言并不是在人类出现之初便存在的,而是社会发展与人力结合的产物。下面就对语言的起源与发展进行介绍。

一、语言的起源

关于语言的起源,这里分别从宗教和学术两个角度进行探讨。

(一)宗教说法

世界上很多宗教都包含对语言的起源这一问题的解释,其中最具有代表性的是基督教经典《圣经》的描述。《圣经》主要有《旧约全书》和《新约全书》两部分,在《旧约》的《创世纪》第二章19—21节中出现了最早的关于人类语言的记载。

And out of the ground the Lord God formed every beast of the field, and every fowl of the air, and brought them unto Adam to see what he would call them; and whatsoever Adam called every creature, that was the name thereof. And Adam gave names to all cattle, and to the fowl of the air, and to every beast of the field…

---

① 王德春.普通语言学.上海:上海外语教育出版社,2011

第一章 语言学导论

(The Old Testament)

神用土创造了野地各样走兽,和空中各样飞鸟,并把它们都带到那人面前,看看他朝它们叫什么。那人怎样叫各样的活物,那就是它的名字。那人便给一切牲畜和空中飞鸟、野地走兽都起了名……

(《旧约全书》)

以上两个记载均说明:上帝创造了亚当之后,赐给他命名事物的能力,并没有真正解释语言产生的原因,但却引起了一些人的好奇心,最初亚当和夏娃所说的是什么语言呢?被基督教广泛接受的说法是,他们说的应该是古代犹太人通用的希伯来语。但是,尽管《圣经》是用希伯来语写成,耶稣说的语言也是希伯来语,我们却不能就此判定人类最早的语言是希伯来语。《圣经》在另一处对世界上为什么会有不同种类的语言进行了解释。

Now the whole earth had one language and few words. And as men migrated from the east, they found a plain in the land of Shinat and settled there. And they said to one another, "Come, let us make bricks, and burn them thoroughly." And they had brick for stone, and bitumen for mortar. Then they said, "Come, let us build ourselves a city, and a tower with its top in the heavens, and let us make a name for ourselves, let we be scattered abroad upon the face of the whole earth." And the LORD came down to see the city and tower, which the sons of men had built. And the LORD said, "Behold, they are one people, and they have all one language; and this is only the beginning of what they will do; and nothing that they propose to do will now be impossible for them. Come, let us go down, and there confuse their language, they may not understand one another's speech." So the LORD scattered them abroad from there over the face of all the earth, and they left off building the city. Therefore its name was called Babel, because there the LORD confused the language of all the earth; and from there the LORD scattered them abroad over the face of all the earth.

(The Old Testament)

那时,天下人的口音、言语都是一样。他们往东边迁移的时候,在示拿地遇见一片平原,就住在那里。他们彼此商量说:"来吧!我们要做砖,把砖烧透了。"他们就拿砖当石头,又拿石漆当灰泥。他们说:"来吧!我们要建一座城和一座塔,塔顶通天,为要传扬我们的名,免得我们分散在全地上。"耶和华降临要看看世人所建造的城和塔。

耶和华说:"看哪!他们成为一样的人民,讲的是一样的言语,如今既做

— 5 —

起这事来,以后他们所要做的事,就没有不成就的了。我们下去,在那里变乱他们的口音,使他们的言语彼此不通。"于是,耶和华使他们从那里分散在全地上;他们就停工了,不造那城了。因为耶和华在那里变乱天下人的言语,使众人分散在全地上,所以那城名叫巴别。

(《旧约全书》)

由以上经文可知,基督教对于语言多样化的解释归因于上帝的旨意。除了基督教的《圣经》,在埃及神话、巴比伦神话或是印度神话中也有关于语言产生的说法,如印度神话中说语言的创造者是女神 Sarasvati;埃及神话中语言的创造者是知识之神 Thoth。

(二)学术理论

从学术理论上看,语言的起源主要涉及特创论(creationism)和进化论(evolutionism)两大理论。前文所探讨的便是前者特创论,又称"神赋论"。后者进化论认为语言是人类进化过程中的产物。[①] 从进化论的角度提出的关于语言起源的说法可以说是五花八门,不胜枚举。下面就对其中三个具有代表性的说法进行讨论。

1. 摹声说

摹声说(the "bow-wow" theory)又称"汪汪"理论,其最早是由德国学者马克斯·缪勒(Max Mueller)提出的。马克斯·缪勒认为,人类最早的语言是对自然界各种声音的模仿,如原始人听见风声便会模仿风的声音说"呼呼";听见水声便会说"哗哗";听见动物的叫声也会模仿。可以说,"汪汪"理论的说法很好地解释了拟声词的起源,但又存在很大的漏洞。拟声词在词汇中所占的比例很小,所以这一说法无法解释非拟声词的来源问题。另外,如果语言真的是由人类模拟自然界的各种声音而来,那么人类的语言应该只有一种,即便是有多个语言,这些语言之间也不应该有这么大的差异,而事实却是即便是拟声词在不同的语言中的表达也是截然不同的。例如,模拟狗的叫声的拟声词,汉语是"汪汪汪",英语是 bow wow,法语是 ouah ouah,西班牙语是:guau/gua。这是因为多数拟声词在形成过程中都会受两方面的影响,一个是自然界的声音,另一个则是参照某种语言的声音系统所规定的声音组合模式而产生的。[②]

[①] 蓝纯.语言导论.北京:外语教学与研究出版社,2007
[②] Hayes,C. W.,et al. *The ABC's of Language and Linguistic*. Chicago:Voluntad Publishers,Inc.,1987

2.感叹说

感叹说(the "pooh-pooh" theory)又称"噗噗"理论,该理论认为人类在远古时期生活非常艰苦,时常会本能地发出一些表达感情的声音,如受到惊吓时可能会喊:"啊!";感到疼痛时可能会喊:"哎呦!"。但是,该理论存在两个方面的漏洞,首先感叹词对几乎所有语言来说数量都比较有限;其次不同语言中表达同一情感的感叹词大不相同,如表达疼痛的感叹词,汉语中常用"哎呦",英语中却是ouch。

3.杭育声说

杭育声说(the "yo-he-ho" theory)又称"呦嗨呦"理论,该理论最早是由弗雷德里奇·恩格斯(Friedrich Engels)提出的。弗雷德里奇·恩格斯认为,人类的祖先在一起劳动时,发明了一些用来表达某种含义的语言。例如,狩猎突发危险时同伴可能会喊:"快跑!",在搭建房屋时可能会喊"拉"、"起",在打造金属工具时可能会喊"砸"。此外,人们一起拖拽重物时,为了协调动作和保持动作的一致,通常会发出一些有节奏的声响,这种声响类似于现在劳动者使用的"号子",后来这些有节奏的声响逐渐发展为较为单调的语调,最后演变为人类的语言。这样的说法缺乏根据,语言固然存在一些节奏用法,但是这种有节奏的声音与现在语言的用法相去甚远,所以杭育声说仅能作为对人类语言起源的一种猜测。

二、语言的发展

(一)语言的接触和融合

1.语言接触

语言接触(language contact)是指不同语言之间的接触现象,特别是当这种接触影响了其中至少一种语言时。[①] 不同民族之间的接触必然会促使不同语言的接触。而语言接触的结果可以体现在语言的各个层面上,特别是词语的相互借代上。例如,汉语中借词(loan words)的情况非常多,如"狮子、沙发、电话、戈壁、葡萄、石榴、因果、菩萨、哈达、喇嘛、塔、马达"等,它们都借自于国外或国内民族的语言。同样,汉语中的"丝、茶、瓷器、台风"等

---

① 程丽霞.语言接触、类推与形态化.外语与外语教学,2004,(8)

词语也常常被其他语言所使用。

在语言不断接触的过程中,除了会产生大量的借词外,还产生了一些借词词缀(loan affix)。例如,纳提(Narty,1982)列举了由英语词根和 Adagme 语词缀构成的词,埃里亚松(Eliasson,1989)也发现很多由英语词根和毛利词语词缀构成的词。可见,语言接触既会影响到语言的词汇层面,也能渗透到语素层面。

随着各民族语言的进一步接触,语音和语法也出现了借代现象。例如,西双版纳傣语吸收了汉语的借词,增加了一个复合元音/au/;语序原本是"主语+宾语+动词"的白语吸收了汉语的借词后,变成了"主语+动词+宾语"的语序。

处于同一地域中的语言,由于在长期的语言接触中相互借代一些语言要素,所以渐渐显现出一些语言共同点。例如,印第安语言联盟、南部非洲语言联盟、印度语言联盟等都是语言长时间接触的结果。再如,欧洲巴尔干半岛有罗马尼亚语、保加利亚语、阿尔巴尼亚语、匈牙利语、塞尔维亚-克罗地亚语、马其顿语等,这些语言属于不同的语族,但在语法方面却体现出明显的相似性,形成了有名的巴尔干语言联盟。

此外,语言接触还形成了双语现象(包括多语现象)。双语现象(多语现象)就是在一个语言社团中通行两种(或多种)语言,或者某语言社团的一些成员,能讲两种(或多种)语言。例如,新疆人既能讲自己民族的语言,又能讲汉语。

2.语言融合

(1)同化现象

语言的同化现象是指一种语言排挤或代替其他语言,从而使被排挤、被代替的语言消亡。① 在同化中幸存的语言称为"同化语言",在同化中被代替、消失的语言称为"被同化语言"。

同化是语言发展的重要现象。一般来说,语言的同化主要包括两类:强迫同化、非强迫同化。

①强迫同化。所谓强迫同化,就是占据统治地位的民族为了同化和奴役被统治民族而采取的语言同化政策,即强制被统治民族使用他们的语言文字,同时限制被统治民族使用自己的语言文字。这种通过强势语言对其他语言的同化、兼并现象是语言发展的基本规律。例如,日本在占领中国东北和台湾时,曾在这两地使用同化政策。

---

① 白雅,岳夕茜.语言与语言学研究.昆明:云南大学出版社,2010

某语言的强迫同化对该民族产生的影响也是巨大的。具体来说,强迫同化的影响体现在如下方面。

A. 经济同化。在世界范围的某些国家或在一个国家的某些地区,由于这些国家或地区的经济发展较快,有着极强的经济优势,其所通用的国家语言或地方方言借助本国或地区的经济优势,渐渐获得了全国范围乃至全世界范围的优势语言、强势语言的地位,称为"广泛使用的标准语",而原本流行的方言或语言在这种强势语言的逼迫下不得不逐渐隐退甚至消失,于是这种强势的语言开始登上历史舞台。

B. 政治同化。对政治的强迫同化,是指国家权力机关、行政机关利用国家政治力量强制大家使用的语言,加大这种语言对其他语言的同化力度,加快这种语言的普及进程。

C. 文化同化。语言是文化的载体。文化的发展和进步,对语言的发展起着推动作用。同样,语言的使用和推广,同样对文化有着不同程度的影响。对文化的强迫同化,是指占优势地位的某种语言,利用文化这一社会物质,进一步强化自身的语言强势地位,进而同化、融合其他语言的过程。

D. 教育同化。教育的普及同样也会进一步推动语言的同化进程。当今时代,学校教育已经成为人们学习语言、应用语言和发展语言的重要场所。人们从出生之日起,就开始接触语言,到了接受教育的阶段,开始学习母语的书面语言,同时学习一些外语。通过对母语的学习和扎实掌握,逐渐将其作为学习其他学科的工具。

②非强迫同化。所谓非强迫同化,就是一个民族自愿放弃自己的语言而采用他民族语言的现象。① 例如,公元5世纪,我国的北方建立了鲜卑族统治的北魏政权,为了巩固政权统治,就倡导学习汉语先进的文化,并提出要"断诸北语,一从正音",也就是主张王公卿士在朝廷上要禁止说鲜卑语(北语),要讲汉语(正音),极力推行"汉化"政策。

(2)混合现象

混合是一种特殊的语言融合现象。语言混合现象并不是一种语言同化另一种语言,而是由两种语言"拼凑"而成一种混合语。这种用于临时交际的混合语被称为"洋泾浜"或"皮钦语"(Pidgin)。②

洋泾浜原是指上海的一条河浜,在黄浦江的东西各有一条。在旧上海,洋泾浜是外商聚集的地方,在这里本地人与外国人频繁接触,逐渐就形成了

---

① 白雅,岳夕茜.语言与语言学研究.昆明:云南大学出版社,2010
② 同上

一种混合语,即按中国话"字对字"地转成英语,被称作"洋泾浜英语"。这种混合语的基本词汇来源于英语,语法则采用汉语语法,并且语音也有所改变。例如:

Two piece book.(两本书。正确说法为"Two books.")

My no can.(我不能。正确说法为"I can not.")

洋泾浜的特点是词汇贫乏、语法简单、交际功能有限。严格来讲,洋泾浜称不上一种语言,它只是一种外语水平不高时用来应急的语言。洋泾浜多是伴随殖民掠夺而出现的,所以人们对它没有太好评价,甚至将它看成是被压迫民族的耻辱。因此,洋泾浜并没有得到很好的延续。当然,洋泾浜在某些特殊时期也发挥过一定的交际优势。不乏有人始终使用并学习着这种"登不上台面儿"的语言。一些人将洋泾浜作为母语来学习和使用,于是就形成了克里奥尔语(creole),意思是"混血儿"。克里奥尔语多发生在由殖民劳工构成的社会或国家、地区中。这些殖民劳工来自不同的部落、种族和民族,由于彼此使用不同的语言,无法进行更广泛的交流,于是他们开始使用一种洋泾浜化了的殖民者的语言。但经过长期的使用,他们的后代便把这种洋泾浜作为母语来学习,并逐渐扩大词汇量,规范语法规则,进而就形成了克里奥尔语。

(二)影响语言发展的主要因素

1. 社会因素

语言是人类最重要的交际工具,人类借助语言可以相互讨论对自然界的认识和社会的经验。语言要想真正发挥其作用,就必须敏锐地反映人类对于自然界的各种认识和各种社会经验,紧跟时代发展的步伐。语言的工具性决定了社会各物质的发展变化必然会促进语言的发展变化。例如,现代英语词汇中之所以包含大量的法语词汇,是因为英国历史上,从11世纪到14世纪,诺尔曼王朝统治了大不列颠。据英国语言学家埃克斯利(Eckersley)的粗略统计,现代英语的词汇有50%左右来自法语或拉丁语。[1]

2. 心理因素

语言除了是人类最重要的交际工具外,还是人类最重要的思维工具。语言在用于交际和思维的过程中,必然会受使用该语言的人的心理的影响。这种心理影响就会引起语言的变化发展。

---

[1] 李玉田.试谈社会因素对语言发展的影响.安徽大学学报,1985,(3)

诸多心理因素中,对语言变化发展影响最大的就是思维。先民们长期使用具象思维,使抽象思维发展迟缓,所以他们的语言有着较浓的具象色彩。先民们的这一心理特征,从一些古代语言中就能找到端倪。例如,在爱斯基摩语中,有15个名词是用来表示不同形态或下落到不同地点的雪的,但却没有"雪"这个概括性的词语。在英美国家,人们习惯给孩子取一个保护性的小名,如 Little Death,dirt 等,他们认为取了这个贱名,孩子就能健康长寿。在新西兰,孩子们不可以说"地震"这一词语,人们认为一提到这个词,就会真的地震。

3.语言自身因素

社会因素和心理因素都是语言发展的外部因素,它们仅能为语言的变化发展提出要求和提供动力。语言能否接受和满足外部因素的要求,如何将这些外部因素转换为具体的变化和发展,最终取决于语言的自身因素。例如,语言和言语的矛盾运动这一因素。

言语是一种对语言运用的过程,主要体现在人们的口头和笔上。言语要想充分发挥交际功能,就要同交际对象、交际语境、交际信息和情感等建立起联系。这些联系是开放的、具体的、灵活多变的,因而将会使其与语言系统发生矛盾。这种矛盾又将引发各种"出格"现象。人们会根据具体的需求,创造出一系列语言中原本不存在的新词和表达,这就是"出格"的表现。

一些"出格"现象只能昙花一现,而另一些将会遗留下来,成为语言系统的一部分,从而促使语言的变化发展。因此,语言的变化发展有一部分是来自"出格"现象的。

语言形式与意义之间的矛盾是语言变化发展的另外一个因素。语言形式是有限的、相对稳定的,而社会和心理因素则要求语言所表达的意义是无限的、灵活多变的,还要因时、因地、因人而异。这些有限且稳定的语言形式将会制约语言的意义,并且会"固化"人类的思维、心理的变化和发展。但是,因表达需要而决定的无限的、灵活多变的意义,将会对形式产生一定的冲击。这种冲击就使语言的形式得到了更新与衰亡。

总之,语言形式与意义之间的矛盾运动,将影响语言发展变化的各种外部因素,通过意义吸纳转化为语言发展变化的内部因素,从而使语言处于不断的发展变化之中。

第三节　语言的特征与功能

一、语言的特征

(一)任意性

"任意性"这一概念最早是由索绪尔(Saussure)提出的,如今已广为人知。任意性(arbitrariness)是指语言符号的形式和意义之间没有自然的联系。(Arbitrariness means that the forms of linguistic signs bear no natural relationship to their meaning.)例如,人们无法解释为什么"一本书"会读作 a/buk/;"一支钢笔"会读作 a/pen/。语言的任意性还有着不同的层次。

1. 语素音义关系的任意性

很多人认为,象声词不属于语言任意性特征的行列。象声词是指一个词是靠模拟自然声响而形成的(Onomatopoeia refers to words that sound like the sounds they describe.)。例如,汉语中的"叮咚"、"轰隆"、"叽里咕噜"等。它们的形式似乎建立在天然基础之上。事实上,用不同的语言来描写同一种声音,其表达方式是不同的。例如,英语中的狗叫是 bow wow,而汉语中的狗叫则是"汪汪汪"。

语言的任意与象声是可以同时发生的。下面就以威德逊(H. G. Widdowson)从济慈(John Keats)所著《夜莺颂》(Ode to a Nightingale)一诗中摘取的一行诗句为例进行说明。

The murmurous haunt of flies on summer eves
夏日夜晚飞虫嗡嗡飞

如果读者大声朗读这句话,就能感受到声音与意义之间的联系。但这种效果并非来自词语本身,而是在读者知道词语语义后才建立起来的联系。为证明这一点,可以试想如果读者用发音类似的词 murderuus(谋杀)替换 murmurous(嗡嗡声),那么该词的语音与苍蝇飞动发出的嗡嗡声就完全失去联系了。"只有当你知道一个词的意义后,你才会推断它的形式是合理的。"(Widdowson,1996)此观点适用于大多数象声词。

2.句法层次的任意性

系统功能语言学家和美国功能语言学家认为,在句法层面上语言是非任意性的。

所谓句法(syntax)是指根据语法组成句子的规则(Syntax refers to the ways that sentences are constructed according to the grammar of arrangement.).[①] 正如我们所知,句子成分的排列顺序要遵循一定的规则,小句的顺序和事件真实的顺序有一定的对应关系。也就是说,句子的任意程度低于词语,特别体现在下面的顺序关系中。试比较:

(1)He came in and sat down.(他进来坐下。)

(2)He sat down and came in.(他坐下进来。)

(3)He sat down after he came in.(他进来后坐下。)

阅读完(1)句后,读者可以很容易排出两个动作的先后;当读到(2)句时,读者会按与实际情况相反的顺序来理解——也许他是坐上轮椅再进入房间;而在(3)句,一个after调换了两个分句的顺序。因此,功能学家认为语言中最严格意义上的任意性只存在于对立体中区别性语音单位里,如成对词语fish和dish,pin和bin等。

3.任意性与约定性

通过以上分析可知,语言符号的形式与意义之间的关系是约定俗成的,即是约定性的关系。这里就来解释一下任意性的反面,也就是相对任意性的约定性。作为英语学习者,他们经常会被告知"这是惯用法",也就是说它是一种约定俗成的说法,即使它看起来或听起来有些不合逻辑,也不可以做任何改动。任意性使语言有潜在的创造力,而约定性又使学习语言变得艰难和复杂。对外语学习者来说,语言的约定性要比任意性更值得注意。这就说明为什么我们在费力地记忆惯用法时,对语言的任意性浑然不觉,但对语言的约定性却时常感到头疼。

(二)二重性

语言的二重性是指语言具有两层结构层次,上层结构的单位是由底层结构的元素组成的,每层结构又有各自的构成原则。(By duality is meant the property of having two levels of structures, such that units of the primary level are composed of elements of the secondary level and each of the

---

① 廖美珍.语言学教程(修订版)精读精解.成都:西南交通大学出版社,2009

two levels has its own principles of organization.)(Lyons,1982)

一般来说,话语的组成元素是本身不传达意义的语音,语音的唯一作用就是相互组合构成有意义的单位,如词。我们把语音称为"底层单位",与词等上层单位相对立,因为底层单位没有意义而上层单位有独立明确的意义。二重性只存在于这样的系统之中,既有元素又有它们组合所成的单位。许多动物用特定的声音交际,它们都代表相应的意思。所以,我们说动物交际系统不具备这一人类语言独有的区别性特征——二重性。正因如此,从人类角度来看,动物的交流能力受到很大的限制。

说到二重性,我们就必须注意到语言的层次性。例如,在听一门我们不懂的外语时,我们会认为说话者流利的话语是持续、不间断的语流。其实,没有任何一种语言是没有间隙的。要表达分离的意思就必须有分离的单位,所以要对一门新的语言解码首先要找到它的单位。音节(syllable)是话语的最小单位。音节之间的结合可以构成数以千计的语义段,也就是词的组成部分,被称为"语素",如前缀 trans-,后缀 -ism 等。有了大量的词,我们就可以联系更多的意义,进而组成无数的句子和语篇。

正如鲍林泽和舍尔斯(Bolinger & Sears,1981)所说的,"分层——一种层次套层次的组织——是'有限的手段作无限使用'的物质体现。这个特征是人类语言最明显的标志性特征,它赋予人类语言以无穷尽的资源"。(Stratification—this organization of levels on levels—is the physical manifestation of the "infinite use of finite means", the trait that most distinguishes human communication and that provides its tremendous resourcefulness.)

总之,语言的二重性对于人类语言有着巨大的能创性。人们仅用为数不多的几个元素就可以创造出大量不同的单位。例如,一套语音系统(如英语的 48 个语音)可以产生大量的词,运用这些词又可以产生无穷的句子,不同句子的有机组合又能形成不同的语篇。

(三)创造性

创造性指语言的二重性和递归性使语言变得具有无限变化的潜力(By creativity we mean language is resourceful because of its duality and its recursiveness)。[①] 利用语言,可以产生各种新的意义。很多例子都能证明,词语通过新的使用方法能表达新的意思,并能立刻被没有遇到过这种用法的人所理解。这种能力正是使人类语言有别于鸟儿那种只能传递有限信息

---

① 廖美珍.语言学教程(修订版)精读精解.成都:西南交通大学出版社,2009

的交际手段的原因之一(Thomas & Shan Wareing,2004)。

但如果仅将语言看成是一个交流系统的话,那么语言也就不是人类所独有的了。我们知道,虫、鸟、鱼、狗及其他动物都能通过某种方式进行交流,只是所传达的内容极为有限而已。语言的创造性部分来自它的二重性。也就是说,语言的二重性使得说话者通过组合基本的语言单位就可以创造出无限多的句子。其中,多数句子是说话人从没有听过也没有说过的。

另外,语言的创造性还体现在它可以产出无限长的句子。语言的递归性为这种可能性提供了理论基础。例如,我们可以将下面句子无限地扩展下去:

She bought a book which was written by a teacher who taught in a school which was known for its graduates who…

(四)移位性

移位性是指语言使用者可以用语言来表达不在交际现场(时间和空间上)的物体、事件及概念(Displacement means that human languages enable their users to symbolize objects, events and concepts which are not present at the moment of communication.)。[①] 例如,我们可以就秦始皇的作为畅所欲言,尽管秦始皇是公元前二百多年的人物;我们可以谈论南极的气候,尽管南极离我们遥不可及;我们可以说"明天有暴雨",而明天实际上还没有到来,这就是我们所说的语言的移位性。

很显然,动物的"语言"不具备这一特性。白蚁在发现危险时,会用头叩击洞壁,通知蚁群迅速逃离;蜜蜂在发现蜜源时会摆动自己的尾巴,并通过这种"舞蹈"向同伴报告蜜源的远近和方向。但这些都必须是发生在同一时间和空间的情况下,一只狗不可能告诉另一只狗"昨天主人不在家"或是"去年的夏天真热啊!"可见,只有人类的语言可以打破时间和空间的约束,也即具有移位性的特征。

二、语言的功能

(一)交际功能

语言最重要的功能就是交际功能。语言的交际功能是指人与人之间通过语言彼此交流,互相沟通和交换信息,这是人类社会得以发展和维持的必

[①] 廖美珍.语言学教程(修订版)精读精解.成都:西南交通大学出版社,2009

要因素之一。人类沟通的手段有很多,语言是最重要的一个,其他的沟通手段仅起到辅助性的作用,如身体语言、表情等。当然,语言要发挥其交际功能需要语言使用者遵循一定的语法规则,如美国哲学家格赖斯(H. P. Grice)提出的"合作原则"(cooperative principle),该原则共有四个范畴:质准则(quality maxim),即话语的真实性;量准则(quantity maxim),即话语的信息量;关系准则(relevant maxim),即所提供话语与当前信息是否有关;方式准则(manner maxim),即话语是否清晰明了。另外,人们在交际过程中还会出于某些需要,需要故意违反合作原则,即"特殊会话含义"(conversational implicature),这就需要交际双方根据情景推导出表面话语下隐含的真实意图。总而言之,语言是人们最主要的交际工具,人们只有遵守语法规则才可以更好地发挥语言的交际功能。

(二)信息功能

语言是信息的载体,是人们用来表达思想的主要工具。语言的信息功能主要体现在人们使用语言进行沟通、将想要表达的信息传达给对方以及人们使用文字将信息记录下来。可见,语言是人类用来表达价值观、世界观以及自身内在意识世界的重要手段。

(三)情感功能

在人类语言具有信息功能的前提下,语言就能发挥情感功能。例如,语言可以用来控制交际双方的情绪,当一个人感到悲伤的时候,如果能听到几句安慰的话语将会很快减少悲伤情绪。当一个人感到激动的时候,如果得到一句"冷静"的提示,将会缓解其当时激动的情绪。除此之外,人类还可以使用语言来传达感情,生气时可以说几句发泄的话语,看到美好的景物时,可以吟诵几句诗词表达赞美的心情。语言的书面形式同样可以发挥其情感功能,这也就是为什么我们看到感人的故事会潸然泪下,看到恐怖的故事会心惊胆跳,看到幽默的故事会忍俊不禁的原因。

(四)标志功能

语言的区域性决定了它的标志功能。不同的民族通常有着属于自己的语言,同一民族的不同地区也可能有着属于自己的方言,所以人们往往仅通过一个人使用的语言就能判断其所在的民族或地区,这就是语言的标志功能。

（五）元语言功能

元语言功能就是用语言来解释语言的功能，又可称作"解释功能"。例如，我们可以用"人"一词来讨论一个人，或是用"人"来讨论语言符合"人"。为了将语言组织为完整的文本，作者需要使用特定的表述方法向读者传达准确的信息。再如，"Around the corner I found a little dog."和"I found a dog around the corner."，虽然这两句话表达的意思类似，但是侧重点不同，第一句强调"我发现了什么"，而第二句则强调"我在哪里发现了小狗"这就是所谓的元语言功能，正因为语言存在这一功能才使得人们可以谈论"谈话"，可以思考"思想"，可以询问"问题"。

（六）审美功能

人类除了使用语言，还赋予了语言审美的功能。这也就是我们常说的语言的美感。例如：

(1)听歌。
(2)听歌曲。
(3)聆听歌曲。
(4)聆听歌。

上面四个句子表达的意思基本相同，句法也均无误，但在实际生活中，人们一般不会使用(4)这样的句子，因为它不符合语言的审美要求。

另外，语言的审美功能还体现在修辞手段的使用上，如比喻、排比、双关、拟人等手法都可以美化语言，彰显语言的艺术美感。

此外，诗歌、口号、绕口令等文学体裁也是对语言审美功能的应用。

（七）智力开发功能

语言还具有极强的智力开发功能。人类的语言中枢位于大脑皮层的左侧，它可以控制人类的思维和意识等高级活动，所以说语言是一个非常复杂的活动。爱因斯坦曾说："一个人的智力发展和形成概念的方法在很大程度上首先取决于语言。"可见，人类的语言和智力有着密切的关系。人们可以通过训练语言功能，来实现开发智力的目的；相反，如果一个人先天就丧失了语言习得能力，那么他的大脑智力以及其他能力的发展也会受到直接的影响。

第二章　现代语言学的理论流派

　　不同的语言学家,其立场不同,因而研究方法也不同,相应地对语言本质特点的认识就有所不同,因此形成了不同的语言学流派。现代语言学始于瑞士语言学家索绪尔(Ferdinand de Saussure)。继索绪尔之后,西方语言学出现了多个语言学流派。本章就对现代语言学的主要理论流派进行深入探讨,主要内容包括现代语言学的开端、布拉格学派、哥本哈根学派、英国语言学派以及美国语言学派。

第一节　现代语言学的开端

　　索绪尔是现代语言学的奠基人。他于1906年至1911年间在日内瓦大学开设了"普通语言学"课程。他去世后,他的同事、学生根据他留下来的讲稿以及课堂笔记整理出了《普通语言学教程》这部著作。这部著作对后来的语言学研究起到了巨大的影响,也奠定了索绪尔"现代语言学之父"的地位。下面就对索绪尔的语言理论展开论述。

一、索绪尔语言理论产生的背景

　　科学的发展需要一个长期积累的过程。任何一个开学术风气之先的理论体系都不是孤立的,索绪尔语言理论的产生也不例外。具体来说,索绪尔语言理论是在语言学、心理学和社会学的基础上发展起来的。

(一)语言学背景

　　索绪尔的语言理论建立在前人和同时代学者的语言学思想和研究方法的基础之上,既有继承的部分,又有发展和独创的部分。
　　其中,美国语言学家惠特尼(William Dwight Whitney)对索绪尔的语言理论产生了巨大影响。惠特尼的主要著作有《语言和语言研究》(*Language and the Study of Language*,1867)和《语言的生命和成长》(*The Life and the Growth of Language*,1875)。在惠特尼看来,语言是建立在社会常规之上的流行于某一共同体内的一套用法,是一个词和形式的宝库,其中每一个词和形式都是一个任意的、惯例的符号。惠特尼关于语言的符号性、惯例性、任意性、可变性、不变性等看法对索绪尔产生了重要影响。

索绪尔关于语言和言语、共时和历时、组合和聚合关系的思想,在一定程度上受到波兰语言学家博杜恩·德·库尔特内(Baudouin de Courteney)的影响。库尔特内在《语言与语言学综述》(*Some Genaral Remarks on Linguistics and Language*,1870)中提出了语言的"动态性"和"静态性"的概念。库尔特内的学生、波兰语言学家克鲁舍夫斯基在此基础上提出应从静态与动态两个角度来研究语音变化规律,这对索绪尔的共时和历时的区分产生了一定的影响。此外,克鲁舍夫斯基提出的语言系统中词的两类联想关系的看法,对 30 年后索绪尔提出联想关系和组合关系也产生了一定影响。

从语言的符号学研究方面来看,法国学者泰因(Hippolyte Taine)对索绪尔的影响很大。泰因在其《论智慧》(*De l'intelligence*,1870)一书中对符号的作用进行了重点论述,认为人们通过符号感知和认识世界。该书对索绪尔的语言符号论产生了极大的影响。阿尔斯列夫(Hans Arsleff)认为,这部著作中包含了"索绪尔符号论中的所有成分",包括有关物质运动和思维运动"像一页纸的两面"这样的类比。[①]

(二)心理学背景

在心理学方面,索绪尔受奥地利心理学家弗洛伊德(Sigmund Freud)的影响较深。弗洛伊德提出了"下意识"即"集体心理"的概念,认为人类由于下意识的作用逐渐形成了一个底层心理系统。人们一般意识不到这个底层心理系统的存在,但它却时常支配和控制着人们的行为。从语言行为的角度看,一个人并不一定能够说明他的语言知识,却能够说话、听懂别人的话。这些实际上都是受语言规则限制的结果,即语言行为的规范取决于语言规则。索绪尔接受了弗洛伊德的观点,认为"下意识"是具有连续性的,一件事情即使过去之后仍然会对这个人产生深远的影响。

此外,格式塔心理学也在一定程度上对索绪尔的语言学思想产生过影响。格式塔心理学,也称为"心理学的认知观",最初形成于德国,是一种心理学的研究方法。格式塔心理学强调人类感知即意识的整体组织性,反对把人类的感知分析为感觉元素。另外,格式塔心理学假设心理过程是一种有组织的空间或时间的整体性结构,不能将整体结构的性质归结为组成该

---

① 转引自王远新.语言理论与语言学方法论.北京:教育科学出版社,2006

结构的元素特性的总和。索绪尔语言理论中的"系统"观点与格式塔心理学的指导思想是一致的。

(三)社会学背景

在社会学方面,索绪尔受到当时欧洲特别是法国社会学思想的深刻影响。在当时的多种社会学思潮中,以现代社会学的创始人、法国社会学家涂尔干的学说对社会科学研究的影响最大。涂尔干创立并出版了《社会学年鉴》(1896),几乎所有有名的法国社会学家都成了他的门徒。

涂尔干认为社会学的特定研究对象是社会事实,并提出了研究社会事实的特殊方法,从而使社会学成为一门独立的学科。同时,他确定了社会学的一系列基本概念,并把社会学的理论和方法运用到实践当中,由此,社会学的学科体系初步建立起来。

涂尔干在确定社会学研究对象方面的贡献主要有以下两点。

(1)确定了社会事实的性质,并将其作为社会学的研究对象。涂尔干揭示了社会事实的三种性质(王远新,2006)。

①社会事实具有外在性,它存在于个体身外,因此,不同于那些存在于个体身内的生理的和心理的现象。

②社会事实对个体具有强制性,它不仅存在于个体身外,而且对个体施加各种形式的影响。

③社会事实具有普遍性,它是全社会成员共有的特征,而不是个别人的特征。

他认为,社会学要研究"社会事实",同时还要区分"个人的"和"社会的"两个方面。

(2)对从集体意识角度考察社会事实的必要性进行了论述。涂尔干除了提出"集体意识"的概念,并对集体意识和个人意识进行了区分之外,还进一步论述了从集体意识角度考察社会事实的必要性。他指出,"要考察社会现象的原因,或者社会现象的产生,不能在那些组成集体的各个分子中去寻找,而必须对这个已经组成的集合体进行研究。"

索绪尔追随涂尔干的观点,认为语言本身是一种"社会事实",而且同样区分了语言中"社会的"和"个人的"两个方面,由此提出"语言"和"言语"两个概念。"语言是社会事实"是索绪尔开展语言研究的出发点。

二、索绪尔语言理论的基本内容

索绪尔语言学说的基本内容及其方法论贡献突出体现在以下几个

方面。

(一)对语言符号性质的认识

对"语言是什么"这样一个语言学的基本问题,索绪尔明确提出,"语言是一种表达观念的符号系统。"在索绪尔看来,语言单位具有双重性质:一方面是概念,一方面是音响形象。语言符号是概念和音响形象的结合体。表示概念的音响形象是"能指",被表示的概念是"所指"。"能指"与"所指"都是符号的组成部分。

在此基础上,索绪尔进一步指出,语言符号的本质是它的任意性,即"能指"和"所指"之间不存在天然的或必然的联系。索绪尔把符号的任意性原则列为语言研究的"第一项原则",认为这一原则"支配着整个语言的语言学"。

总的来说,索绪尔关于符号的性质及符号任意性的原则主要体现为以下三点。①

(1)能指和所指之间没有必然的联系。

(2)能指和所指都是对连续体进行任意划分的结果,其中能指是对声音连续体的划分,所指是对概念连续体的划分,因此符号具有任意性的特点。

(3)能指和所指都是由它们跟其他能指和所指的相对关系决定的。

(二)对语言系统的认识

索绪尔不仅提出了"语言是一个在其系统内部一切都相互联系的系统",而且进一步指出了它们之间存在着怎样的联系。他使用的"实质和形式"、"差别"、"对立"、"价值"等术语使"系统"理论具有很强的独创性。其中,"价值"概念具有极其重要的作用。索绪尔认为,一个价值可以和另一个系统中的价值相交换,且这个价值是由同一系统中其他价值的相互关系决定的。理解"价值"概念是正确把握索绪尔"系统"理论的关键,因为语言是由相互联系的价值构成的价值系统,语言分析的目的就是要找出构成语言现状的价值系统。

(三)明确了语言研究的对象

索绪尔区分了语言和言语,确定了语言学的研究对象。他指出,语言和言语是两个完全不同的概念。语言潜藏在人们的意识里,是抽象的语法规则系统和词汇系统。语言不属于个人特有,而是社会的产物。言语则是发

---

① 王远新.语言理论与语言学方法论.北京:教育科学出版社,2006

出的语言,如说出的话或写出的文章。不同的人有着不同的思维、交际目的、背景等,因此运用同一语言的人输出的话语也会不同,即言语是利用语法规则将词汇、短语等语言单位组织起来的结果。因此,言语是语言的具体表现,而语言则是言语的抽象表现。语言学的研究对象是语言而非言语。

(四)明确了语言研究的途径

20世纪之前的语言学研究方法大多采用历史比较法,即从历史的角度来解释语言现象,这是一种历时性研究。索绪尔则认为,语言的使用是一种历史实体,它处于不断变化之中,因此,要想系统地开展语言研究,就必须抓住共时状态中的关系进行共时性的研究,即对语言做出静态描写。

索绪尔进行了共时研究与历时研究的划分,并强调了共时描写的重要性。这改变了语言研究的方向,对语言结构的共时描写起到了重要的推动作用。

(五)组合关系和聚合关系

索绪尔认为,在语言序列中,一个符号的价值由以下两种关系来决定。

(1)该符号与可以替代它的其他符号的对应关系,这种关系是联想关系(associative relations,现常译为聚合关系)。

(2)该符号与其前后符号之间的关系,这种关系是一种句段关系(syntagmatic relations,现常译为组合关系)。

聚合关系是指可以相互替换的各个成分之间的对应关系;组合关系是指各种组合的可能性,是组合序列中各个成分之间的关系(王远新,2006)。索绪尔认为,人们之所以能够进行有效的交际,就是这两种关系同时起作用的结果。

总的来说,索绪尔对现代语言学的影响可以概括为如下两个方面。

(1)提出了语言学研究的总方向,即研究的任务。

(2)影响了现代语言学研究的具体概念。他提出的很多概念,如语言符号的任意性、语言系统与语言现象的对立、历时研究与共时研究、组合关系与聚合关系等,这些概念成为了现代语言学研究的重点内容。

值得提及的一点是,索绪尔把语言视为一种观点的符号系统,同时还运用符号学的原理对语言的社会性质进行确定,这对语言学的发展起到了相当大的推动作用。但是,索绪尔在对语言的社会方面和个人方面进行区分的同时,把语言社会属性的一部分"内化"为一种纯一的社会心理体系,使其成为一个规则系统,另一部分"外化"为一种非语言学的"无机的"、"混杂的"、"异质的"大杂烩,从而被排除在语言研究之外,这不利于语言学的全面发展。

第二节　布拉格学派

受索绪尔语言学理论的影响,马泰修斯(Mathesius)和雅各布逊(Jakobson)创立了结构主义语言学派的一个重要代表流派——布拉格学派。该学派的主要代表人物有特鲁别茨柯依(Trubetskoy)、卡尔采夫斯基(Sergel Karcevski)、瓦赫(J. Vacheck)、布龙达尔(V. Brendal)、马丁内(Andre Martinet)等。

布拉格学派对语言学最重要的贡献就是将语言作为一种功能体系来进行研究和分析,尤其是将语音学和音位学区别开来的观点和研究成果最为突出。他们认为,语言学研究的是语音的生理和物理属性,而音位学研究的则是语音在音位体系中的功能。

在布拉格学派的众多观点中,以下三点至关重要。

(1)强调语言的系统性。他们认为,以孤立的观点来研究语言系统的成分是无法得到正确的分析和评价的。只有明确该语言成分与同一语言中其他共存成分之间的关系,才能做出正确的评价。换言之,语言成分存在的条件就是它们彼此在功能上的对比或对立。

(2)从某种意义上将语言视为一种功能,是由某一语言社团使用的、用以完成一些功能、任务的工具。

(3)注重对语言的共时性研究。他们认为,对语言进行共时性研究便于从完整、可控的语言材料中选取素材。需要指出的是,他们也并未将共时性研究与历时性研究严格地区别开来。

一、音位学和音位对立

前面我们提到,布拉格学派最突出的贡献就是对其音位学说以及对语音学和音位学加以区分的研究成果。对这一领域贡献最大的是特鲁别茨柯依。他的代表作《音位学原理》是对该领域最完整和最权威的论述。他沿用了索绪尔的理论,提出语音学属于 parole(言语),而音位学属于 langue(语言)的观点。以此为基础,他还提出了音位的概念,并以之作为语音系统的抽象单位来与实际发出的声音相区别。音位被认为是区别性功能的综合,当一个语音能够区别意义时就算是音位。

特鲁别茨柯依对语音特征的分类提出了三条标准。

(1)它们与整个对立系统的关系。

(2)对立成分之间的关系。

(3)区别力的大小。[①]

这些对立可以被分为以下几种。

(1)双边对立(bilateral opposition)。双边对立是指两个音位共有的语音特征只属于这两个音位,而同时出现在其他音位中。例如,/p/和/b/就具有双边特征。

(2)多边对立(multilateral opposition)。由于多边对立的关系并不是局限在某两个音位之中的,因此其关系较为松散。例如,/a/和/i/由于都是元音,因此具有相似性,而这种相似性在别的元音之间也同样存在。

(3)均衡对立(proportional opposition)。如果某一特征可以区分若干组音位,这种音位对立即为均衡对立。例如,/p/和/b/的对立特征是清与浊,/t/和/d/,/k/和/g/之间的对立特征同样如此。

(4)孤立对立(isolated opposition)。孤立对立是指两个音位的对立关系是独特的,是在其他音位中找不到的。例如,英语中的/v/是唇齿摩擦浊辅音,而/l/则是双边辅音。

(5)否定对立(privative opposition)。否定对立是指两个音位的对立中,一个音位具有某种特征,而另一个音位不具有该特征。例如,/n/是鼻化音,而/b/是非鼻化音,二者即为否定对立。再如,/p/是送气音,而/b/是不送气音等。

(6)分级对立(gradual opposition)。分级对立是指两个音位的对立特征相同而只是程度不同。例如,某种语言的元音有以下七个。

$$i \quad u$$
$$e \quad o$$
$$\varepsilon \quad \mathrm{o}$$
$$\mathrm{a}$$

上面七个元音中,/u/列中的任何两个音位之间都存在分级对立的关系。因为/u/列都具有圆唇特征,而只是在舌位高度上存在差别。同样,/i/列中任何两个音位之间也存在分级对立关系。

(7)等价对立(equipollent opposition)。等价对立是指两个音位可以在逻辑上看成是等价的,既不是否定对立,也不是分级对立。例如,英语中的/t/与/p/,/t/与/k/。

(8)中和对立(neutral opposition)。中和对立是指两个音位在有些位置上是对立的,而在其他位置上时就不再对立。例如,英语中的/p/和/b/本来存

---

① 胡壮麟.语言学教程.北京:北京大学出版社,2007

在对立关系,但当/s/出现在/p/之前时,就与/b/的发音一样,失去了对立。

(9)永恒对立(constant opposition)。永恒对立是指对立的音位无论出现在任何位置上仍然存在对立关系。例如,在尼日利亚的努皮语中,一般音位结构是一个辅音后面跟一个元音,只有少数例外。/t/与/d/的对立就是一切辅音位置上都不消失的永恒对立。

综上所述,特鲁别茨柯依对音位理论的贡献主要包括四个方面。

(1)提供了音位的精确定义,同时指出了语音的区别性功能。

(2)通过对语音和音位、文体音位学和音位学的区分,界定了音位学的研究范围。

(3)通过对音位组合关系与聚合关系的区分揭示了音位间相互依赖的关系。

(4)提出了一套研究音位的方法,如确定音位的方法、研究音位组合的方法。

二、句子功能前景

句子功能前景(Functional Sentence Perspective,简称FSP)是一套语言学分析的理论,"是用信息论的原理来分析话语或篇章。其基本原则就是一句话中各部分的作用取决于它对全句意义的贡献。"①

捷克的一些语言学家注重从功能的角度来分析句子。他们认为一个句子包含出发点和话语目标。出发点就是发话人和受话人都知道的信息,叫作"主位"。话语目标就是对受话人意义重大的信息,叫作"述位"。从观念的出发点(主位)到话语的目标(述位)的运动揭示了大脑本身的运动。语言虽然有着不同的句法结构,但它们表达思想的次序却是基本相同的。根据这些论点,语言学家们提出描述信息如何分布于句子之中的"句子功能前景"这一概念。句子功能前景十分关心已知信息和新信息(将要传递给受话人的信息)在句子中的分布效果。下面请看一个例子。

Sally stands on the table.
主语 谓语
主位   述位
On the table stands Sally.
      谓语   主语
   主位   述位

---

① 白雅,岳夕茜.语言与语言学研究.昆明:云南大学出版社,2010

上面两句话中,Sally 都是语法意义上的主语,但在第一句中为主位,而在第二句中为述位。由此可见,主语并非总是对应主位,而谓语也并非总是对应述位。

一个句子可以从三个层面上进行分析,即语法句型、语义句型和交际句型。例如,就"John has written a poem."这个句子而言,其语义句型是"施事—动作—目标",其语法句型是"主语—谓语—宾语",其交际句型是"主位—过渡—述位"。由此可以看出,句子和话语是存在差别的。

费尔巴斯(Firbas)在研究结构和功能关系的过程中提出了"交际力"(communicative dynamism)的概念。这个概念是建立在语言交际并非静态现象而是动态现象的基础上的。交际力不仅代表了句中某个成分负载的信息量,同时也表明了一个语言成分对于推动语言交际向前发展起到了多大的作用。例如:

He was cross.

在正常语序里,上面这个句子中各成分的交际力为:he 的交际力最小,was 的交际力一般,而 cross 的交际力最大。

语素、词、短语等句子中的任何成分都可以被强调出来,从而形成鲜明的对比。例如:

John was reading the newspaper.

上句中,我们可以通过重读 was 来与现在形成对比,表明 was 是有待传递的信息,而其他信息都是已知的。传送新信息的成分通常要具有明确的语义,因为它无法依赖上下文得出,而传送已知信息的成分的语义则由上下文来决定。显然,通过语境可以判断出语义成分的交际力较小。而对语境的依赖与否取决于交际的目的。例如:

John has gone up to the window.

上句的交际目的是告诉他人 John 移动的方向,因此 the window 很可能就是一个新信息,是无法依赖语境获得的。再如:

I have read a nice book.

上句中,a nice book 的交际力就比 have read 更大,因为宾语是对动词的扩展,因此也就更加重要。

一般情况下,如果动词、宾语或状语无法通过语境获得具体含义时,主语所负载的交际力就会比这三个成分更小。因为主语表示的是施动者,无论是已知还是未知,其交际性都不如未知的动作、方向、目标等更重要。例如:

A man broke into the house and stole all the money.

上句的交际目的是陈述一个行为(broke into the house)及其目标

(stole all the money),因此施动者(a man)并不是本句最重要的信息。然而,当主语是独立于上下文,且其后面的动词表示"存在"或"出现"的含义时,这个主语就具有最大的交际力。因为一个新出场的人物或新发生的事件要比"出现"这一动作以及地点、场合更加重要。例如:

An old man appeared in the waiting room at five o'clock.

上句中,五点钟出现在候诊室的这个人就是交际的重点,因而其交际力最大。再如:

The old man was sitting in the waiting room.

上句中,the 的存在暗示了主语 old man 应该是已知信息,而地点状语 in the waiting room 就会显得十分重要。

上述例子表明,交际力程度的大小受语义内容、语义关系的影响,而与成分在线性排列中的位置并无必然关系。但这并不意味着线性排列本身无法影响交际力。例如:

(1) He went to Prague to see his friend.

(2) In order to see his friend, he went to Prague.

上例(1)句中,不定式即使不依赖语境,其交际力也较小。而在(2)句中,不依赖语境的不定式的交际力较大。同样,不依赖语境的直接宾语或间接宾语在线性排列中,位置靠后的话,交际力就会比较大。例如:

(1) He give a boy an apple.

(2) He gave an apple to a boy.

上例(1)句中 an apple 的交际较大,而在(2)句中,a boy 的交际力较大。

费尔巴斯将句子功能前景定义为"不同程度的交际力的分布",并将其解释为:"序列中的第一个成分负载的交际力最低,然后逐步增强,直到交际力最大的成分。"[①]然而,主位在前,过渡居中,述位在后的规则也并非适用于所有句子,也会有例外情况。另外,有时整个分布场都不受语境的制约(如"A girl broke a vase.")。因此,主位并非一定受语境制约,但受语境制约的成分总是主位。非主位的成分虽然总是独立于语境,但并非所有独立于语境的成分都是非主位的。

布拉格学派不仅是继索绪尔语言理论之后欧洲最重要的一个现代语言学流派,而且对西方后来出现的一些语言学流派产生了或多或少的影响。正如鲍林格(Dwight Bolinger)所言,"欧洲人和其他语言学团体都没有像布拉格学派那样的巨大影响。布拉格学派成员从来没有企图规定语言学范围,他们的研究也从来没有产生形式演绎系统,但是他们提出了一套原则。

---

① 胡壮麟.语言学教程.北京:北京大学出版社,2007

这些原则,既为该会成员普遍接受,也在其他地方被广泛采纳。"①

第三节 哥本哈根学派

哥本哈根学派,又称为"丹麦学派"、"语符学派",前身是丹麦青年学者成立的"音位学研究小组"和"语法研究小组"。1931年,哥本哈根语言学学会的成立标志着哥本哈根学派的创立。这一学派的主要代表人物有路易斯·叶姆斯列夫(Louis Hjelmslev)和乌尔达尔(Uldall)等。其中,路易斯·叶姆斯列夫被看作是哥本哈根学派的主要创立者和举旗开道的人物。

哥本哈根学派强调,其语言理论主要立足于解决如下两方面的问题。

(1)语言学的对象问题,以往的语言学以语言物理的、心理的、逻辑的方面,或者社会的和历史的方面作为主要研究对象,与之不同,哥本哈根学派主要以语言单位之间的相互关系为研究对象,也就是研究语言形式。

(2)语言研究的精确化问题,在对语言所做的形式化描写过程中,把语言的可计算性和可度量性作为关注的焦点;在追求语言描写的形式化过程中,把语言学和数理逻辑相结合,由此形成了一种纯理语言学。

概括起来,哥本哈根学派的观点主要包括以下几个方面。

(1)赞同索绪尔的观点,认为语言是一种形式,而非实体。叶姆斯列夫认为,音素与意义是独立于语言而普遍存在的,其本身是没有结构的,特定的语言会用特定的结构将二者结合起来。因此,对语言的描写就是对其结构关系的描写。

(2)语言学的研究对象是语言成分之间的关系,是语言的内部体系,而非语言的外部体系。因此,哥本哈根学派试图建立一门新型的语言学——语符学。

哥本哈根学派对符号的兴趣不仅体现在语言符号上,还体现在交通信号、电报代码等其他符号上。因为他们认为语言形式与实体没有必然关系,语音实体也可以用其他任何符号体系来代替。他们还认为,自然语言并非其他语言符号的基础,并尝试用形式语言来代替自然语言。尽管这种观点并未取得其他语言学家的一致认可,但却对人工语言的建立起到了促进作用。

(3)认为语言是有层次的。叶姆斯列夫在《语言理论导论》一书中指出,语言的区别有两种:①形式与实体的区别;②内容和表达的区别。将这两个区别进行不同组合就产生了四个层次:表达形式、表达实体、内容形式、内容

---

① 转引自王远新.语言理论与语言学方法论.北京:教育科学出版社,2006

实体,如图 2-1 所示。

$$\text{语言(符号)} \begin{cases} \text{表达} \begin{cases} \text{表达形式} \\ \text{表达实体} \end{cases} \\ \text{内容} \begin{cases} \text{内容形式} \\ \text{内容实体} \end{cases} \end{cases}$$

图 2-1　语言的四个层次

(资料来源:王远新,2006)

其中,表达形式和内容形式属于语言内部体系,而表达实体和内容实体则属于语言的外部体系。语言的任务就在于沟通和联系内容实体和表达实体。

(4)认为语言关系主要有以下三种。

①并列关系,即语言成分之间既不相互规定,也不相互排斥。

②决定关系,即一种语言成分可以规定另一种语言成分,但这种决定关系不能反向。

③相互依赖,即两个语言成分相互依赖、相互规定。

(5)强调语言结构关系研究的数学性质,认为语言学与艺术、文学、历史等人文科学不同,语言学家需要从中找到一个常量,也就是说要确定对所有的语言来说是稳定的、共同的部分。这种常量对语言的本质具有决定性的作用,它使一切实体与其变体基本一致。找到这种常量后,并对其加以描写,就可将它投射到某种现实之上。他们认为理论要受实验数据检验,遵循经验主义原则;传统的归纳、概括的方法不能帮助找到预想中的常数,也不能建立语言理论,真正的语言学必须是演绎性的(王德春,2011)。

哥本哈根学派对 20 世纪的语言学产生了深远的影响。前苏联邵勉的范畴语法、美国悉尼·兰姆的层级语法、法国 A.J.格雷马斯的结构语义学、比利时列日学派的普通修辞学以及韩礼德的系统功能语法等,都不同程度地受到该学派理论的影响。

第四节　英国语言学派

一、马林诺夫斯基的理论

在马林诺夫斯基(Malinowski)的理论中,有关语言功能的理论最为重要。马林诺夫斯基认为,将语言视为"将思想从说话人的大脑传递给听话人的大脑的手段"的观点是个谬误。他曾指出,语言不是与思维相对应的东西,而是一种行为模式。按照他的观点,话语的意义并不取决于构成话语的词语意义,而取决于话语所在的上下文之间的关系。

马林诺夫斯基的上述观点是建立在以下两种判断的基础上的。

(1)原始社会由于没有书面文字,因而语言只有一种用途。

(2)一切社会中的儿童都是在无文字的情况下习得语言的。儿童往往是凭借声音而行动,周围的人对某些声音做出某些反应,儿童接受到这些信息之后就会将这些声音的意义与外界的反应(即人的活动)联系起来。

马林诺夫斯基认为,话语与环境有着紧密的联系。因为环境对于话语(尤其是口语)的理解是至关重要且必不可少的。只靠语言的内部因素来分辨话语意义是不可能的。

另外,他还区分了如下三种语言环境。

(1)言语仅被用来填补言语空白的环境,如寒暄交谈。这是一种无目的的、自由的社会交谈。这种环境下的语言使用与人类活动的联系程度最低,因此语言的意义也并不取决于语言使用的环境,而取决于社交氛围以及交际者们的私人交流。例如,客气话的实际意义和功能与其字面含义往往并无关系,而只是一种表示礼貌的寒暄语。

(2)言语与当时的身体活动有直接关系的环境。在这种环境中,一个词的意义并非取决于其所指的自然属性,而是取决于其功能。例如,原始人要想掌握一个词的意义通常无需他人解释这个词,而是自己使用这个词。同样,掌握一个表示行为动作的词语的最好办法就是实施这个动作、参与这个行为。此外,马林诺夫斯基还对其做了进一步的区分:叙述涉及或所指向的环境和叙述本身所处的当时当地的环境。其中,后者由当时在场者各自的社会态度、智力水平和感情变化等因素组成。

(3)叙述环境。在这种环境中,语言的意义通常由语言的所指来获得。马林诺夫斯基认为,虽然叙述的意义受语言环境的影响不大,但叙述的内容却可以改变受话人的思想感情、社会态度等。

马林诺夫斯基在其《珊瑚园及其魔力》(1935)一书中,不仅进一步发展了他的语义学理论,还提出了如下两个新的观点。

(1)规定了语言学的研究素材,并指出孤立的词是想象出来的语言事实,是高级语言分析程序的产物。而在实际的语言环境中使用的完整话语才是真正的语言事实。

(2)一个语音即使能够用于两种不同的语境,也不能算是一个词,而应算是同音词或两个具有相同发音的词语。他还指出,语音的意义并非存在于语音本身,而是与其使用的环境有着莫大的关系。

马林诺夫斯基的研究成果为弗斯(J. R. Firth)进一步发展语言学提供了相当有益的背景。

二、弗斯的理论

弗斯在吸收索绪尔和马林诺夫斯基某些观点的基础上发展了他们的理论,同时还提出了自己的见解。受马林诺夫斯基的影响,弗斯将语言视为人类社会生活的一种方式,而并非是一套简单的符号。弗斯还认为,人们为了生存会不断地学习,而语言学习就是人们做事情、使他人做事情以及实施行为、参与社会生活的一种手段。

弗斯认为语言既不是完全天生的,也不是完全后天获得的,而是同时兼具先天和后天两种成分。因此,他认为语言学应该以实际使用中的语言为研究对象,以分析语言中有意义的成分,从而将语言因素与非语言因素对应起来为研究目的。他同时还提出了研究语言的方法:首先要确定语言活动的组成部分,说明它们在各层次上的关系以及它们之间的关系;然后指出这些成分与处在其中的人类活动的内在联系。由此可以看出,弗斯试图将语言研究与社会研究结合起来。语言作为人类交流的工具以及文化的一个重要组成部分,对语言的研究必定有助于揭示人的社会本质。

另外,弗斯对意义也有一定的研究。他将意义定义为不同层次上的成分和该层次上此成分的情境之间的关系,并指出任何句子的意义都包含如下五个部分。

(1)音素与其语音环境的关系。
(2)词项和句中其他词项的关系。
(3)每个词的形态关系。
(4)该句子所代表的句子类型。
(5)句子与上文的关系。

和马林诺夫斯基一样,弗斯也将语言环境当作研究的重点。他认为,语言环境不仅涉及语言出现的环境中人们的活动,还涉及个人历史以及整个言语的文化背景。弗斯发现,句子的变化是无穷无尽的,因而提出了"典型语言环境"的概念。对此,弗斯解释到,社会环境决定了人们在社会中所要扮演的角色,这些角色是有限的,因此典型的语言环境也是有限的。人们实际的交往活动基本上都可以被归类为多个不同的典型的语言环境。这表现在当有人对你说话时,你基本上处于一种规定好了的环境,对于什么样的话语大概会有什么样的回答,而不是随心所欲地回答。

对于典型的语言环境,弗斯还采用了社会学的方法对其进行了以下四个层次上的研究。

(1)语音层。这一层的研究是通过对语音位置以及语音与可以在同一位置上出现的其他语音的对立进行分析来发现语音的功能。

(2)词汇和语义层。这一层的研究不仅要分析词的所指意义,还要分析词的搭配意义。因为,词语的意义经常受到搭配对象的影响。例如,night其中的一个意思就是和 dark 搭配后产生的,而 dark 其中的一个意思也是和 night 搭配构成的。

(3)语法层次。语法层次的研究又包括形态学层次和句法层次。形态学层次的研究关注的是词形的变化,而句法层次的研究关注的是语法范畴的组合关系。这种关系是靠语言的组成成分实现的。

(4)语言环境层次。这一层次的研究主要集中在非语言性的事物、行为以及语言行为的效果上。弗斯指出,这一层次的研究不区别词汇和思想,目的在于使我们明白在某种环境下为何使用某种话语。这样看来,"运用"和"意义"之间就是对等关系。弗斯还指出,较小的语言环境存在于一个更大的语言环境之中,那么所有的语言环境也就存在于整个文化环境之中。但弗斯同时也明白一点:要限定环境所有的组成因素是十分困难的。

此外,弗斯还对语境进行了更加具体而详细的分析。他认为,对语言环境的理解还可以从两个角度来进行:篇章角度和语言环境角度。篇章角度涉及篇章的内部关系,包括结构成分之间的组合关系、系统中单位的聚合关系及其价值;语言环境角度涉及语言环境的内部关系,不仅包括非语言成分与篇章成分之间的关系及其总效果,还包括篇章中的"小片段"和"大片段"(如词、短语等)与环境的组成成分(如物体、人物、事件等)之间的分析性关系。

弗斯于1948年在伦敦语言学会上提出的韵律分析法(又称"韵律音位学")是他对语言学的第二大贡献。人类的话语是一个连续的语流,至少包括一个音节,无法被切分成若干独立的单位。仅靠语音描写或音位描写是无法分析语流中语言各个层次的功能的。这是因为,音位描写只探讨了聚合关系,并未涉及组合关系。而弗斯认为,在实际的话语中构成聚合关系的并非音位,而是准音位单位。准音位单位的特征比音位少,原因是有些特征是音节、短语或句子中的音位共有的。这些共有特征归到组合关系中以后,被统称为"韵律成分"。

尽管弗斯并未对韵律成分下定义,但他在论证中指出了韵律成分包括这几个方面:重读、音长、鼻化、硬腭化和送气等特征。而这些特征并不单独存在于某一个准韵律单位中。

弗斯在强调"多系统"分析的同时也十分重视组合关系和对结构的分

析。他认为,分析话语的基本单位不是词语,而是特定环境下的语篇。分析时要把语篇拆成各种层次以便研究。由于每个层次都是从语篇中拆分出来的,因此无论先研究哪一个层次都没有关系,但都需要对语篇的韵律成分进行分析。

无论是韵律分析还是音位分析,都要考虑到基本相同的语音事实。但是,韵律分析在材料归类和揭示材料的相互关系上有着更加明显的优势。这是因为它能从各个层次上发现更多的单位,并能够说明不同层次上的单位之间的联系。

三、韩礼德的理论

韩礼德(Halliday)继承并发展了弗斯的理论。在弗斯"系统"概念的基础上,他对"系统"的意义进行了重新规定,并创造了一套完整的范畴。韩礼德于1961年正式提出阶和范畴语法理论框架,后来将这个理论模式发展成系统语法,并于1968年在系统语法中增加了功能部分,后人将他的语言理论称为"系统功能语法"。

系统功能语法包括系统语法和功能语法两个组成部分。

(1)系统语法的目标是要说明语言作为系统的内部底层关系,它是与意义相关联的可供人们不断选择的若干子系统组成的系统网络。

(2)功能语法的目标是要说明语言是社会交往的手段,其基础是语言系统及其组成成分又不可避免地由他们所提供的作用和功能所决定(廖美珍,2009)。

系统功能语法理论把语言看作是"做事"的一种方式,而不是"知识"方式。它用一系列相互关联的范畴来解释语言材料,并用一套抽象的阶来说明范畴与材料的关系;区分"语言行为潜势"和"实际语言行为";重视语言在社会学上的特征;着力对个别语言及个别变体的描写;运用连续体概念来解释许多语言事实;强调依靠对语篇的观察和数据统计来验证自己的假设。[1]

系统功能语法理论认为人际关系或社会结构对人类认识世界的方式具有决定作用。在语言与现实的关系问题方面,韩礼德认为语言是文化的一个重要组成部分,而不是乔姆斯基(Chomsky)所假定的那种相对独立的模块系统。他还认为,语言之间的差异以及差异所反映的文化差异对语言学家来说尤为重要,而语言之间的共性并不重要。

韩礼德的语言理论成为20世纪后半叶最有影响的语言学理论之一,同

---

[1] 王德春.普通语言学.上海:上海外语教育出版社,2011

时还影响到包括语言教学、社会语言学、话语分析等众多与语言相关的其他领域。

第五节 美国语言学派

美国语言学派,或称为"美国结构语言学"、"美国描写语言学",是 20 世纪初产生的一个较具影响的结构主义流派。其主要代表人物包括博厄斯(F. Boas)、萨丕尔(Edward Sapir)、沃尔夫(Whorf)、布龙菲尔德(Bloomfield)等。下面我们就来介绍该学派的代表人物及其主要理论。

一、博厄斯和萨丕尔的理论

(一)博厄斯的理论

20 世纪初,美国的印第安人部落及其文化逐渐开始消亡。对此,美国的人类学家希望趁印第安人文化没消失之前将其载入史册。要想完成这个任务就必须理解和记录这些文化,这就要求人类学家们首先必须懂得印第安人各部落的语言。而事实上,所有的印第安人的语言都没有文字,人类学家必须为这些语言创造文字符号。这些语言由于没有文字系统,因此很难进行历时性的研究,而只能采取共时性的研究方法。美国描写语言学的先锋博厄斯首先提出:语言应该从语音、单词和句法三个层次上进行解构分析。

博厄斯曾对墨西哥以北的众多美洲印第安土著语发起了调查,调查的结果就是他的《美洲印第安语言手册》(1911)一书的出版。博厄斯不仅为全书写了重要的引言,还亲自撰写了其中的某些章节,总结了描写处理语言的研究方法。另外,他还训练了一批人去调查其他语言。他对人类语言的研究成为了后来美国语言学发展的一个重要源泉,很多美国语言学家都或多或少地受到了他的影响。

博厄斯虽然没有受过任何专业的语言学训练,欠缺一定的专业技能,但这却反而对他的研究工作十分有利。在欧洲语言学家强调语言具有普遍性的时候,博厄斯却认为世界上并不存在最好的语言形式,每种语言之间都是千差万别的。虽然部分原始部落的语言形式看起来十分原始、落后,但却并没有实际的证据证明这一点。而且在原始部落的人们的眼中,印欧语同样是原始的。

博厄斯反对将语言视为种族的灵魂。他还表明，种族的进化、文化的发展都和语言形式之间没有必然的联系。由于种种历史因素，原本同一种族的人可能会使用不同的语言，不同种族的人也可能使用同一种语言，而同一语系的语言使用者还可能拥有完全不同的文化。因此，语言只有结构上的差别，而没有"发达"与"原始"之分。

在《美洲印第安语言手册》一书的前言中，博厄斯论述了描写语言学的框架。他指出描写包括三个方面：语音、语义范畴以及表达语义的语法组合过程。此时的博厄斯早已注意到，每种语言都有自己的一套语音和语法系统。他认为，对于要研究的语言，概括其特殊的语法结构、分析其特殊的语法范畴是语言学家的一个重要任务。他在对美洲印第安语的语言数据继续研究时采用的是分析性的方法，而并未和英语或拉丁语等语言相比较。

综合上述内容可以看出，博厄斯对语言的研究是以人类学为起点进行的，将语言视为人类学的一部分，因此并未将语言学独立出来成为一个专门的学科。尽管如此，他关于语言的很多观点以及考察和描写语言的方法，不仅为美国描写语言学打下了基础，还影响了美国很多著名的语言学家。

(二) 萨丕尔的理论

萨丕尔是博厄斯的学生，同样是一位杰出的人类语言学家。受博厄斯的影响，萨丕尔也曾按照博厄斯的方法来调查美国的印第安语。这个调查对于萨丕尔而言，不仅是一个宝贵的经历，也是一种将印欧语语法范畴施加于其他语言的做法。

萨丕尔在其唯一的一本专著《语言论：言语研究导论》(*Language: An Introduction to the Study of Speech*, 1921)中，从人类学的角度出发描写了语言的特点及其发展，类型学是其主要焦点，旨在为语言学提供一个适当的研究视角，而不是堆积语言事实。此书很少涉及语言的心理基础，对于一些特殊的语言也只是给出充分的现实描写或历史事实以说明其原则。其最主要的目的就是要说明语言为何；语言是如何随着时间、地点的变化而变化的；语言和人类所关心的其他问题（如思维、种族、文化、艺术、历史过程的本质等）之间的关系。他对语言的定义是"语言是纯粹人为的、非本能的、自觉制造出来的符号系统，用以表达人类的观念、情绪和欲望的一种方法。"

他还拿语言和走路作比，指出行走是人类遗传的、生理的、本能的功能，是一种普遍的人类活动，不同的人走路虽然存在差别，但这种差别却是有限的、不自主的和无目的的。在探索语言与意义的关系时，萨丕尔认为，这两者的结合是可能但并非必然存在的关系。而对于语言和思维之间的关系，萨丕尔则认为，二者虽然联系紧密，实际上却并不相同。"语言是工具，思维是终极产物;没有语言,思维是不可能实现的。"

另外,萨丕尔也注意到语言具有普遍性。无论一个种族或部落多么野蛮或者落后,都会有属于自己的语言。尽管这些语言在形式上存在差别,但它们的基本框架——明晰的语音系统、音义的具体结合、表达各种关系的形式手段等——都是十分完善的。语言是人类最古老的遗产,任何其他的文化事物都不可能早于语言。因此,可以说,没有语言也就没有文化可言。

萨丕尔关于语言的理论及思想后经其学生沃尔夫发展以后形成了著名的"萨丕尔-沃尔夫假说"(the Sapir-Whorf Hypothesis)。该假说的基本观点如下。①

(1)语言形式决定语言使用者对宇宙的看法。
(2)语言怎样描写世界,使用语言的人就怎样观察世界。
(3)世界上的语言不同,各民族看待世界的方式也不同。

这一假说具有重要的启发意义:它深化了人们对于语言、思维、文化差异的认识,启发人们重视观察那些熟视无睹的现象,更多地认识差异,更深刻地探索差异产生的原因,以及语言与思维、文化之间的关系,而这些问题,正是人类语言学所关注的核心问题(王远新,2006)。

二、布龙菲尔德的理论

布龙菲尔德是美国描写语言学派的主要代表,也是美国语言学历史上的一位标志性人物,以至于1933—1950年的这段时期被称为"布龙菲尔德时期"。就在这个时期,美国描写语言学正式形成并逐渐发展了起来。

布龙菲尔德的《语言论》(*Language*,1933)一书被誉为20世纪"大西洋两岸出现的最伟大的语言学著作"。布龙菲尔德认为,语言学是心理学中带有实证论特征的行为主义的一个分支。行为主义是一种科学的研究方法,其理论基础是认为人类无法认识他们没有经历过的事物。行为主义语言观认为,儿童的语言学习是一个连续的"刺激—反应—强化"过程。而成年人的语言使用也是一个"刺激—反应"的过程。当行为主义方法论进入语言学研究以后,语言学研究中就普遍开始接受和理解一个本族语者用其语言输出的语言事实,而不考虑他对自己语言的评价。因为说话人没有准备的、自然而然陈述的话语才更具有真实性,因而对这些语言的观察而做出的语言描写才更加可靠;反之,若问说话人"你是否能用你的语言说……"之类的问题,那么分析者所做出的语言描写则很可能是不可靠的。

---

① 王德春.普通语言学.上海:上海外语教育出版社,2011

第二章 现代语言学的理论流派

对于"刺激—反应"理论,布龙菲尔德用了一个有趣的例子来加以说明。假如一个男孩和他女朋散步。女孩肚子饿了,然后看到树上有苹果,于是发出一些声音。男孩于是爬上树摘了苹果给女孩吃。

这个简单的例子中包含一系列的行为,这些行为可以被分为两类:语言行为和实际事件,根据这个标准,整个故事可以分为以下三个部分。

(1)言语行为之前的实际事件。

(2)言语行为。

(3)言语行为之后的实际事件。

其中,(1)包括三个实际事件:女孩肚子饿了、树上有苹果、她和男孩的关系。这些都构成了对说话人的刺激。(3)包括两个实际事件:男孩爬树摘苹果给女孩,女孩吃苹果。显然,女孩的言语行为产生了一个结果,即她本人不必亲自爬树就得到了苹果。

据此,布龙菲尔德得出了第一条原则:一个人受到某种刺激时(如女孩受到饥饿的刺激),可以用语言让另一个人做出相应的反应。而在社会中,不同的人能力也不同,但只要有一个人具有某种能力,其他人就有可能受益于这种能力。据此,布龙菲尔德得出了第二条原则:劳动分工以及以劳动分工为基础的一切人类活动都需要借助语言来实现。故事中女孩发出的声音就是她对饥饿的反应——产生语言。这些声音传到男孩的耳朵里以后刺激神经,使男孩听到了女孩的话,从而对男孩产生了刺激。由此可以看出,人们可以对两种刺激做出反应:实际刺激和语言刺激。据此,布龙菲尔德得出了第三条原则:说话人和听话人在身体上存在距离(两个互相不相连的神经系统),但声波起到了桥梁的作用。由此他提出了一个著名的公式:

$$S \rightarrow r \cdots\cdots s \rightarrow R$$

这里 S 代表外部刺激,r 代表言语的代替反映;s 代表言语的代替性刺激;R 代表外部的实际反应。[①]

布龙菲尔德的研究还涉及语言学在语言教学上的应用。在此研究中,他批评了传统语法。他指出,18、19 世纪的语法学家大多在制订"英语该如何"的规则。但实际上,这样的规则是十分狭隘的。因为语言在实际的使用过程中总会产生一些变化,也会在传播的过程中产生一些变体。这些变化和变体同样都是真正的英语。而传统的语法学家企图用哲学概念来约束和规定语言范畴,是教条主义的做法。因此,布龙菲尔德认为,语言教学不应一上来就关注文字形式,而应先教语音。对于美国的外语教学,他认为,要想学好一门外语,就必须不间断地练习,并在真实情境中反复地使用外语,

---

① 胡壮麟.语言学教程.北京:北京大学出版社,2007

而不是将注意力过多地放在语法理论的传授上。而传统的关注语法传授的教学方法不仅无法帮助学生提高外语学习效率,还可能给学生造成疑惑,同时也不符合经济原则。

对于布龙菲尔德的《语言论》一书,很多语言学家都予以了高度的评价,并将其视为美国解构主义语言学流派的开端。布洛克就曾写到:"这样说决不是过分其辞,在美国所发生的分析方法上每一项重大的改善……都是由于布龙菲尔德的这本书对语言研究促进的直接成果。如果说今天我们在描写分析的方法上在某些方面比他的方法高明一些,我们对于他首先给我们揭示的语言结构的某些方面比他本人认识得更清楚一些,这是因为我们站在了他的肩上。"①

三、后布龙菲尔德时期的理论

在布龙菲尔德及其《语言论》的影响下,后布龙菲尔德时期的哈里斯(Harris)、霍凯特(Hockett)、派克(K. L. Pike)等人进一步发展了结构主义。

20世纪40年代,世界上出现了第一台电子计算机。20世纪50年代,语言学家逐渐意识到普通语言学研究的正确目标就是发明一套明确的"发现程序",从而借助计算机来处理任何语言的原始数据,并在没有语言学家干预的情况下形成一套完整的语法体系。所以这一时期的语言学家十分重视直接的观察:通过对所有数据进行一系列恰当地操作来发现语法。其中,所有数据都是由语音组成的,因此操作必须从作为音位的音流入手来进行。由于音位构成了不同类型的结构,因此可以被分为最小的、可重复的排列,或语素形式。在发现语素的基础上,语言学家们就致力于研究语素是如何被组合起来形成语法的。除此以外,为了发展完善句子结构的发现程序,这一时期的语言学家们还对话语层面的研究产生了极大的兴趣。

下面就对这一时期的主要代表人物及其理论进行介绍。

(一)哈里斯的理论

哈里斯是后布龙菲尔德时期的主要代表,被认为是"美国新语言学的发言人"。

哈里斯的《结构语言学的方法》(1951)一书的出版标志着美国结构主义语言学的成熟。在这本书中,哈里斯以精密的分析手段和高度的形式化为

---

① 白雅,岳夕茜.语言与语言学研究.昆明:云南大学出版社,2010

发现程序提出了最完整、最生动的阐述。这本书获得了语言学界的一致认可，并被意大利语言学家莱普希视为美国后布龙菲尔德时期语言学的象征和转折点。

哈里斯的结构分析在"分布关系的逻辑"的基础上，建立了一整套系统而严格的语言描写手续。这种方法对美国描写语言学影响极大，哈里斯也因此被称为"这一时期最杰出的语言学家"。

不过，哈里斯也受到过其他语言学家的批评。有的语言学家就曾指出，哈里斯的理论是循环性的：单位依靠分布得出，分布依赖环境，而环境则是由单位组成的。还有的语言学家批评哈里斯在对待意义的问题上的态度太过极端，认为哈里斯一直试图完全排斥意义，但却又不得不依赖意义来解决问题。但无论批评如何，哈里斯建立的语言描写方法仍然具有很高的价值。

(二)霍凯特的理论

霍凯特既是一位语言学家也是一位人类学家。他不仅在音位、语素和语法分析以及普通语言学及其与其他学科的关系等方面贡献卓越，还捍卫了结构主义的观点，同时也质疑了转换语法中很多表面上看起来没有问题的基础假设。

《现代语言学教程》是霍凯特为大学语言学专业撰写的一部关于美国描写主义传统的教科书，其中吸收并发展了 20 世纪 30 年代以来的结构主义研究成果。尽管霍凯特并不属于任何语言学流派，但从他的这本著作中可以看出，几乎每一页的内容中都有证据表明他深受美国语言学（尤其是布龙菲尔德）的影响。

(三)派克的理论

霍凯特之后的最杰出的结构主义者当属派克。派克及其后继者以法位学这一语言学分析手法而享誉盛名。派克认为，一种语言有着它独立的、不依靠意义的等级系统，如由下到上、由小到大、由简单到复杂、由部分到整体而分成不同的等级。这种等级系统不仅存在于语言中，还存在于世间万物中。就语言来说，它包括三种相互关联的等级系统：音位等级系统、语法等级系统和所指等级系统。而这三种等级系统中的每个层面都有四个具有以下特征的语言单位：轨位(slot)、类别(class)、作用(role)和接应(cohesion)。这些基本单位被称为"语法单位"，简称"法位"。

(1)轨位(可以是主语轨位、谓语轨位、宾语轨位和附加语轨位)规定了某个法位在所处的结构中的地位，即是核心地位还是外围地位。

(2)类别是对某个轨位上的语言实体的描述，如词缀、动词词根、名词、形容词、介词短语等。

（3）作用是指某个法位在语言结构中的角色功能，如动作者、受事者、受益者、协同者、时间、方位等。

（4）接应表明了某个法位与其他法位之间的关系，即是支配其他法位还是受其他法位支配。

法位公式如图 2-2 所示。

$$\text{法位(tagmeme)} = \frac{\text{轨位(slot)} \mid \text{类别[class(es)]}}{\text{作用(role)} \mid \text{接应(cohesion)}}$$

图 2-2　法位公式图

（资料来源：白雅、岳夕茜，2010）

上图中的任何一个成分都被称作"一个单元"。

那些必须的、强制性的法位用"＋"号来标记；那些任意的、非强制性的法位则用"－"号来标记。若用上述公式来表示一个动词，则其表达如图 2-3 所示。

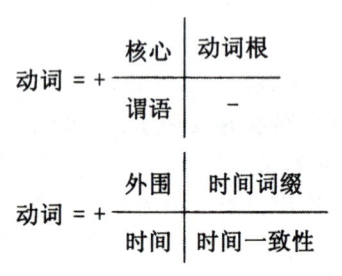

$$\text{动词} = + \frac{\text{核心} \mid \text{动词根}}{\text{谓语} \mid -}$$

$$\text{动词} = + \frac{\text{外围} \mid \text{时间词缀}}{\text{时间} \mid \text{时间一致性}}$$

图 2-3　动词的法位公式表达

（资料来源：白雅、岳夕茜，2010）

法位学为语言学研究提供了一套能将词汇、语法和语音等信息综合在一起的理论。该理论是建立在一个假设的基础上的，即语言中存在多种能够被分析为各种不同的单位关系。但是需要注意的一点是，语言不能被严格地形式化。因为能够解释语言所有相关事实的描写系统并不存在，而法位学只是用不同的描写模式来达到不同的目的，而且这一理论也并不认为世上只有唯一正确的语法和语言理论。

第三章 语音学与音位学

在人类所发出的各种各样的声音中,并不是所有的声音都可以成为语言系统的单位,只有一部分可以。一直以来,很多语言学专家都从不同角度对人类的语音进行了研究,从而逐渐形成了一个完整的研究系统,即语音学。这门学科主要研究语音的发音、传递和感知。此外,音位学也是对人类声音的一种研究,其研究的内容与语音学有一定的差别。本章就来分析语音学与音位学,从而对这两门学科有一个系统、深入的了解。

第一节 语音学综述

一、语音与语音学

(一)语音

语音是语言的物质外壳,是指人的发音器官发出来的代表一定意义的声音,是人们实现交际过程的物质材料。发音器官的活动部位和活动方式的不同决定了语音的不同性质,这种性质是语音的生理属性。语音发出以后,同自然界的其他声音一样,表现为声波,声波具有各种声学属性,这种性质可以称为语音的物理属性。语音的生理属性和物理属性都属于自然性质。此外,语音还具有区分不同语言符号的功能,语音的这种社会功能就是语音的社会属性。下面将详细介绍语音的这三种属性:语音的生理属性、语音的物理属性和语音的社会属性。

1. 语音的生理属性

从生理学的角度来讲,语音是人类发音器官活动的产物,发音器官活动的部位和方法不同,发出的语音也就不同。因此,要研究语音的生理属性,就必须对发音器官的构造和功能有一个基本的认识。人类的发音器官由呼吸器官、喉腔和声带、共鸣腔三部分组成。

(1) 呼吸器官

呼吸器官包括肺(lung)和气管(trachea/windpipe),它们为发音提供动力。肺部呼出的气流通过气管与口腔和鼻腔相通,并对其他发音器官产生冲击力,从而形成声音。世界上大多数人类语言是利用呼出的气流发出的,只有极少数语言的某些音是吸气音。另外,气流的强弱不同,也能区别不同的语音。

(2) 喉腔和声带

喉腔(laryngeal cavity)和声带(vocal folds)是成音部分。喉腔是由软骨和肌肉组成的构架;声带位于喉腔的内部,由两片富有弹性的肌肉构成,中间的空隙部分叫声门(glottis),如图3-1所示。声带是语音的重要发音体,声带可以放松或拉紧,声门随之打开或关闭。声带放松,声门开放,气流自由通过,发出噪音;声带并拢,声门关闭,气流挤出时声带振动,发出乐音。

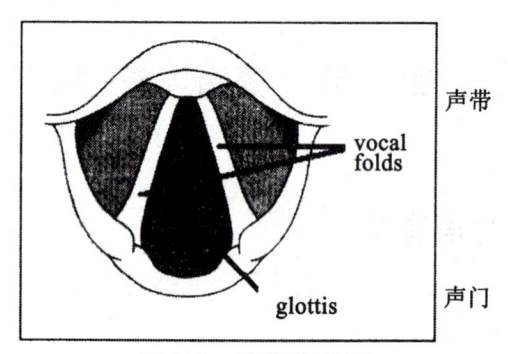

图 3-1　声带构成图

(3) 共鸣腔

咽腔(pharyngeal cavity)、鼻腔(nasal cavity)、口腔(oral cavity)是发音的共鸣器,可统称为共振腔。

咽腔在舌根和喉腔后壁之间,犹如一个"三岔口",下通喉腔,前通口腔,上通鼻腔,在发音时起共鸣作用。

鼻腔是个空腔,它位于口腔上方,主要是通过软腭、小舌下垂,关闭口腔通路,使气流在鼻腔发生共鸣而发出鼻音。

口腔是最重要的发音器官。口腔不仅起共鸣的作用,而且口腔里聚集着大多数可以活动的发音器官,如上下唇、上下齿、齿龈、舌、小舌、软腭等。其中,上下唇、软腭、舌在发音时可以自由活动,称为"积极的发音器官",在发音时正因为有这些活动的发音器官的调节,才使得人类能够发出各种美妙的声音;其余像牙齿、齿龈、硬腭等不能活动的发音器官,称为"消极的发音器官"。发音器官如图3-2所示。

图 3-2　发音器官图

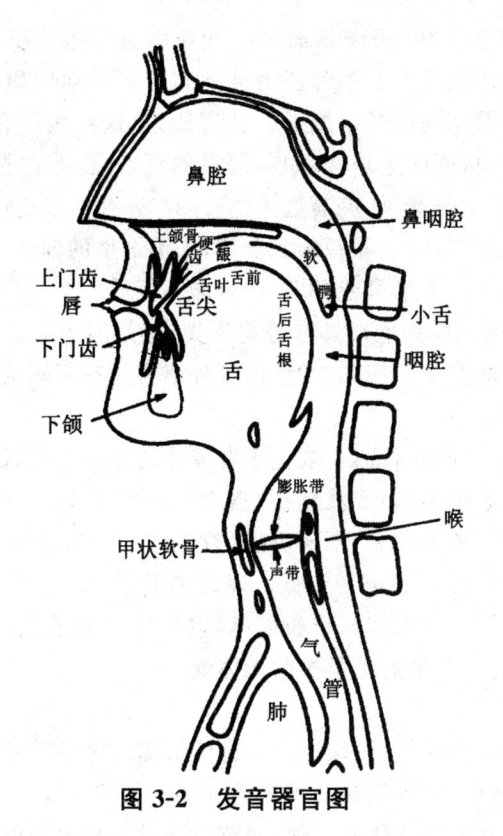

在发音时往往是几个发音器官协同活动,我们把这种协同活动称作语音的发音动作。一个发音动作可以分为以下三个阶段。

①成阻:发音器官从静态,或从发前一个音的状态转变为发该音状态的过程。

②持阻:发音器官保持成阻时的状态。

③除阻:发音器官从发该音状态转为静止(或转为发下一个音的状态)。

2.语音的物理属性

一切声音,包括语音在内,都是物理现象。发音器官振动产生声波,声波经由空气传播到耳朵里,就成为人们听到的声音。我们可以从音质、音高、音强、音长四个方面来分析语音的物理属性。语音的物理属性使它成为可感知的、能加以区分的因素,这就使信息传递和社会交际有了物质基础。

(1)音质

音质就是声音的性质或特色,我们也可以将其称为音色,它是某个声音区别于其他声音的基本特征。研究各种音质及其在语言中的作用是语音学的任务之一。

同其他声音一样,语音是通过空气压力被传送到听话人的耳朵里的。由于振动器作用而产生的各种压力波从声源开始向四周扩散,空气质点本身也以和振动器相同的频率振动。在言语里,这些振动有的以复杂而又规则的模式进行,从而产生乐音,如英语里的元音;也有些振动以不规则的模式进行,从而产生噪音,如英语里的辅音/s/;还有的以既规则又不规则的模式进行,从而产生乐音和噪音的混合体,如英语里的辅音/z/。发元音时,声带振动;发辅音时,声带可能振动,也可能不振动。

在各种语言中,音色都具有普遍意义,正是因为语音具有不同的音色,各种语言所用的音位不相同,才使得各种语言具有不同的音位系统。

(2) 音高

音高是指声音的高低,它取决于发音体的振动频率,即振动的次数。发音体振动的次数越多,声音就越高;振动的次数越少,声音就越低。发音体的振动次数与声带的长短、厚薄、松紧有关系。声带短而薄,发出的声音就高,声带长而厚,发出的声音则低。通常来说,妇女、儿童的声带短而薄,发出的音较高;男人、老人的声带长而厚,发出的声音较低。而个人发音的高低,则主要通过对声带的松紧控制来体现。

(3) 音强

音强是指声音的强弱,取决于发音体振幅的大小。发音体振幅越大,声音越强;振幅越小,声音越弱。噪音的强弱对语音有重要意义,一些语言的重音就是由噪音强弱变化决定的,如英语就对音强的变化比较敏感,因而英语强调重音的作用,而重音位置的变化往往可以改变某一单词的词汇意义和语法意义。例如,digest/ˈdaidʒest/的重音在第一个音节时是名词,其意义是"文摘",其重音在第二个音节时(发音是/deˈdʒest/)则是动词,含义为"消化"。

(4) 音长

音长,即声音的长短,其取决于发音体振动持续时间的长短。发音体振动时间越久,声音越长;发音体振动时间越短,声音越短。这里所说的音长并非用测量声音的仪器测出的绝对长度,而是指具有语言意义的相对长度,也就是通常所说的长音和短音。

语音的相对长度在一些语言中有区别意义的作用。英语中就有相对应的长元音和短元音,如长元音/i:/与短元音/i/,由于音长不同,其对应的单词就会不同,意义自然也不相同。例如,/li:v/对应的单词 leave 的意思是"离开",而/liv/对应的单词 live 的含义是"活,生存"。

语音的绝对长度是由人们的说话速度决定的。一般来说,人们说话时每秒钟大约发 6~20 个音。但在实际会话中,语速加快或放慢的情况也时常出现,而说话人发出的声音长度也会随之发生相应的变化。

音长的变化与节奏密切相关。例如,英语就是一种节奏感很强的语言,话语里各个音和音节总是按一定的节奏模式交替变换重音和音长,这就说明,音长是受节奏制约的(许天福等,1985)。

3. 语音的社会属性

语音作为语言符号的形式,其功能是区分不同的语言符号。而某种语音能否区分不同的语言符号,不仅仅取决于语音的生理性质和声学性质,更主要的是取决于语言使用者的社会环境。所以,语音的这种区分不同语言符号的功能,就是语音的社会属性,或者说社会功能。

具体而言,语音是语言的物质外壳,是声音和意义的结合体,正是凭借语音的这一特征,语言才得以充当起人们交际的工具。由语音构成的词所具有的意义是社会赋予的,因而,离开了特定的语言社会,词自身所具有的表意功能也就丧失了。假如一个人不懂英语,那么他就听不懂英美人说的话,尽管他或许能从生理和物理的角度辨别出话语里的不同声音。可见,研究语音的社会属性具有十分重要的意义。语音的社会属性主要表现为以下三个方面。

(1)语音有民族特征和地方特征。简单来说,各种语言和方言都有自己特有的语音现象。例如,英语里有/ð/,/θ/两个音,汉语里却没有;汉语普通话里的"儿化"音,在上海话中就不存在。

(2)人们对语音的区分是由一定的社会集团约定俗成的。也就是说,说不同语言的人,说不同方言的人,区分语音的情况就有所不同。例如,说英语的人对清辅音/p/,/t/,/k/和浊辅音/b/,/d/,/g/区分得非常清楚,而说汉语的人则对这些浊辅音和清辅音区分得不是很清楚,当然某些南方方言区的人除外。又如,北京人能明确区分声母 n 和 l,z、c、s 和 zh、ch、sh,而武汉人一般不能区别这些音。

(3)各种语言或方言,它们的语音成分和结构方式都是自成系统的。例如,英语里清浊成对的辅音能够区别词义,汉语普通话则一般不能。各种语言和方言里的语音成分及其结构方式都是按照各自的规律形成和发展的,同语音的生理和物理性质并没有必然的联系,它们之间的差异只能从语音的社会性质方面去理解。

(二)语音学

语言是音义结合的符号体系,而语音则是这个体系中的重要组成部分,是语言的物质外壳,是语言实现其社会功能的物质手段。作为语言学的一个主要组成部分,语音研究主要分为语音学(phonetics)和音系学(phonology)。

语音学就是研究语音的学科,主要研究课题涉及语言的发音机制、语音的各种性质、各种语音单位的区别与结构功能以及语音的各种变化规律。语音学可以从不同的角度划分若干分支。

从研究范围角度来区分,语音学可以分为普通语音学和具体语音学。普通语音学主要对人类所有语音的普遍特征及相互的异同进行研究;具体语音学则主要研究各个具体的语言的语音系统,如英语语音学、汉语语音学等。

从研究内容角度来区分,语音学可以分为发音语音学、听觉语音学和声学语音学。发音语音学立足于说话者的角度,主要对人类语音的发声过程,尤其是发音器官在发音过程中的活动进行研究。听觉语音学立足于听话者的角度,主要研究人对语音的感知和理解过程。声学语音学则运用示波仪和声谱仪等仪器对语音的物理特性如频率、振幅等进行研究。

从时间角度来区分,语音学可分为共时语音学和历时语音学。共时语音学主要对某种语言一定时期内的语音系统的面貌进行研究,而历时语音学则对某种语言不同时期的语音系统的变化进行研究。

上述语音学的分支是从不同的角度划分的,各个分支之间有交叉现象。即使是从同一个角度划分出来的分支,也存在着相互渗透的现象,如发音语音学、听觉语音学和声学语音学三者之间就是相互渗透的。

二、语音特征

(一)语音特征的概念

每种语音形式都有自己特有的发音特征。从音位的角度来分析,有的发音特征能够区别音位,有的则不能。我们将能够对音位进行区分的发音特征称为音位的区别性语音特征,简称语音特征。语音特征往往具有以下几个基本性质。

1. 区别于发音特征

发音特征是指某种语音形式区别于其他语音形式的生理性质或声学性质。发音特征一般用发音器官的活动方式即发音方式来描写,也可以用音响的声学形式(如声谱图)来描写。例如,我们可以将/p/的发音特征描述为:清(辅音)、双唇(音)、塞(音)、不送气。其中"清"与"浊"相区别,"双唇"

与"唇齿"、"齿龈"、"硬腭"等相区别,"塞"与"擦"等相区别,"不送气"与"送气"相区别。但需要注意的是,发音特征不一定都是音位的区别性语音特征,也就是说,并不是所有的发音特征都能区别音位。

2. 属于一定的语言系统

音位总是属于一定的语言或方言系统的。所以,音位的区别性语音特征也总是属于一定的语言或方言系统。例如,英语的音位/p/有"双唇"、"清"、"塞"三个区别性语音特征,没有"不送气"这种区别性语音特征,而汉语普通话的音位/p/有"双唇"、"塞"、"不送气"三个区别性语音特征,没有"清"这种区别性语音特征。因为英语中"清"与"浊"能区别音位,"送气"与"不送气"不能区别音位;而汉语中"清"与"浊"不能区别音位,"送气"与"不送气"能区别音位。

3. 属于特定的音位

在同一语言或方言系统中,同样的发音特征对于某些音位是区别性语音特征,而对于另一些音位,则可能不是区别性语音特征。例如,汉语中"送气"与"不送气"这一组发音特征对于/p/、/pʰ/、/t/、/tʰ/、/k/、/kʰ/等音位是区别性语音特征,而对于/m/、/n/、/l/、/f/等音位则不是区别性语音特征。

(二)语音特征的描写

对某种语言系统中音位的语音特征进行描写,就是要尽量简明地揭示各个音位之间相互区别的特征。为了简明,一般多用二分法来揭示音位之间的对立,因此音位之间的这种区别特征又可以称为是二分特征。二分特征可以区分出两种情况:有该特征的和没有该特征的。二分特征有两个值,分别记为"+"和"-",这样带声阻塞音记为[+带声],不带声阻塞音记为[-带声]。

需要注意的是,发音部位的特征不是二分特征。因为发音部位特征通常分为四个值:[部位:唇]、[部位:舌冠]、[部位:舌背]、[部位:舌根],分别简写为[唇]p、[舌冠]p、[舌背]p、[舌根]p。

比较重要的区别特征有[辅音]、[响音]、[鼻音]、[带声]等。[辅音]特征可以区分辅音和元音,即所有辅音都是[+辅音],所有元音都是[-辅音]。[响音]特征用来区分所谓阻塞音(塞音、擦音及塞擦音)和响音(其他辅音和元音),即阻塞音是[-响音],响音是[+响音]。[鼻音]和[带声]自然就是用来分别区分鼻音(包括鼻化音)和带声音的特征。

这里可以用一个表来表示英语辅音音位的特征值,如表 3-1 所示。

表 3-1　英语辅音音位发音的区别特征

	p	b	t	d	k	g	f	v	θ	ð	s	z	ʃ	ʒ	h	m	n	ŋ	w	l	r	j	tʃ	dʒ
辅音	+	+	+	+	+	+	+	+	+	+	+	+	+	+	+	+	+	+	−	+	+	−	+	+
近音	−	−	−	−	−	−	−	−	−	−	−	−	−	−	−	−	−	−	+	+	+	+	−	−
响音	−	−	−	−	−	−	−	−	−	−	−	−	−	−	−	+	+	+	+	+	+	+	−	−
持续	−	−	−	−	−	−	+	+	+	+	+	+	+	+	+	−	−	−	+	+	+	+	−/+	−/+
粗糙			+	+	−	−	+	+	+	+					−								+	+
鼻音	−	−	−	−	−	−	−	−	−	−	−	−	−	−	−	+	+	+	−	−	−	−	−	−
边音	−	−	−	−	−	−	−	−	−	−	−	−	−	−	−	−	−	−	−	+	−	−	−	−
带声	−	+	−	+	−	+	−	+	−	+	−	+	−	+	−	+	+	+	+	+	+	+	−	+
[部位]	L	L	C	C	D	D	L	L	C	C	C	C	C	C	R	L	C	D	L	C	C	C	C	C
龈前			+	+					+	+	+	+	−	−			+			+	+	−	−	

上述表中的字母 L 代表唇音，C 代表舌冠音，D 代表舌面音，R 代表舌根音。龈前用来将"舌冠"部位进一步分为两个区域。依据上述区别特征，我们可以将辅音/p/描述为[−连续，−带声，唇音]。

为了进一步的细化，还可以将元音的区别特征进行如下描述。

[＋/−高元音]([＋/−high vowel])

[＋/−后元音]([＋/−back vowel])

[＋/−圆唇音]([＋/−round vowel])

[＋/−紧元音]([＋/−tense vowel])或[＋/−长元音]([＋/−long vowel])

三、元音与辅音

英语的语音可以分为两大类，即元音和辅音。

元音被定义为这样一种浊音，在它的形成过程中，连续的气流通过咽喉和嘴，而且不产生听得见的摩擦。(A vowel is defined as a voiced sound in forming which the air issues in continuous stream through the pharynx and mouth, there being no audible friction.)

辅音是通过关闭或明显窄化声道，迫使气流通过时产生声音摩擦而产生的。(Consonants are produced "by a closure in the vocal tract, or by a narrowing which is so marked that air cannot escape without producing audible friction".)

可见，元音和辅音的根本区别在于气流是否受阻。由于发元音时没有气流阻碍，辅音和元音在描述上有所不同。下面对介绍元音和辅音进行介绍。

(一)元音

1.基本元音

元音和辅音有着不同的描写规则,为了科学、合理地对元音进行描述,人们提出了基本元音(Cardinal Vowels)理论来解决这一问题。基本元音是一套人为确定的、固定不变的元音音质,旨在为现实存在的语言中实际元音的描写提供一个可供参考的框架。(Cardinal vowels are a set of vowel qualities arbitrarily defined, fixed and unchanging, intending to provide a frame of reference for the description of the actual vowels of existing languages.)基本元音通过国际音标表中的元音图来表示,如图 3-3 所示。在实际的语音教学中,为了有助于学生学习,通常会习惯性地用各种语言举例来解释基本元音,但不要因此认为基本元音体系是根据这些语言中的发音建立的。

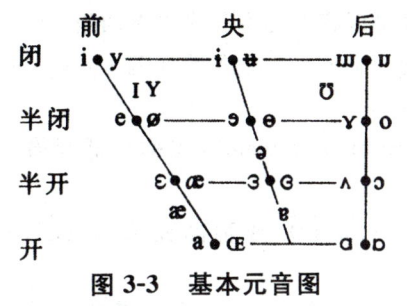

图 3-3 基本元音图

基本元音是一个抽象概念。假设我们认为在发/e/这个音时,舌头必须处于中间位置,那么基本元音则尽可能远离这个中间位置。基本元音代表理论上元音空间的极点:超出此元音空间的发音器官的相互靠近将会产生摩擦或接触。所以,国际音标表中的基本元音图(或四边形图)是一套由假想元音位置组成的参照点。

该系统定义了八个主要基本元音,又进一步细分了一套次要基本元音。依照惯例,这八个主要基本元音按 1~8 编号,排列如下:CV1/i/,CV2/e/,CV3/ɛ/,CV4/a/,CV5/ɑ/,CV6/ɔ/,CV7/o/,CV8/u/。在这八个主要基本元音中,前五个为展唇元音或称非圆唇元音,而 CV6、CV7 和 CV8 是圆唇元音。通过颠倒唇的圆展,可以得到次要基本元音:CV9~CV16。

在这里要注意区分舌的前、中和后部,以及舌位的四个高度。

(1)"高"或"闭"(high or close):舌在不产生可闻摩擦时所达到的最高

位置(the highest position the tongue can achieve without producing audible friction)。

(2)"低"或"开"(low or open):舌所达到的最低位置(the lowest position the tongue can achieve)。

(3)"中高"或"开中"及"中低"或"闭中"(mid-high or open-mid,and mid-low or close-mid):两个中间位置,将中部空间分成听觉上相等的区域(two intermediate levels, dividing the intervening space into auditorily equivalent areas)。

2. 元音的分类

英语中的元音有单元音、半元音、双元音、三合元音之分。下面分别对其进行介绍。

(1)单元音

单元音可以通过大量的因素来区分,如嘴的张合度、舌在口腔的位置、音的长度和嘴唇的形状。

依据嘴的张合度可以将单元音分成以下四组。

①开元音(open vowels),或称低元音(low vowel),包括/æ/,/ɑ/,/ʌ/,/ɔ/,/ɑ:/。

②半开元音(semi-open vowels),或称半低元音(mid-low vowel),包括/ə/,/ɔ:/。

③闭元音(close vowels),或称高元音(high vowel),包括/i:/,/i/,/u:/,/u/。

④半闭元音(semi-close vowels),或称半高元音(mid-high vowel),包括/e/,/ə:/。

为了进一步区分每组单元音,可以根据舌的哪一个部位处于最高位置,将单元音划分为前元音(front vowels)、中元音(central vowels)和后元音(back vowels)。在发前元音时,舌前部保持在最高位置,英语中/i:/,/i/,/e/,/æ/,/ɑ/都属于前元音。如果发音时舌中部位置最高,这样发出的元音就是中元音,如/ə:/,/ə/,/ʌ/。而如果发音时舌后部的位置最高,发出的元音就是后元音,英语中的/u:/,/u/,/ɔ:/,/ɔ/,/ɑ:/都是后元音。

英语单元音也能依据发音时间持续的相对长短来划分为长元音(long vowel)、短元音(short vowel)。与元音的这一区分相对应的是紧元音(tense vowel)和松元音(lax vowel)的区分。长元音都是紧元音,短元音都是松元音。在发长元音时,喉部处于紧张状态,而在发短元音时,喉部就没有这种紧张状态出现,而是相对松弛。

嘴唇的形状是划分元音的第四个标准。在英语中,所有前元音和中元音都是不圆唇的(unrounded),除/a:/之外的所有后元音都是圆唇的(rounded)。

这样,英语元音的描写就需要满足四个基本要求。

①舌抬起的高度(高、中、低)。

②舌最高部分的位置(前、央、后)。

③元音的长度或紧度(紧—松或长—短)。

④唇的圆展(圆唇—展唇)。

需要注意的是,在英语元音符号的形式上,不同的作者曾使用不同的符号来表示。本书采用威尔斯(Wells,2000)的符号体系来书写 RP 的元音,如图 3-4 所示。注意这不是完全从国际音标表中复制的,而是基于国际音标表的一种变通版本,以使问题简单化。

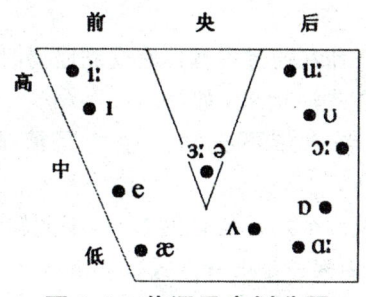

图 3-4 英语元音划分图

依据上述标准,我们就可以准确地对英语中的一些单元音进行描述。例如:

/i:/高前展唇紧元音(high front tense unrounded vowel)

/u/高后圆唇松元音(high back lax rounded vowel)

/ə/中央展唇松元音(central lax unrounded vowel)

/ɔ/低后圆唇松元音(low back lax rounded vowel)

需要注意的是,由于英语中所有前元音都不圆唇,所以"非圆唇"这个特征经常可以省略。

(2)半元音

从理论上来讲,任何音段不是元音,便是辅音。但问题是,由于发音强度的不同,hot/hɒt/中的首音/h/在发音时几乎感觉不到气流的振荡,而单词 yet 和 wet 的起始音段明显是元音。为了解决这个问题,人们通常采用"半元音"(semi-vowel)这个术语来描述/h/,/w/,/j/三个音段,即认为这些音段既非元音也非辅音,而是介于两者之间,既具有元音的性质又具有辅音的性质。

(3)双元音与三合元音

在语言中还常区分两种不同性质的元音：一种在发音过程中音质保持不变，另一种在发音过程中音质有听觉上的变化。前者就是纯元音(pure vowels)或单元音(monophthong vowels)，后者叫作"滑元音"或"元音音渡"(vowel glides)。舌头移动一次，产生的滑元音称为"二合元音"(diphthongs)，或称"双元音"。双元音实际上是由两个元音组合而成的，如/ei/、/ai/、/au/、/əu/、/ɔi/、/iə/、/eə/、/uə/。舌头运动两次发出的滑元音叫作"三合元音"(triphthongs)，即从一个元音到另一个元音，再到第三个元音的滑动，其过程迅速发生，没有间隔。三元音实际上是在双元音之后加一个/ə/，如英语单词 tower/tauə/和 wire/ˈwaiə/中的元音都是三合元音。

(二)辅音

辅音是指呼出的气流在通过发音器官受到阻碍时而发出的噪音。发辅音时声带振动产生的是浊辅音，如/b/、/d/、/g/、/m/、/n/、/ŋ/、/l/、/v/、/z/、/ʒ/、/r/、/w/、/j/等；声带不振动产生的是清辅音，如/p/、/t/、/k/、/s/、/f/、/h/、/θ/、/ʃ/等。

发辅音时至少涉及两个发音器官的参与，因此辅音的分类要考虑到若干因素，其中最重要的因素一是发音方式(manners of articulation)，即发音器官之间的实际关系，亦即气流经过声道某些部位时的方式；二是发音部位(places of articulation)，即声道的哪些部位出现靠拢、变窄或发生气流阻碍。基于此，就可以从发音方式和发音部位两个角度对辅音进行分类。

1.按发音方式分

在辅音发音过程中，共有三种发音方式：一是发音器官暂时或较长时间关闭口腔通道；二是发音器官使空间明显变窄；三是发音器官互相贴近，改变声道的形状。依据发音方式的不同，我们可以将辅音分为以下几种类型。

(1)塞音

塞音(stop)又称"爆破音"、"破裂音"(plosive)。发塞音时，发音器官完全关闭，导致气流无法从口中排出。(Complete closure of the articulators is involved so that the airstream cannot escape through the mouth.)塞音的产生要经历三个基本阶段。

①闭合阶段(the closing phase)，发音器官发生接触。

②相持或挤压阶段(the hold or compression phase)，气流在关闭的器官后面受到挤压。

③除阻阶段(the release phase)又称"释放期",是指形成阻碍的发音器官突然分开,气流迅速释放。

从专业角度来说,第三个阶段称为"爆破"或"破裂",所以由此而产生的辅音称为"爆破音"或"破裂音",但是由于爆破音在产生过程中有闭合,所以又将其命名为"塞音"。英语中的/p/、/b/、/t/、/d/、/k/、/g/都属于塞音。

(2)擦音

擦音(fricative)是指两个发音器官靠拢,部分气流被阻,从而导致气流振荡所产生的辅音(A fricative is produced when there is close approximation of two articulators so that the airstream is partially obstructed and turbulent airflow is produced.)顾名思义,擦音的发生就是产生了可以听见的摩擦。英语中的擦音有/f/、/v/、/ð/、/θ/、/s/、/z/、/ʃ/、/ʒ/、/h/。

(3)鼻音

如果气流在口腔中被阻碍,同时软腭下垂,于是气流便通过鼻腔放出,产生的就是"鼻腔塞音"(nasal stop),即鼻音,否则就是"口腔塞音"(oral stop)。虽然这两种发音都称为"塞音",但是为了便于区分,语音学家习惯上将口腔塞音称为"塞音",将鼻腔塞音称为"鼻音"。无论是英语中还是汉语中都存在/w/、/r/、/j/三个鼻音。

(4)近音

在发音过程中,两个发音器官相互靠近,而声道变窄的程度又不足以产生振荡气流,因此发音器官之间的缝隙比擦音大而不致产生擦音或振荡(摩擦),由此产生的辅音就是近音(approximant)。英语中的/w/、/r/、/j/都属于近音。由于/w/和/j/常常被看作是元音,所以从某种角度来说,近音和元音有相似之处。

(5)边音

气流在口腔中部受阻,并且舌的一边或两边与上腭形成不完全的闭合,形成一个制流通道,于是气流从这一制流通道通过,产生"边音"。(lateral: A speech sound which is produced by partially blocking the airstream from the lungs, usually by the tongue, but letting it escape at one or both sides of the blockage.)如果不产生摩擦,就是边近音;如果产生摩擦,就是边擦音。/l/是英语中唯一的边音。

(6)颤音

当某一发音器官因气流而产生颤动时,产生的音叫作"颤音"(trill),也称"滚音"(roll)。颤音主要是/r/,见于某些苏格兰英语口音中的 red(红色)和 rye(黑麦)以及西班牙语中的字母组合"rr"的发音,如 perro/pero/(狗)。

(7)触音和闪音

触音(tap)和闪音(flap)曾被看作同类,但最近国际上的语音学专家认为有必要将二者区分开来。一般说来,当舌只触及齿龈一次,发生一次颤动,产生的就是"触音"。在美式英语中,常常将诸如/t/、/d/、/n/之类的音发成触音。"闪音"是舌尖先向上并向后卷曲,然后在返回下齿后面位置的过程碰触上颚产生的。在美国英语的一些方言中,闪音出现在重读音节中的儿化元音之后。

(8)塞擦音

塞擦音(affricates)涉及一种以上的发音方式,由一个塞音和紧跟其后处于同一发音部位的擦音组成。英语中的/ʧ/和/ʤ/都是塞擦音。需要指出的是,/ts/、/dz/、/tr/、/dr/等音在英语中已失去作为塞擦音的合理身份,因为/ts/、/dz/两个音只作为后缀出现,或只在外来词中使用,而/tr/、/dr/两个音在口语中常表现为两个单独的音。但是在汉语中,/ts^h/和/ts/均是正规的塞擦音,出现在"错"和"做"等字的发音中。

2. 按发音部位分

发音部位指辅音的发音位置。辅音几乎可以产生于唇和声带之间的任何部位。国际音标表标明了11个发音部位。

(1)双唇音

双唇辅音(bilabial)是用两唇发出的音。(A speech sound which is made with the two lips.)英语中的/p/、/b/、/m/都属于双唇音。另外,像单词we和wet中的/w/音在发音时双唇靠拢,但在具体发音上与双唇音又存在略微差异,/w/在发音时舌体同时向软腭提升,因此国际音标表将其归为"唇软腭近音",置于辅音表之外的"其他符号"中。然而,就英语而言,大多数语言学家将其列入"双唇音"名下。

(2)唇齿音

唇齿音(labiodental)是用下唇和上齿发出的音。(A speech sound which is made with the lower lip and the upper front teeth.)英语中的/f/、/v/在发音时,下唇提升至基本接触到上齿的位置,因而它们属于唇齿音。

(3)齿音

齿音(dental)是用舌尖或舌叶和上齿发出的音。(A speech sound which is made by the tongue tip or blade and the upper front teeth.)从严格意义上来说,只有擦音/θ/和/ð/是齿音。由于语言和口音的差异,发这些音时,有些人习惯将舌尖紧靠在上齿后面,而有些人则常常将舌尖伸出上下齿之间。

(4)齿龈音

齿龈音(alveolar)是用舌尖或舌叶和齿龈发出的音。(A speech sound which is made with the tongue tip or blade and the alveolar ridge.)英语中的/t/、/d/、/n/、/l/、/s/、/z/、/r/都是齿龈音。

(5)齿龈后音

齿龈后音(postalveolar)是指用舌尖和齿龈后部发出的音。(A speech sound which is made with the tongue tip and the back of the alveolar ridge.)在有些语音描述中,利用这个部位发出的音也称作"腭龈音"。在英语中,/ʃ/、/ʒ/两个音属于齿龈后音。

(6)卷舌音

卷舌音由舌尖或舌叶后卷(称作"卷舌")在舌尖或舌叶下部与齿龈后部或硬腭之间形成制流。(Retroflex:A speech sound which is made with the tongue tip or blade curled back so that the underside of the tongue tip or blade forms a stricture with the back of the alveolar ridge or the hard palate.)

(7)硬腭音

硬腭音(palatal)是利用舌前和硬腭发出的音。(A speech sound which is made with the front of the tongue and the hard palate.)/j/是英语中唯一的硬腭音。

(8)软腭音

软腭音(velar)是用舌后和软腭发出的音。(A speech sound which is made with the back of the tongue and the soft palate.)发这类音时,舌后部抬升抵住软腭,英语中的/k/、/g/、/ŋ/都是软腭音。

(9)小舌音

小舌音(uvular)是用舌后和小舌(小舌是软腭后端的一小块凸起,由软组织和肌肉组成)发出的音。(A speech sound which is made with the back of the tongue and the uvula,the short projection of the soft tissue and muscle at the posterior end of the velum.)法语中字母 r 在单词 votre(你的)中的发音就是小舌音。

(10)咽音

咽音(pharyngeal)是用舌根和咽腔壁发出的音。(A speech sound which is made with the root of the tongue and the walls of the pharynx.)从生理角度上来说,这个音发音比较困难,因而这个部位的发音较少,只见于阿拉伯语中。

(11) 声门音

声门音(glottal)又称"喉音",是用两条声带互相靠近发出的音。(A speech sound which is made with the two pieces of vocal folds pushed towards each other.)英语中的/h/一般被描述为声门音,或称"喉擦音",但也有些人认为将它归入元音更切实际。声门音是将声带贴紧,像塞音一样在其后部形成压力,然后突然放开声带形成的音。声门音在英语 pack/pæk/, fat /fæt/等词中经常能够感觉到,许多说英语的人在 button/bʌtn/, fatten/fætn/等词的发音中也将/t/音发成声门音。

综上所述,我们可以将英语辅音分类以表格的形式列出,如表 3-2 所示。

表 3-2 英语辅音表

发音方式	发音部位							
	双唇音	唇齿音	齿音	齿龈音	齿龈后音	硬腭音	软腭音	声门音
塞音	/p/,/b/			/t/,/d/			/k/,/g/	
鼻音	/m/			/n/			/ŋ/	
擦音		/f/,/v/	/θ/,/ð/	/s/,/z/	/ʃ/,/ʒ/			/h/
近音	/w/			/r/		/j/	/w/	
边音				/l/				
塞擦音					/tʃ/,/dʒ/			

当两个发音部位和发音方式一样时,可以通过浊音与否来区分,左边的是清辅音,右边的是浊辅音。利用这三个标准就可以对辅音进行描述。例如:

/p/不带声双唇塞音(voiceless bilabial stop)

/b/带声双唇塞音(voiced bilabial stop)

/s/不带声齿龈擦音(voiceless alveolar fricative)

/z/带声齿龈擦音(voiced alveolar fricative)

/m/双唇鼻辅音(bilabial nasal)

四、语音组合

语音组合主要涉及三方面内容,一是音节,二是复合元音,三是语音的流变。对于音节的内容,本书将在第五节进行介绍,而复合元音即前述所讲的二合元音与三合元音。因此,这一节主要介绍语音的流变。

在一连串音节组成的语流中,相邻音节之间常常相互影响而发生某些变化,有时说话人由于种种原因调整语音的快慢、高低、强弱,也会造成语音的某种变化。这种在连续的语流中,某些语音成分受言语环境的影响而发生变化的现象,就叫"语流音变"。常见的语流音变有同化、异化、弱化、连音、增音、省音等几种类型。

(一)同化

同化是指一个音获得临近音的某些或全部特征的过程。(A process by which one sound takes on some or all the characteristics of a neighboring sound.)同化现象在口语中比较多见,主要随说话者的风格和语速的不同而变化,并且常常在快速、比较随意的话语中出现。同化通常指辅音的同化。根据同化作用的方向,可以区分出顺行同化(progressive assimilation)和逆行同化(regressive assimilation)。

顺同化指前面的音影响后面的音(If a preceding sound is influencing a following sound, we call it progressive assimilation.),使后面的音与之相似。顺同化的例子在名词复数、动词单数第三人称、规则动词过去式中比较常见。例如,英语中后缀-s 在清音后面读清音/s/,在浊音后面读浊音/z/,如 books/buːks/,bows/bauz/。

逆行同化表示后面的音反过来影响前面的音(If a following sound is influencing a preceding sound, we call it regressive assimilation.),使前面的音与之相似。

需要注意的是,同化可以越过音节和词的界限发生。例如:

sun glasses　　/sʌnˈglɑːsiz/→/sʌŋˈglɑːsiz/
pan cake　　　/pæn keik/→/pæŋ keik/

另外,英语中带声的擦音往往会被同化为与其对应的不带声的擦音。例如:

love to　　　　/lʌv tə/→/lʌf tə/
lose five-nil　　/luːz faivnil/→/luːs faivnil/
edge to edge　/edʒ tə edʒ/→/etʃ tə edʒ/

同化现象普遍存在于一切语言中,是发音的一个重要方面,需要加以重视。人们在言语交际中使用同化主要是为了使发音顺畅、省力。

(二)异化

异化是指在连续发出的语流中,其中的一个音由于受到另一个音的影响后变得与那个音不相同或不相近,这与同化正好相反。例如,很多人在发单词 diphthong/ˈdifˌθɒŋ/时,异化了那两个连着的擦音/fθ/,把唇擦音/f/发成塞音/p/。

(三)弱化

较强的语音成分,由于轻读或受邻近音的影响,变成较弱的语音成分,就是弱化。在连贯的话语中,弱化多发生在功能词上,功能词在发音上大都有两种形式,一种是强式,另一种是弱式。强式发音是指当其重读时用完整的发音形式;弱式发音就是非重读,或弱化,使语音在发音上变弱,具体表现为发音用力小、音长变短、音高变低、音强变弱等。在快速的连贯讲话中,功能词几乎总是使用弱式,除非为了表示强调或对照。英语非重读音节的弱式一般都是元音的弱化。例如,must 强式读为/mʌst/,弱式读为/məst/;and 强式读为/ænd/,弱式读为/ənd/。

(四)连音

连音是指在句子及词组中,把前一个词的末尾音与后一个词的开头音相连,语音连贯、顺畅,同时也省时省力,增加语速。连音主要用于以下三种情形之中。

当两个爆破音紧连在一起或一个词尾爆破音紧连一个摩擦音或塞擦音时,使用不完全爆破。例如:

stop talking /stɒp⌒tɔːkiŋ/
keep quiet /kiːp⌒kwaiət/
get better /get⌒betə/
at first /æt⌒fəːst/

在同一意群里,当以辅音结尾的词与以元音开头的词相连时,需要连读。例如:

above⌒all, come⌒on, put⌒on, stand⌒up

一般情况下,/r/在末尾不发音,但如果以 r 或 re 字母结尾的单词后接一个以元音开头的单词时,/r/就发音。另外,加上/r/音是为了避免两个元音一起出现,这样的/r/音可连读,也可不连读。例如:

after all /ˈɑːftər ɔːl/或/ɑːftə ɔːl/
better off /ˈbetər əf/或/ˈbetə əf/

(五)增音

增音是指连续发音时,为了发音自然、顺畅、省力而在语流中增加原来没有的音的现象。例如,英语中不定冠词 a 在以元音开头的音节前面时要读 an/ən/,如 an apple,an orange,这其实就是一种增音现象,即增加了辅音/n/;表示复数、所有格或动词单数第三人称的后缀-s 的前面的音是/s/或/z/时,就要读成/iz/,即增加了元音/i/。

(六)省音

省音是指在连贯的话语中为了发音方便而省略去一个或数个音,这种省略现象有时发生在一个词内部,有时也出现在词与词之间的连接处,省音也是一种同化。省音分为两类:历史省音和语境省音。

历史省音是指历史上沿袭下来的一些音的省略,即有的字母不发音。例如:

省去 b:bomb,climb,doubt,lamb,subtle,tomb

省去 ch:yacht

省去 d:handsome,Wednesday

省去 g:assign,gnaw,campaign

省去 l:alms,palm

省去 p:cupboard,psychology

省去 s:isle,island

省去 t:castle,listen

省去 k:knight,knife

省去 w:answer,sword

语境省音是指在连贯快捷的讲话中省去辅音的现象,如当介词 of 在辅音前时,/v/音可省。因此,waste of money 省音后读为 /ˈweist əˈmʌni/。

第二节 音位学综述

一、音位与音位学

(一)音位

相关专家认为,语音不仅具有物质性,而且还具有社会性,其中社会性是其本质属性。音素是将语流从自然角度进行区分的最小单位,是发音器官动作的结果,同时执行一定的社会功能。语音的社会性制约着语音的体系性、语音演变的规律性和语音的民族特点。在语言学中,人们将能够区分两个词的最小语音单位称作"音位"。所谓最小,就是不可再次切分。例如,pet 和 pit,区分这两个单词意义的音是/e/和/i/,那么/e/和/i/就是区分这两个词区的不同音位。

(二)音位学

音位学(phonology,phonemics)研究和描述一种语言里的所有音值及其相互关系,即研究人类语言中的声音系统和模式。[①] 这一术语有时候也用来指人们对自己语言的声音系统知识。人们所说的话都是千差万别的,但人们能听懂并了解对方,人们能判断出哪些话语是"相同"的,哪些是"不同"的。

二、音位的功能

音位有两种紧密联系的功能,即构成功能和辨义功能。

(一)构成功能

音位的构成功能是指其作为最小的语音单位,是词素和词组的体现者。在单音词素或单音词中,通常由一个音位单独实现其构成功能和辨义功能。例如,汉语的"啊,呃",英语的不定冠词 a。不过在多数情况下,一个音位往往和别的音位一起构成词。

(二)辨义功能

音位的辨义功能是指音位作为语音的基本单位能够独立地区分词素和词的语音外壳。这一功能需要明确的一点是,音位是表意的声音组合中的一个不可缺少的成分,它本身只是一种辨义单位,并不表示意义或含有意义。即便是由一个音素构成的单音词,如上述内容中提到的汉语的"啊",英语的 a 等词,并非是该词的音素的音位具有词的意义,而是词的外壳表示一定意义,声音外壳恰好是一个音素的音位构成而已。

三、音位的区别性特征

音位具有区别性(distinctive)特征,这一特征也称"音位特征"(phone-

---

① 王德春.普通语言学.上海:上海外语教育出版社,2011

mic features)。音位特征是指在一种语言中能将一个语音与另一个语音,一组音与另一组音区分开来的特征。例如,在英语语音系统中,能将 pit 里的/p/与 bit 里的/b/区分开来的区别性特征是浊音性。/b/是浊塞音,而/p/却是清塞音。此外,每一种语言中音位的区别特征不完全相同。例如,英语辅音的清、浊之分是能区分意义的,而汉语中则不具有这种差别;汉语中送气和不送气特征能区分不同的音位,而英语中不区别意义。因此,只有具有区别意义的两个音才是不同的音位。区别性特征是音位学中的一个最重要的概念。一个音位是由一系列区别特征构成的,从而形成了复杂的对立体系。音位用斜线//表示。例如,英语的/b/具有浊辅音、双唇音、塞音特征,汉语的/f:/具有清辅音、唇齿音、擦音特征。

区别性特征一般表现为二元对立,可以用矩阵来表示。例如(+表示斜线前的特征,-表示斜线后的特征):

区别特征 \ 音位	p	b	t	d	k	g
清/浊	+	−	+	−	+	−
唇/舌	+	+	−	−	−	−
舌前/舌后			+	+	−	−

英语语音的区别特征如下所示。
(1)[±元音]([±VOCALIC])
(2)[±松元音]([±TENSE])或[±长元音]([±LONG VOWEL])
(3)[±辅音]([±CONSONANTAL])
(4)[±鼻音]([±NASAL])
(5)[±浊音]([±VOICED])
(6)[±响音]([±SONORANT])
(7)[±延续音]([±CONINUENT])
(8)[±粗糙音]([±STRIDENT])
(9)[±舌面前音]([±CORONAL])
(10)[±前部音]([±ANTERIOR])

这些语音的区别特征有时还可以细分,如元音的区别特征可细分如下。
(1)[±高元音]([±HIGH VOWEL])
(2)[±低元音]([±LOW VOWEL])
(3)[±后元音]([±BACK VOWEL])
(4)[±圆唇]([±ROUND VOWEL])

(5)[±松元音]([±TENSE])或[±长元音]([±LONG VOWEL])

(资料来源:王德春,2011)

表3-3和表3-4是英语辅音和元音的音位特征。

表3-3 辅音音位特征表

语音特征	p	b	m	t	d	n	k	g	ŋ	f	v	θ	ð	s	z	ʃ	ʒ	tʃ	dʒ	l	r	j	w	h
声音	−	−	+	−	−	+	−	−	+	−	−	−	−	−	−	−	−	−	−	+	+	+	+	−
延续音	−	−	−	−	−	−	−	−	−	+	+	+	+	+	+	+	+	−	−	+	+	+	+	+
浊音	−	+	+	−	+	+	−	+	+	−	+	−	+	−	+	−	+	−	+	+	+	+	+	−
鼻音	−	−	+	−	−	+	−	−	+	−	−	−	−	−	−	−	−	−	−	−	−	−	−	−
咝音	−	−	−	−	−	−	−	−	−	−	−	−	−	+	+	+	+	+	+	−	−	−	−	−
流音	−	−	−	−	−	−	−	−	−	−	−	−	−	−	−	−	−	−	−	+	+	−	−	−
边音	−	−	−	−	−	−	−	−	−	−	−	−	−	−	−	−	−	−	−	+	−	−	−	−
滑音	−	−	−	−	−	−	−	−	−	−	−	−	−	−	−	−	−	−	−	−	−	−	+	+
唇音	+	+	+	−	−	−	−	−	−	+	+	−	−	−	−	−	−	−	−	−	−	−	+	−
唇齿音	−	−	−	−	−	−	−	−	−	+	+	−	−	−	−	−	−	−	−	−	−	−	−	−
齿龈音	−	−	−	+	+	+	−	−	−	−	−	−	−	+	+	−	−	−	−	+	−	−	−	−
颚音	−	−	−	−	−	−	−	−	−	−	−	−	−	−	−	+	+	+	+	−	−	+	−	−
软腭音	−	−	−	−	−	−	+	+	+	−	−	−	−	−	−	−	−	−	−	−	−	−	+	−
喉音	−	−	−	−	−	−	−	−	−	−	−	−	−	−	−	−	−	−	−	−	−	−	−	+

表3-4 元音音位特征表

语音特征	i:	i	e	æ	ə	ə:	ʌ	u:	u	ɔ:	ɔ	a:
高元音	+	+	−	−	−	−	−	+	+	−	−	−
低元音	−	−	−	+	−	−	+	−	−	−	−	+
后元音	−	−	−	−	−	+	+	+	+	+	+	+
圆唇元音	−	−	−	−	−	−	−	+	+	+	+	−
紧元音	+	−	+	−	−	+	−	+	−	+	−	+

四、音位变体

音位变体(allophone)指的是同一音位的不同变异形式。也就是说,一

第三章 语音学与音位学

个音位可以有不同的发音,这种不同的发音就是音位变体,也称为"音品"。相关专家把音品的分类进行了归纳和总结,如图 3-5 所示。

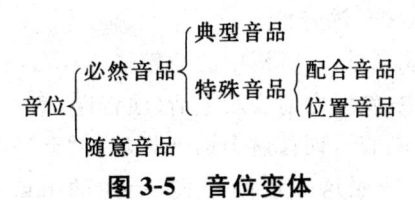

$$
音位 \begin{cases} 必然音品 \begin{cases} 典型音品 \\ 特殊音品 \begin{cases} 配合音品 \\ 位置音品 \end{cases} \end{cases} \\ 随意音品 \end{cases}
$$

图 3-5　音位变体

上述各类音品都是语言事实,不是言语事实。

(1)必然音品反复出现在特定的语音环境中,是语言的语音规范,学习者在学习中应该予以掌握。

(2)随意音品是竞争中的标准成分,往往其中一个是规范,另一个是它的音位变体,经过长期竞争才能确定单一的规范,所以它也是语言规范。

音位是一般的,音品是音位的特殊变体,音素是音位和音品的个别体现。

(1)各类音品在言语中具体体现为音素。音素是千差万别的,不仅因人而异,而且因时而异,即便是同一个人在不同的时间发出的同一个音也不完全一样。

(2)音位总是以具体的音品表现出来,音品又体现在众多的音素中。言语中的每一个音素同时又是某个音位的某个音品,是音品的具体体现者。

下面就对上述音品的各个分类进行详细分析。

(一)必然音品

必然音品是特定的语音条件下必然产生的,说话者对它的选择是无意识的。这一类型的音品受语音环境的影响,又可分为典型音品和特殊音品两种。

(1)典型音品。所谓典型音品,是指处于一般语音环境中或自成音节的音品,不怎么受语音环境的影响。

(2)特殊音品。特殊音品是由音品所处的特殊语音环境决定的,是典型音品的变化类型。这一类型的音品又分为配合音品和位置音品两种。

①配合音品。由于相邻音素配合时相互影响而决定的音品称为"配合音品"。以英语音位/t/为例,该音位在词首时一般发送气音/tʼ/,如 take /tʼeik/;但在/s/后却发不送气音/t/,如 star/staː/。具体而言,可以用生成音位学的一条规则公式来说明这类音品,如下所示。

$$\begin{cases} +辅音性 \\ -延续性 \\ -浊音性 \end{cases} \longrightarrow [+送气]/\#——$$

根据这一公式规则可知,英语中的清塞辅音/p/,/t/,/k/在词首时发送气音。在这一公式中,斜线之前表示把清(浊音性)塞(一延续性)辅音发成送气音,而斜线之后则表示词首这个语音环境。"#"这一符号既表示词的界限,又表示词首。按照这一规则公式,上述的 take /tʼeik/发成送气音/tʼ/,但在 star/staː/中/t/发成不送气音/t/则是根据与这条规则相应的另一条规则公式得出的,如下所示。

$$\begin{cases} +辅音性 \\ -延续性 \\ -浊音性 \end{cases} \longrightarrow [-送气]/\#——$$

上述规则公式说明/s/后清塞辅音发成不送气音。

②位置音品。位置音品是由出现在语音环境中的具体位置而决定的。

(二)随意音品

随意音品不受位置和配合的影响,与语音的环境无关。这一类音品在它可能出现的每一个位置上都有可能出现与其相关的另一个音品。

五、超音段特征

音素是语流按线性切分的最小音段,所以也叫"音段音位"(segmental phoneme)。超音段特征则是指语音问题中涉及超出单音音段层面的语音特征,是指音节、词、句子这些单位的音位学特征。超音段特征主要有音节(syllable)、重音(stress)、语调(intonation)、停顿(pause)和声调(tone)。

(一)音节

音节是超音段研究中的一个重要单位。音节由两个部分组成:节首(onset)和韵基(rime),韵基中的元音是节核(nucleus)或称为"韵峰"(peak),节核后面的辅音称作"节尾"。cracked 一词的音节结构可以表示为图 3-6 的形式,其中希腊字母 σ(sigma)代表音节。

一个音节必须有一个节核,音节的节核通常由元音来承担,但有时也可以由辅音来起节核的作用。再如,单词 table 由/tʰei/和/bl/两个音节组成,在第二个音节里,成音节辅音/l/担任节核。另外,辅音/m/和/n/也可以起节核的作用,如单词 bottom/ˈbɔtəm/和 cotton /ˈkɔtən/等。

```
                σ
              /   \
           节首    韵基
          /  \   /    \
         /    \ 节核   节尾
        /      \ |    / \
        k       r æ   k   t
```

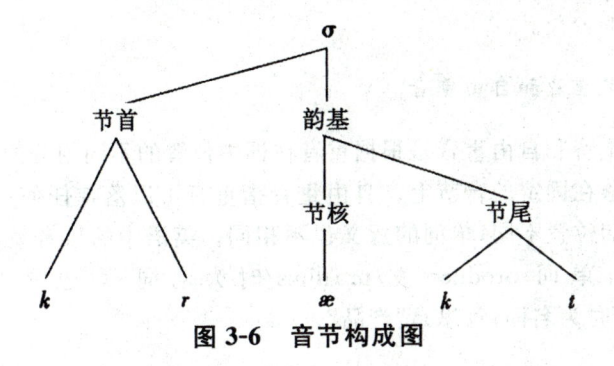

图 3-6　音节构成图

所有音节必须有节核,然而并不是所有的音节都有节首和节尾。有节尾的音节叫作"闭音节"(closed syllable),没有节尾的音节叫作"开音节"(open syllable)。

在英语中,一个单词可以由单音节组成,也可以由多音节组成。由一个音节构成的词称为"单音节词"(monosyllabic),如 cat/cæt/、dog/dɒg/等;由一个以上的音节构成的词称为"多音节词"(polysyllabic),如 festival/ˈfestəvəl/等。

音节结构存在跨语言差异。英语音节的节首位置可以为空,最多可以由 3 个辅音来充当,节尾最多可以有四个辅音。因此,可以将英语的音节可以表示为((((C)C)C)V((((C)C)C)C)。而在汉语普通话的音节中,节首位置最多只能出现一个辅音,并且只有鼻音/n/和/ŋ/可以作节尾,所以普通话音节可以表征为(C)V(C)。

迄今为止,语言学界对于音节的构成成分还没有形成一致意见,因此对于多音节词的音节划分必须遵守一定的规则,其中一个是最大节首原则(Maximal Onset Principle,简写为 MOP)。依据最大节首原则,当辅音的位置面临选择时,要将其归入节首而不是节尾。

(二)重音

重音是指生成音节的语力强度。(Stress refers to the degree of force used in producing a syllable.)在音标中,一条提高的垂直线/ˈ/被置于相关的音节之前用来表示重音。重读音节和非重读音节的一个基本的区别是,重读音节比非重读音节更为突出,这就是说重音只是一个相对概念。在单词层面,它仅仅适用于至少有两个音节的词语之中;而在句子层面上,单音节词与句子中其他词相对而言是加重的。

重音主要与音强有关,有时与音高和音长有关。重音是比音节大的音段节奏组、语音段的附加语音成分,重音不同,表示的意义也不一样。重音有着不同的分类。

1. 固定重音和自由重音

固定重音和自由重音是根据重音在词中位置的不同划分的。固定重音是指重音落在固定的音节上。自由重音指重音可以落在任何一个音节上，而且重音的位置不同，单词的意义也不相同。英语中的重音就属于自由重音。例如，单词 produce 发/prəˈdjuːs/时为动词，意思是"制造"；发/ˈprədjuːs/时为名词，意思是"产品"。

2. 词的重音和句子重音

词的重音和句子重音是就语义和结构的作用范围或重音所附着的语音单位"音段"来划分的。

(1)词的重音是词的语音结构的一部分，在单词中英语重音的变化可以引起音位甚至词素的变化，具有明显的辨义功能。例如，conduct/kənˈdʌkt/指"指导，领导"，conduct/ˈkɔndʌkt/指"行为、品行"。

(2)句子重音指重音落在句子中语义重要的词上。句子重音一般来说可以分为两种：表意重音和逻辑重音。

表意重音，即重音落在句子中的实词上，也就是说，实词重读，虚词不重读。例如：

He ˈworks in a ˈfactory.

逻辑重音与音强有关，一个相同的句子，由于说话人的目的不同，潜在的含义不同，逻辑重音就会落在不同的词语上，说话的效果就不一样。例如：

Bill bought a red bicycle.（比尔买了一辆红色自行车。）

ˈ**Bill** bought a red bicycle.（**比尔**买了一辆红色自行车。）

Bill ˈ**bought** a red bicycle.（比尔**买了**一辆红色自行车。）

Bill bought a ˈ**red** bicycle.（比尔买了一辆**红色**自行车。）

Bill bought a red ˈ**bicycle**.（比尔买了一辆红色**自行车**。）

上面的例子其实是一句话，但由于重音位置不同，所表达的效果也就存在差异。

(三)语调

语调涉及重复出现的升降模式，每个升降模型使用时都含有一组相对一致的意义，或者在单个的词上，或者在长度不同的词组上。(Intonation involves the occurrence of recurring fall-rise patterns, each of which is used with a set of relatively consistent meanings, either on singular words or on groups of words of varying length.)

语调是语言的一种特性，人们借助语调来传达句子所要表达的思想。具体而言，以语音构成的词是按照语法规则，并通过各种各样语调的变化串连成一个个句子来表达说话人的思想感情的。在实际的连贯表达中，人们的复杂感情，如喜、怒、哀、乐等，均可以通过不同的语调得到反映。可见，在言语交际中，准确的语调尤其重要，没有语调就不能充分地表达话语的内在含义。

语调与音高有关，同时与音色、音强也有一定关系，语调不同，句子的意义也有差别，一般可区别陈述句、疑问句、感叹句和祈使句。

从交际功能上看，升调传递的基本含义是"缺乏肯定性"、"缺乏明确性"、"从属"及"不完整"，而降调往往传递"肯定"、"明确"和"完整"的含义；升降调可以给话语增添特殊的感情色彩，可以传递"惊奇"、"自满"、"得意"、"不耐烦"等；降升调传递的基本含义是"尝试"、"对比"、"保留"、"犹豫"、"让步"、"告诫"等。

(四)停顿

停顿是指人们说话时的间歇。停顿一方面可以满足人们说话时生理上的需要，另一方面也是表达思想感情的需要。

从生理需要上来说，说话的过程就是不断呼出气流的过程。肺部气流的储存量往往是有限的，因此当气流减弱时，声音也会随之减弱，这时人体就需要吸进新的气流以作补充，在吸气的一刹那，声音的停顿随之产生。

从表达思想感情需要上来说，人们需要借助停顿来实现表情达意这一目的。在书面语中，人们一般借助各种标点符号来表达停顿，从而区别句意。但在口语交际中，通常不能使用标点符号，而只能借助停顿来区别句意，进而表达各种思想感情。由此可见，在日常言语交际中，停顿是一种无形的标点符号，是声音的间歇，不仅具有分隔音句、音段的功能；而且停顿还是一种辨义手段，具有区别句意的功能。

(五)声调

声调又称"调位"，与音高有关，是利用音节的内部音高变化的不同来构成对立的音位，它是音节的超音质成分。汉藏语系大多数语言都属于声调语言。现代汉语通常被称为"声调语言"，它有阴阳上去四个声调，使音节界限分明又富于高低升降变化，并使汉语音乐性很强。更为重要的是，声调的变化能够影响字词的意义。例如，普通话中的音节/pa/按声调的不同至少

— 67 —

有四种不同的意义,如表 3-5 所示。

表 3-5　音节/pa/声调示意表

普通话/pa/					
汉字	拼音	声调符号	调值	声调描述	英语释义
八	bā	˥	55	阴平	eight
拔	bá	ˊ	35	阳平	pull out
靶	bǎ	ˇ	214	上声	target
坝	bà	ˋ	51	去声	dam

在表 3-5 中,声调符号栏是该词用国际音标表示出的声调符号,右侧的竖线表明说话者腔调的范围,左侧的线表明声调的位置。调值栏是音高曲拱运动的数字值,最低为 1,最高为 5。

需要注意的是,汉语中还存在轻声。轻声是四声的一种特殊音变,是汉语的某些字或词和句子里的某些音节的本音在语流中失去原有声调而变成又轻又短的调子的音变现象。轻声的介入与四声交替的出现不仅增强了汉语语音的乐感,而且加强了汉语语音的美感。

第四章 形态学

形态学是语言学的一个分支,它主要研究词的内部结构和构词规则。词是一个语言表达单位,无论是在口语还是在书面语中,说母语的人都能够凭直觉识别这个语言单位。研究形态学能够使语言学习者更加深刻地理解语言,从而促进语言的习得和使用。本章通过研究词汇和词汇学的概念、词汇的结构、词汇的变化和词汇的构造方法来展开。

第一节 词汇和词汇学

一、词汇

词汇(vocabulary,lexicon)是指一种语言中全部"词"和"语"(固定词组)的整体,它是一个集体概念,而不是具体指某个特殊的词或者固定词组。例如,英语词汇就是指英语中全部的词和固定词组,既包括本族词(native words),也包括外来词(borrowed words)。词与词汇的关系是个体与整体的关系,一种语言或者方言只有一个词汇系统,所以可以说"我学会了一万个词",但不能说"我学会了一万个词汇"。

"词汇"一词有很多种含义,它除了指称某一门语言的全部词汇外,还可以指某一特定历史时期的全部词语,如古英语词汇、中古英语词汇和现代英语词汇等。除此之外,"词汇"还可以用来指称某一本书的词汇、某一学科的词汇、某一种方言的词汇,以及某个人掌握的词汇量。因此,词汇不是指个体的词语,而是指一个范围或一个类别的词语。《麦克米伦英语词典》(*Macmillan English Dictionary*,2002)给 vocabulary 下的定义就基本涵盖了"词汇"的概念:

vocabulary
(1)[C/U] all the words that a person knows
①[C/U] all the words in a particular language
②the words used for talking about a particular subject

③all the words used or produced by a computer program, game, or talking toy

(2)[C] a list of words and their meanings, especially in a book for learning a foreign language

谈到词汇,自然会联想到词汇量,它是判断学习者语言水平的一个重要指标。下面先对英语本族语学习者英语词汇量与中国英语学习者英语词汇量的情况进行比较。据统计,现代英语的词汇大约有一百万个,英语本族语的学习者中,大学本科生约能掌握 20 000 个词。他们从上学开始,每年增加约 1 000～2 000 个词,每天平均增加 3～6 个单词。艾奇逊(J. Aitchison)在《头脑中的词汇》(*Words in the Mind: An Introduction to the Mental Lexicon*, 1987)里曾写道:"受过教育的成年人所知道的词不可能低于 5 万,也许有 25 万之多。"下面是英语作为本族语的儿童、青少年掌握词汇量的一个变化情况统计。

VOCABULARY SIZE OF NATIVE SPEAKERS

Age in years	Vocabulary size
1.3	235
2.8	405
3.8	700
5.5	1,528
6.5	2,500
8.5	4,480
9.6	6,620
10.7	7,020
11.7	7,860
12.8	8,700
13.9	10,660
15.0	12,000
18.0	17,600

再来看中国学生掌握英语词汇量的情况。中国教育部制定的《全日制义务教育英语课程标准(实验稿)》(2001)对学生词汇量的要求是:

(1)二级(相当于小学六年级):学习本级话题范围的 600～700 个单词

和50个左右的习惯用语。

(2)五级(相当于初中三年级):学会使用1 500~1 600个单词和200~300个习惯用语或固定搭配。

教育部于2003年制定的《普通高中英语课程标准(实验)》中对学生词汇量的要求是:

(1)七级:学会使用2 400~2 500个单词和300~400个习惯用语或固定搭配,此目标为高中阶段必须达到的级别要求。

(2)八级:学会使用3 300个单词和400~500个习惯用语或固定搭配,此目标为愿意进一步提高英语综合语言运用能力的高中学生的设计目标。

(3)九级:学会使用4 500个左右的单词和一定数量的习惯用语或固定搭配,此目标为愿意进一步提高英语综合语言运用能力的高中学生的设计目标。

教育部于2004年颁布的《大学英语课程教学要求(试行)》中对非英语专业本科生的英语词汇量要求是:

(1)一般要求:4 500个单词和700个词组。

(2)较高要求:5 500个单词和1 200个词组。

(3)更高要求:6 500个单词和1 700个词组。

根据《高等学校英语专业英语教学大纲》(2000)的教学要求,英语专业学生词汇量应该达到的水平是:通过课堂教学和其他途径认知词汇达10 000~12 000个。

据《英汉大词典》(1991)"英语词汇能力自测"(*Test Your Own Vocabulary Competence in English*)的说明,一般认为词汇量少于6 000的,其只相当于英语本族语小学生的词汇能力;词汇量达到12 000到18 000的,其相当于英语国家受过普通教育成年人的一般词汇程度;词汇量在24 000至30 000的,可以认为已具有英语国家受过良好教育而且能进行较高层次阅读的人的词汇能力。由此可见,目前中国的大、中、小学生的英语词汇量与英语国家的人相比还有很大差距。

词汇是语言除语音、语法外的另一个基本要素。人类思维需要依靠概念,而概念的语言形式主要表现为词汇。而且,信息在通过语言传递的过程中,词汇所承担的信息量要远远大于语音和语法,所以词汇是人类应用语言的重要前提。说话者的词汇量会对语言掌握的熟练程度产生极大的影响。当今社会知识更新的速度很快,不断有新生事物出现,这一现实在语言上也有反映,即新词不断产生,旧词也不断产生新义。正如语言学家威尔金斯(D. A. Wilkins)所描述的:没有语法,人们尚且可以表达一些事物,但是没有词汇,人们则无法表达任何事物。(Without grammar very little can be conveyed. Without vocabulary nothing can be conveyed.)词汇是英语学习的一个重要对象,这一点从培养英语实践能力所花的时间上就可以看得出来,因为掌握英语词汇所付出的时间是掌握其他语言所需时间中最多的。由此可见,词汇学习在整个英语学习中应当占有相当重要的地位。

一般情况下,可以将一个人的"词汇量"分成四个层次:能说的词汇(speaking vocabulary)、能写的词汇(writing vocabulary)、能读的词汇(reading vocabulary)、能猜的词汇(guessing vocabulary),每一层次的词汇数量逐次递增。这四个层次中,前两个层次属于能够应用的积极性词汇(active vocabulary),后两个层次则属于不一定能够应用的消极性词汇(passive vocabulary)。英语学习者通常会遇到这样的情况:许多单词看见时能知道或猜出其意思,但到讲和写的时候就想不起来,或者不会使用,这就是原因所在。

二、词汇学

词汇学(lexicology)是一门有关词的科学(the science of words)。杰克逊和艾姆维拉(H. Jackson & E. Z. Amvela)是研究语言学的专家,他们合著的《词、意义和词汇》(Words, Meaning and Vocabulary: An Introduction to Modern English Lexicology, 2000)一书中说:"词汇学是语言学的一个分支,是对词汇进行调查研究、描述并予以理论化的一门学科。(Lexicology is the branch of linguistics that investigates, describes and theorizes about vocabulary.)"由此看来,词汇学是有关"词汇的学问",即有关词汇的系统知识。

从更深层次讲,"词汇学"是研究词汇背后的规律性和系统性以及词汇的结构关系和类别的学科,它运用语言学的相关理论,研究语言中有关词汇的问题,讨论词的形态结构及构成方式,探讨词的意义及语义关系,阐述词汇的发展变化过程,涉及相关的词典知识。[①] 对词汇学的学习就是对有关词汇的系统知识的学习,是对词汇的现状及其历史演变过程的了解。学习词汇学能够对现代词汇发展中出现的各种现象做出分析和解释,从而提高对词语的理解、阐释和综合运用的能力。通过对词汇学的学习,可以了解现代英语词汇的普遍规律、分析研究现代英语词汇现象和英语词汇的演变和发展,而且也有助于掌握英语词汇学习的方法、途径、手段和策略。

---

① 汪榕培,王之江.英语词汇学.上海:上海外语教育出版社,2008

第四章 形态学

目前,对英语词汇的研究已经扩展到很广泛的范围了,有的领域形成了相对独立的学科,有的领域则相互结合形成交叉学科,如形态学(morphology)、词典学(lexicography)、词源学(etymology)、语义学(semantics)、认知语义学(cognitive semantics)、认知词典学(cognitive lexicography)、词汇语义学(lexical semantics)等。这些相对独立的学科和交叉学科正在把英语词汇学的研究推向一个新的发展高度。对英语词汇的研究还可以从其他角度展开,如共时的和历时的比较。就共时比较而言,英语词汇在各个英语国家中的差异性的比较正越来越引起人们的注意;就历时比较而言,各历史时期词汇的比较是其重要的组成部分。对英语词汇进行这样的比较研究能够提高英语研究水平,以及英语教学水平。语料库语言学(corpus linguistics)的发展是现代词汇学研究的有力支撑,语料选择、数据统计、定量分析等科学方法为研究英语词汇提供了新的观察视角和操作手段。语料库正在成为词汇研究和教学的一种新途径,它不仅可以提供快速的检索工具,而且还可以提供高质量的语言样本。语料库语言学的学习既可强化英语学习者的英语词汇系统知识,让他们了解英语词汇的发展演变过程,也有助于他们提高理解和分析语言问题的理论水平,使他们拥有更多真实的语言输入,并在此基础上加强综合运用英语的实际能力。

词汇作为音、形、义的结合体,是语言系统的重要构件,是反映现实世界最完美、最直接的符号系统。对词汇系统进行深入研究,能够帮助我们探索语言本质,分析语言的变化和发展规律。人们对词汇学研究的重视程度是在不断变化的,从20世纪90年代开始,与词汇学相关专著的不断问世,加之《词汇学》(Lexicology)杂志的创刊,词汇学开始在现代语言学领域里占有了一席之地。在2002年和2005年,德国Walter de Gruyter公司出版发行了一部巨著——《词汇学国际手册:词和词汇的本质和结构》(Lexicology: An International Handbook on the Nature and Structure of Words and Vocabularies),该书将词汇学研究引入到了一个新的高度。全书共1 944页,分卷一(942页)和卷二(1 002页),从1993年就已经开始编写,历时整整13年,直到2005年才全部出版发行。这本书的主编和其他200多位编写者都是世界各地语言学界的资深学者、教授和专家。该书是一本学术含金量很高的专著,此书编著的目的如序言所说:"尽可能提供迄今为止最具代表性的关于词汇学研究的方法论及与词和词汇相关的研究结果……",真实地展示了词汇学的研究内容和最新的研究成果,是词汇学研究的重要参考文献。

第二节 词汇的结构

每一种语言都有丰富的词汇,这些词汇不是孤立存在的,而是彼此之间有着各种各样的联系。词汇和词汇学研究的是英语词汇的演变过程,接下来研究词是如何构成的,即词汇的结构。

一、词的组成单位

句子是由词构成的,词是句子的基本结构单位。但是,词并不是语言中最小的有意义的结构单位。从语义角度来看,语言中不可再分的最小的有意义部分(minimal meaningful elements)是词素(morpheme)。morpheme 这个词有很多种译法,如语素、词素、形位等,这里采用词素这个译法。

词是由词素构成的。有的词只有一个词素,如 soldier,clerk,log 等,有的词有两个词素,如 lovely 由 love 和-ly 两个词素构成,inexpensive 由 in-和 expensive 两个词素构成,kindness 由 kind 和-ness 两个词素构成等,而有的词则可由三个词素构成,如 unacceptable 就有 un-,accept,-able 等三个词素。

二、词素的基本知识

(一)词素和音素

我们已经知道,词素是最小的有意义的语言单位,不能再细分成更小的单位。词素这一术语源于希腊语 morphe(=form)+-eme,意思是最小的单位,或是某一类最小的事物。英语词汇是由一个或多个词素构成,因此如果要细分的话,可以将一个词分为一个或多个词素。

词素并不等同于音素,因为词素是既有声音又有意义的语言单位,而音素则只具备声音这一特征。例如,k 和 u 只能说是音素,因为它们不具备任何意义,而 a/ei/和 i/ai/只有分别存在于单词,如 tame 和 time 中时,可以称做音素。这两个例子中并不能分离出它们各自的意义,只有将 a 当作不定冠词或前缀、大写的 i 表示第一人称单数时,它们才可以被称为词素。

(二)词素和音节

关于词素,还有一个概念极易混淆,那就是音节。词素同样不能等同于音节,因为音节也没有意义。词素可以用一个音节来表示,如 boy 和 child;也可以用两个或多个音节来表示,如 la/dy,croc/o/dile 和 sal/a/man/der。词的词素结构和音节结构并不总是保持一致,正如上面的例子所示,一个词素可以由多个音节来表示。还有一个很有说服力的例子是 dis/a/gree/a/ble,在这个词中一共包含 5 个音节,但是却只有 3 个词素,即 dis-,agree 和 -able。

(三)词素变体

词素表现形式是多种多样的。例如,在 books,pigs,horses 中的词素-(e)s 具有相同的意义,即表示"多于一个"的意思,但是很明显它却有三种不同的音位形式:-s,-z,-iz。这三种形式都是同一词素-s 的变体形式,因此被称为"词素变体"。通常情况下,词素会受到其所在位置和相邻语音的制约,从这一点来看,类似于-ion/-tion/-sion/-ation 这样的变体形式都是同一后缀根据所在位置的不同的词素变体。它们在意义和功能上的差别不大,最主要的差别是在声音上,这取决于该动词的最后一个音素。例如,以/t/音结尾的动词通常会加后缀-ion,如 invent→invention 等;除了这种情况,凡是以辅音结尾的动词,其后缀都用-tion,如 describe→description 等;以-ify 和-ize 结尾的动词则用后缀-ation,如 modernize→modernization,justify→justification 等;以-d,-de 或-mit 结尾的动词用后缀-sion,如 decision,expansion 等。

此外,词素变体也可以用作前缀,它的形式由动词的第一个字母决定。例如,前缀 im-通常出现在 p,b 或 m 前,如 imbalance,immobile,imperfect;词缀 il-用在以 l 开头的单词前,如 illogical 等;词素变体 ir-通常用在首字母为 r 的单词前,如 irresponsible 等;在其他的辅音和元音前为 in-,如 inexcusable,inflexible 等,由此可见,im-,ir-和 il-是词素 in-的词素变体。

(四)词素的分类

1. 自由词素和粘着词素

英语中的词素可以分为两大类,即自由词素(free morpheme)和粘着词素(bound morpheme)。前者是指能够独立构成单词的词素,它不需要借助粘着词素就可以独立存在,如 boy,girl,dog,cat 等;后者是指不能独立地构成词,必须至少与一个词素一起出现的词素,即必须粘附于自由词素才能起作用的词素,如 receive 中的 re-;unkind 中的 un-;或者过去时态词素-ed,如 worked 中的-ed;或者复数词素-s,如 dogs 中的-s 和 boxes 中的-es 等。通常概念中的自由词素就是一个词,而粘着词素则有不同的分类。屈折词素和词缀都是粘着词素。

2. 词根和词缀

词素除了可以分为自由词素和粘着词素外,还有一种分类形式,那就是词根词素和词缀词素。

(1)词根词素

词根词素是表达词的主要词汇意义的那个部分,是词的基础部分。例如,以下这些词是语义相关的词:(to) work, workable, worker, worked 和 working,这些词都是以 work 为词根,它是这些词的最基本部分,表达了词汇中最主要的意义。由此可见,词根词素是词的核心部分。以发展的眼光来看,词的最初形式就是词根词素,词根词素可以进一步分为自由词根和粘着词根。

①自由词根。在英语中,有很多词根都属于自由词素,它们都可以独立成词,如 girl, moon, black, walk 等。通常将只由一个自由词根(或一个词素)组成的词叫作简单词。和简单词一样,自由词根有着基本词汇的特征,它组成了最基本的英语词汇。自由词根是英语新词构成的基础。

②粘着词根。英语中有许多词根是从别的语言中派生出来的,其中尤以希腊语和拉丁语派生最多。这些派生出来的词根大都属于粘着词素。例如,receive, deceive 和 conceive 等词中的-ceive, detain, contain 和 retain 等词中的-tain,这些词根都来自于拉丁语词,-ceive 来自于拉丁语 capere(带走);-tain 来自于拉丁语 tenere(抓住)。但是,它们在现代英语中都不是词,也不属于自由词素,因为它们都不能独立存在,它们除了在这些罕见的语言环境以外没有任何意义。因此,-ceive,-tain 通常被看作是粘着词素,经常出现在词素序列中,如同词根或词缀结合。

无论自由词根还是粘着词根,都会对词的主要意义产生重要影响。例如,下列这些词,请注意它们的共同点。

  revive vitamin

  vital vivacious vivid

可能这些词的具体意思你并不完全知道,但是它们之间的共同点却是显而易见的,即每个词中都有拉丁语词根 vit-或 viv-,意思为"生命"或"生活"。revive 中的前缀 re-意思为"再、又",其拉丁语词根 viv-意思为"活、生活",因此 revive 的意思为"重新获得生命、力量或健康";同样的,vital 中的拉丁语词根 vit-意为"生命",其后缀-al 意为"充满"或"和……相关,合适",因此 vital 意思为"致命的"或"充满活力的",vitamin 中的拉丁语 vit-意为"生命",后缀-amin 意为"碳氢基氨",因此 vitamin 意为"一些存在于事物中的有机物质,对人类和动物的健康非常有益"。vivacious 中,拉丁语 vivere 意为"充满活力,精神高昂的"。vivid 中的拉丁语词根和后缀-id 意为"有一定的品质",所以 vivid 意为"活泼的、生动的"。

由此可以看到,掌握了词根的相关知识,即使某些词不认识,也可以分析出它们的意思。

(2)词缀词素

词缀根据其在单词中位置的不同可以分为前缀、中缀和后缀,而根据它们所承担的功能的不同又可分为派生词素(derivational morpheme)和屈折词素(inflectional morpheme)。

①派生词素。将派生词素添加于其他的词素或单词,可以派生出一些新的词,这些新派生出来的词与原来的旧词可能属于不同的词性,如将后缀-ity 添加于形容词后,得到的是名词,如 curious→curiosity, scarce→scarcity 等;而将后缀-ize 添加于形容词后,得到的是动词,如 social→socialize, real→realize 等。类似的例子还有很多。例如:

NOUN TO ADJETIVE	VERB TO NOUN
girl+ish	move+ment
virtue+ous	communicate+ion
China+ese	capitalize+ation
picture+esque	dance+er
care+ful	project+tion
lady+like	free+dom

但是,也不是所有的派生词素都会导致派生词词性发生改变,也有的并非如此,如很多前缀就属于这种情况。例如:

VERB TO VERB	NOUN TO NOUN	ADJECTIVE TO ADJECTIVE
rewrite	auto biography	unhappy
unloosen	ex-husband	irregular
dissatisfaction	abnormal	

此外,还有一些后缀也属于这种情况,它们在派生出新词时原来的词性没有发生变化。例如:

NOUN TO NOUN   ADJECTIVE TO ADJECTIVE

— 77 —

music→musician   high→highish
Australia→Australian   old→oldish
friend→friendship   elder→elderly
physics→physicist

英语中还有一些非常活跃的派生词素，它们可以作为前缀或者后缀与许多单词相结合形成新词。例如：

ADJECTIVE+ness="the quality of being ADJECTIVE"
coldness   sadness
hotness   sharpness
happiness   foolishness

un+ADJECTIVE="not-ADJECTIVE"
unhappy   unfree
unafraid   un-American
uncowardly   unsmooth

VERB+able="able to be VERB-ed"
acceptable   breathable
passable   changeable
blamable   adaptable

VERB+er="one who performs an action of VERB-ing"
lover   teacher
employer   analyzer
hunter   examiner

②屈折词素。与派生词素不一样，屈折词素的添加并不能创造出新词，它只是表达词根的某种特别的语法功能（Yule,2000）。例如，英语的屈折词素-s 如果添加在动词后，就构成该动词第三人称单数情况下的一般现在时形式；如果添加在名词后，就构成了该名词的复数形式。再如，屈折词素-er 和-est 如果添加在单音节和部分双音节形容词后就构成该形容词的比较级和最高级；而-ed 添加在动词后就形成了一般过去时形式。

事实上，英语中的屈折词素只有八个，它们分别是：添加在动词后的-s 构成动词的第三人称单数形式（third person present singular），-ed 构成动词的过去式（past tense）和-en 构成动词的过去分词形式（past participle），-ing 形成现在分词形式（present participle）；添加在名词后的-'s 构成名词的所有格（possessive）和-s 构成名词的复数形式（plural）；以及之前谈到的添加在形容词后构成形容词的比较级（comparative）和最高级（superlative）的-er 和-est。英语中的所有屈折词素都是后缀，而且不会改变词根原来的

第四章 形态学

词性。例如:

Mary's sister has left for London.

He enjoys playing the piano and has taken his Grade 9 piano exam recently.

She graduated from Harvard last year and has been working as a lawyer since.

The husband is the loudest person I've ever met and wife is quieter than a mouse.

第三节 词汇的变化

一、音位变化

音位变化是指因为语音上的变化而导致的形式变化。① 在乔叟(Chaucer)时代,现在的双元音/au/原本是发长元音/u:/的。例如:

mus/mu:s/　　　　mouse/maus/
hus/hu:s/　　　　house/haus/
ut/u:t/　　　　　out/aut/
sup/su:p/　　　　south/sauθ/

还有一个例子是/x/,它在一些词汇中会变成/f/,如 rough,tough 等;而在有些词汇中又会变成/k/,如 elk 等。

下面就来分析导致音位发生变化的原因。

(一)换位

换位(metathesis)是语流中一种语音变化的过程。换位的本质是一种语言运用的失误,但是时常被忽略,甚至有的语言集体中大部分人会主动接受。例如,ask(问)在古英语中的发音是/æs/,这一读音甚至在一些方言中仍然在使用;单词 bird(鸟)在古英语中是 brid。再如,task(任务)和 tax(税,税款)虽然现在是两个不同的词,但是它们原来是有一定联系的,意思上也仍有相似性。试比较下面两句话:

They taxed him with his failures.(tax=accused,指控,责备)

---

① 胡壮麟.语言学教程.北京:北京大学出版社,2007

They took him to task for his failures.(斥责,责备)

(二)脱落

语音脱落(loss of sound)是指在音位系统中某个音素的消失。以/x/为例,前面提到它在某些单词中会变成/f/或/k/,除此之外,这个软腭摩擦音在乔叟时代到莎士比亚时代期间已经完全脱落了。

此外,一些非重读元音也可能会导致语音的脱落。例如:

temperature/ˈtempərətʃə/　　　　/ˈtemprətʃə/
laboratory/ləˈbɔrətri/　　　　　　/læˈbrətʃri/

再看一个例子:

The pen'n pencil'n the drawer are better'n typewriter to copy'n easy thing like this.

抄写这么简单的东西,抽屉里的钢笔和铅笔比打字机更好用。

这句话中的四个 n 是一个极端的例子,它们分别代表 and, in, than 和 an。

(三)添加

音位变化的另一个原因是其原有的语音链上添加(addition)了一些新的读音。例如,拉丁语的 studium 在葡萄牙语中变成了 estudo,在西班牙语中变成了 estudio,在古法语中变成了 estudie,它只在现代法语中脱落了/s/,变成 etude。日语的读音习惯是在每个辅音之后加上元音,构成音节,这是其特点之一。例如,英语的 strike(罢工)被日本人借去后读音就成了 sutoraiki。英语单词 rapscallion(流氓,恶棍)就是在同根词 rascal(流氓,恶棍)中添加了读音/p/而构成的。

二、拼写变化

词汇的变化还体现在文字的层面上。由于英语的文字记录着语音系统,如果音位发生变化,那么相应的文字也必然会发生改变。请看以下摘自《圣经》的两个例子:

And when the Sunne was up, they were scorched.(Matthew 13)

太阳出来一晒,发芽的种子就枯干了。

The same day went Iesus out of the house, and sate by the seaside.(Matthew 13)

同一天,耶稣从屋里出来,坐在海边。

例子中的 Sunne,Iesus,sate 这样的文字形式都是旧的发音的表现形式,现在它们已经演变成了 Jesus,sat,sun。而且,古英语中的 u 已经变成了 v,而 v 则变成了 u。

三、语义变化

实际交际中可能需要无穷多的单词或者符号来表达经验型概念,但是为了保证交流的顺利进行,又不能创造出无数个单词。为了解决这一矛盾,可以为已经存在的单词赋予新的意义,换句话说,就是用旧的形式来表达一个新的概念,因此这个形式的意义就增加了。语义的变化主要有三种形式,即词义缩小、词义扩大和词义转移。此外,词性变换和俗词源也对词义的变换有一定的影响。下面分别予以介绍。

(一)词义缩小

词义缩小(narrowing)是指原来的词义可以缩小或被限制到一个具体的意义上。[①] 例如,meat 在 17 世纪时泛指所有的"食物",但是它的意思在现在已经变得很窄,仅指"哺乳动物的肉或肉类"。类似的例子还有很多。例如:

词语	古意	今意
girl	年轻人	女孩,少女
camp	野外	露营地
orator	辩护人	演说家
deer	动物	鹿
cattle	家畜	牛
knight	少年	(欧洲中世纪的)骑士,爵士
hound	狗	猎犬

(二)词义扩大

词义扩大(broadening)就是把意义从原来具体的意义扩充到相对概括

---

① 胡壮麟.语言学教程.北京:北京大学出版社,2007

的意义。① 例如,holiday 在过去是指宗教意义上的"神圣的日子",而在现在,其意思则为"节日、假日",已经没有了原来宗教性质的意思,因此它的意义得到了扩大。类似的例子还有很多。例如:

词语	古意	今意
bird	小鸟	任何一种鸟
companion	伙伴(法律或正式的伙伴)	同伴,陪伴的人
offend	反对	使感到恼火或愤恨不满
task	税款	任务
subsist	使存在,使活着	存在,生存
quarantine	(隔离的)四十天	被迫隔离的一段时间
pile	桥墩	堆在一起的或逐个叠放的大量东西

(三)词义转移

通常情况下,语义的变化都会涉及词义的转移。这里的词义转移(meaning shift)是指词语的原意由于隐喻用法而离开了原来的语义领域,从而导致了词义的变化。例如,bead 原来的意思是"祈祷",后来它的意思逐渐转换成了"念珠",到现在它的意思又成了"玻璃或金属或木头材料的小圆珠子"。

(四)词性转换

词性的变换(class shift)会使词语从指某种具体的实体或概念变为指某种方法或属性,从而改变原来的词义。这种构词法被称为"零派生"(zero-derivation)或"变换"(conversion)。例如,engineer 这个词作名词讲时意为"工程师",而作动词讲时,意思就变成了"做工程师"或"计划,操作"。再如:

词语	名词	动词
stump	树桩	挑战
hog	猪	贪心攫取,多占

---

① 胡壮麟.语言学教程.北京:北京大学出版社,2007

(五)俗词源

俗词源(folk etymology)是指词或短语的形式由于对词源的错误而又普遍的解释或对词义的错误理解,或者由于受到更熟悉的词汇的影响而进行错误的类推,导致了新的意义的产生。[①] 例如,英语中的 cockroach(蟑螂)来源于西班牙语的 cucaracha(一种墨西哥歌舞),英语中的 sparrowgrass(芦笋)来源于 asparagus(芦笋)等。又如,"He's a wiz at math"中的 wiz 是 wizard(神汉,男巫)的缩写形式,但是在此处应该译为"行家,能手",最后形成了变异形式 whiz(极其聪明的人,有特长的人,奇才)。

四、句法变化

英语词语经过漫长的历史演变,不仅在词的形态上发生了变化,其句法特征也较之于以前不太一样,这方面的例子很多。例如,15 世纪的古英语中有双重比较,它们在现代英语中已经不再使用,如 more lower(较低的),more gladder(更高兴的),moost shame fullest(最不体面的),moost royallest(最高贵的)等。再如,在古英语中,表达否定需要使用语助词 ne 和 na,而在莎士比亚的时代,否定是通过在句子末尾加上否定语助词 not 来表达的,如"I love thee not"(我不爱你),"therefore pursue me not"(因此不要追我),"He saw you not"(他没有看见你)。甚至在《圣经》中,否定的表达仍然是将语助词放在动词后边,如"And because they had not root, they withered away"(因为它们没有根,所以枯萎了)。但是,在现代英语中,否定的成分必须跟在限定成分之后,如"I will not go"(我不去),"I do not want to go"(我不想去),"I am not going"(我不要去了)等。

通过下面的例子可以看出词的语法特征在进一步变化。例如:
——介词延后
That person is impossible to work with.
跟那个人共事是不可能的。
What I'm convinced of is China's modernization will surely be a success.
我确信的是中国现代化一定会取得成功。
——分裂的不定式
Part of your job, as a teacher, is not really understand your pupil's

---

[①] 胡壮麟.语言学教程.北京:北京大学出版社,2007

personal problems.

作为一位老师，真正了解学生的个人问题就是你工作的一部分。

I have tried to consciously stop worrying about it.

我担心它，没法自觉地停下来。

——关系代词的宾格

The man who(m) you met will revisit this university next week.

你遇到的那个男人将在下个星期到这所大学作第二次访问。

The girl who(m) he talked about is a violinist.

他谈论的那个女孩是个小提琴家。

此外，在生成新的词组结构和句子结构时也有可能会涉及混成法。例如：

(1) equally good＋just as good→equally as good 一样好

(2) ever and anon＋now and then→every now and then 常常，不时地

(3) rarely＋hardly ever→rarely ever 几乎从不

(4) It's no use getting there before nine＋There's no use in getting there before nine→There's no use getting there before nine.

九点以前到达那里没用。

需要注意的是，词组一旦融合成形就会固定下来，它所行使的功能不可能仅仅是一个自由词组，也不能被其他词语代替。

第四节　英语构词法

一、派生法

英语的派生构词法主要有两种，一种是以粘着词根为中心，加上词缀或者另一个粘着词根构成新词；另一种是以自由词根为中心，加上词缀或粘着词根构成新词。

（一）粘着词根为主，附以词缀或其他粘着词根

以粘着词根为主，附以词缀或另一个粘着词根的构词法主要包括以下四种情况。

(1) 前缀加无构词能力的粘着词根。在一个没有构词能力的粘着词根前加上前缀可以构成一个新词。例如：

contradict v. 与……矛盾、反驳　　　contravene v. 抵触、违犯
descend v. 下降　　　　　　　　　despair v. 失去希望、绝望
evolve v. 进化、发展　　　　　　　predict v. 预言

(2)无构词能力的粘着词根加后缀。在一个无构词能力的粘着词根后面附加一个后缀也可以构成一个新词。例如：

confidence n. 信任　　　　　　　　diction n. 措词
liberate v. 解放　　　　　　　　　linguist n. 语言学家
physicist n. 物理学家　　　　　　　tolerance n. 容忍、忍受

(3)前缀加无构词能力的粘着词根加后缀。在一个无构词能力的粘着词根前面和后面同时加上前缀和后缀同样能构成一个新词。例如：

ascendant a. 上升的、占优势的　　　contradiction n. 矛盾
contraposition n. 对偶、对照　　　　disruptive a. 分裂的、破坏的
distinctive a. 特别的、有特色的　　　intolerable a. 不能忍受的
predicable a. 可断定的

(4)组合语素加组合语素。组合语素加组合语素的构词法主要出现在当代术语中。例如：

macrobiosis n. 长寿、长命　　　　　mierobeam n. 微光束
microscope n. 显微镜　　　　　　　thermocline n. 斜温层、温跃层
thermograph n. 温度自动记录器、热录像仪

当然，组合语素的结合并不仅限于两个，尤其是在科技术语中，大量的单词都是由三个组合语素构成的。例如：

单词 electrocardiogram(n. 心电图)是由 electro-(电)，cardio-(心脏)和-gram(图)三个组合语素构成的。

单词 electrocorticogram(n. 脑电图)是由 electro-(电)，cortical-(脑皮层)和-gram(图)三个组合语素构成的。

单词 microchronometer(n. 瞬时计)是由 micro-(小、微量)，chrono-(时间)和-meter(表)三个组合语素构成的。

单词 microdensitometer(n. 显微光密度计)是由 micro-(小、微量)，densito-(密度)和-meter(表)三个组合语素构成的。

四个或四个以上组合语素相结合构成单词的例子也有很多。例如，由 cine-(电影)，angio-(血管)，cardio-(心脏)和-graphy(描记法)四个组合语素构成的 cineangiocardiography(n. 心血管活动摄影术)等。当然，这样的词还可以通过加后缀来改变其词性，如 cineangiocardiographic(心血管活动摄影术的)。可见，组合语素的构词能力很强，结合也很灵活，这种特点为英语科技术语的构成提供了极大的空间。

— 85 —

(二)自由词根为主,附以词缀或粘着词根

(1)前缀加自由词根。在一个自由词根前加前缀可以构成新词。例如：

indefinite *a.* 不明确的 　　　　　　unforgettable *a.* 难忘的
defrost *v.* 除霜 　　　　　　　　　disconnect *v.* 分离
minibus *n.* 面包车 　　　　　　　　supermarket *n.* 超级市场

(2)自由词根加后缀。在一个自由词根的后面加后缀也可以构成一个新词。例如：

mileage *n.* 里程 　　　　　　　　　exploration *n.* 勘探
successful *a.* 成功的 　　　　　　　wealthy *a.* 富有的
extremely *adv.* 极端 　　　　　　　onwards *adv.* 向前
quicken *v.* 加快 　　　　　　　　　symbolize *v.* 象征

此外,一个自由词根后面也可以跟两个后缀,此时这两个后缀需要连在一起使用。例如：

-able+-ly=-ably 　　　　　　　　　-ful+-ly
comfortably *adv.* 舒适地 　　　　　carefully *adv.* 仔细地
fashionably *adv.* 时尚地 　　　　　forgetfully *adv.* 疏忽地
knowledgeably *adv.* 有见识地 　　　delightfully *adv.* 快乐地

(3)前缀加自由词根加后缀。在自由词根的前面和后面同时加上前缀和后缀同样可以构成新词。例如：

enrichment *n.* 丰富 　　　　　　　international *a.* 国际的
post-election *n.* 大选后 　　　　　unchangeable *a.* 不变的、无可改变的

(4)组合语素加自由词根。与第一种派生构词法一样,第二种派生构词法下的组合语素加自由词根构词法同样也主要出现在当代专业术语中。例如：

Afro-American *n.* 非洲裔美国人、美国黑人　　Afro-Asian *n.* 亚非人民
techno-chemistry *n.* 工业化学 　　　　　　　geochemistry *n.* 地球化学
megalomania *n.* 自大狂 　　　　　　　　　　chemosorb *v.* 化学吸附
radioactive *a.* 放射性的、放射性引起的 　　　microwave *n.* 微波

二、复合法

所谓复合构词法,就是将两个或两个以上的词根据一定的语法结构组成新词的方法。通过此方法构造的新词称为"复合词"。复合词的组合形式

一般是复合名词、形容词、动词较多,复合名词和形容词的组合能力较强,复合动词是通过复合词的词类转化得来的(李冰梅,2005)。

(一)复合名词

复合名词是最常见的一种复合词,许多词都是通过这种方法构成的。根据复合成分的句法关系,可以将构成复合名词的具体方法分为以下几类。

(1)主语和动词。以动词为词基,且动词在复合词中占主体地位的形式或词基+-ing 的形式。例如:

headache 头痛　　　　　　　heartbeat 心跳
crybaby 哭闹的孩子　　　　　commanding officer 指挥官
revolving door 可以旋转的门

(2)动词和宾语。动词充当词基,且在动词之后加相应的动作对象的形式或词基+-ing 的形式。例如:

pickpocket 掏兜　　　　　　birth control 人口控制
housekeeping 看守房屋　　　dressmaking 做衣服
housekeeping 家政;家务管理;家用开支 dressmaking 女裁缝;制衣(尤指制女装)

(3)动词和状语。以动名词加状语(包含一个介词短语)的形式构成新词。例如:

swimming pool 游泳池　　　diving board 跳板
drinking cup 饮酒杯　　　　typing paper 在纸上打字

(4)限制关系。通过一个成分限制第二个成分的意义的方式构成新词。例如:

raindrop 雨滴　　　　　　　moonwalk 月球行走
evening school 夜校　　　　tablecloth 桌布
ashtray 烟灰缸　　　　　　 breakfast time 早餐时间

(5)短语动词。短语动词组合也可以构成复合词,这在现代英语中很常见。例如:

sit-in 静坐抗议;静坐罢工　　drop out 退出;退学;脱离
phone-in 来电广播节目　　　break down 分解;发生故障
walk-on 跑龙套角色;临时队员　walk out 走出;罢工;退席

(二)复合形容词

复合形容词的后一部分是具有形容词性质的-ing 分词或-ed 分词,或后一部分是副词或其他词性。复合形容词也可根据组成的句法关系进行细分。

(1)主语和动词。名词加上动词的过去分词形式可以构成复合形容词。例如：

thunder-struck houses 遭雷击的房子
weather-beaten rocks 风雨剥蚀的石头
suntanned skin 晒黑的皮肤

(2)动词和宾语。以名词加上动词的现在分词形式可以构成复合形容词。例如：

fault-finding 找错误
peace-loving 热爱和平
record-breaking 打破记录

(3)名词和形容词。名词与形容词相搭配，且名词作为主导也可以构成复合形容词。例如：

tax-free 免税　　　　　　　seasick 晕船
watertight 防水　　　　　　fire-proof 防火

(4)形容词与形容词。将两个形容词放在一起，形成比较的关系也可以构成复合形容词，此时相当于"as+形容词+as+名词"的形式。例如：

ocean green 像海一样的蓝　　crystal-clear 水晶般的清澈
knee-deep 齐膝的　　　　　 shoulder high 齐肩的

两个形容词之间形成并列关系时同样可以构成复合形容词。例如：

bittersweet 半苦半甜，苦乐参半
Anglo-French relations 英法关系

(三)复合动词

复合动词的构成方式不如复合名词、复合形容词那么丰富。复合动词一般是在复合名词或复合形容词的基础上通过词类转换或逆生法形成的。此外，副词与动词也可以形成复合动词。概括来说，复合动词的构成主要包括以下几种方式。

(1)副词+动词。例如：

overeat 吃得太多
overhear 无意中听到
overthrow 推翻
overwork 过度工作
upgrade 升级
outeat 吃得比……多

outgo 比……走得远
outweigh 胜过
underwrite 承销
withhold 扣留
cross-question 盘问

(2)通过词类转换形成的复合动词。例如：

moonlight(月光)—to moonlight(赚外快)
honeymoon(蜜月)—to honeymoon(度蜜月)
blueprint(蓝图)—to blueprint(为……制蓝图)
nickname(绰号)—to nickname(给人起绰号)
sandpaper(砂纸)—to sandpaper(用砂纸擦)
blacklist(黑名单)—to blacklist(列入黑名单)
outline(轮廓)—to outline(画出……的轮廓)
footprint(脚印)—to footprint(留脚印于)
machine-gun(机枪)—to machine-gun(用机枪扫射)
hotpress(热压机)—to hotpress(把东西放入热压机热压)
tape-recording(磁带录音)—to tape-record(用磁带录下来)
spotlight(公众注意中心)—to spotlight(使突出醒目)

(3)通过逆生法形成的复合动词。例如：

sight-seeing(观光)—to sight-see(观光)
proofreading(校对)—to proof-read(校对)
soft landing(软着陆)—to soft-land(软着陆)
housekeeper(管家)—to housekeep(操持家务)
baby-sitter(看管孩子的人)—to baby-sit(看孩子)
speed-reading(快速阅读)—to speed-read(快速阅读)
tape recorder(磁带录音机)—to tape-record(用磁带录音)
mass production(批量生产)—to mass-produce(成批生产)
window-dressing(布置橱窗)—to window-dress(布置橱窗)
chain smoker(烟瘾大的人)—to chain-smoke(连续不断地抽烟)
vacuum cleaner(真空吸尘器)—to vacuum-clean(用真空吸尘器除尘)

三、转类法

转类法在构词时词的形式不需要发生任何变化，只需要在使用该词时注意其词性以及具体涵义即可,因此转类法又被称为"零位派生(zero derivation)"。转类法的构词能力很强,转类法的词性转换主要发生在动词、名词和形容词之间。转类法主要有以下几种情况。

(一)形容词转化为动词

由形容词转换成的动词一般表示状态的变化,可以用作及物动词也可以用作不及物动词。例如:

narrow(a. 狭窄)→to narrow ＝to make…narrow(使……狭窄)
　　　　　　　　　　＝to become narrow(变得狭窄)
dry(a. 干的)→to dry ＝to make…dry(使……变干)
　　　　　　　　　＝to become dry(变干)

也有一部分词在转化时只能转化为及物动词。例如:

bare(赤裸的)→to bare(使暴露)
blind(盲目的)→to blind(使……失明)

类似这样从形容词转化为动词的例子还有很多。再如:

dim(暗淡的)—to dim(使暗淡)
quiet(安静的)—to quiet(使安静)
free(自由的)—to free(释放)
warm(暖和的)—to warm(使温暖)
smooth(光滑的)—to smooth(使光滑)
rough(粗糙的)—to rough(粗暴地对待……)
humble(谦恭的)—to humble(压低……的身份)
brave(勇敢的)—to brave(冒着……、敢于……)

(二)形容词转化为名词

从构词能力上来讲,形容词转化为名词的构词能力并不强,但是在英语词汇中,形容词转化成的名词却占有很大比重。形容词转化为名词的形式一般有两种:一种称为"部分转类(partial conversion)";一种称为"完全转类(complete conversion)"。下面就对这两种转化方法进行分析。

1. 部分转类

由部分转类法转化而形成的名词与实际的名词在特点和用法上都有一定的区别,这类名词没有完全名词化,在表示名词概念时要与定冠词连用,且作为复数概念出现。此外,这些词还保留了一些形容词的特征,如其可以被副词修饰,可以有比较级和最高级等。部分转类而形成的名词可以分为下面五种。

(1)表示"类"的概念,指具有某种特点的一类人。例如:

The sick and wounded were to be evacuated from the combat area.

These books are intended for the deaf and mute.

(2)以-s,-se,-sh,-ch 结尾表示民族概念的形容词转化的名词在与定冠词连用时表示整个民族。例如:

The Danish are a seafaring nation.

The Chinese are an industrious people.

(3)表示抽象概念,指具有某种特点的东西。例如:

It is highly important to distinguish between the false and the true.

In his choice of diction he has a taste for the quaint and the picturesque.

(4)由形容词最高级转化为的名词大多用在固定词组或习语词组中。例如:

You will get a definite answer from him on Saturday at the last.

He was at his best when talking about music.

(5)由过去分词构成的形容词转化为名词。如果这类词的前面加定冠词,就不表示一般人,而指的是特定的人。例如:

It is advisable to suspend judgment until the accused has offered his defense.

The correspondent tried to get an interview with the condemned.

2. 完全转类

当形容词完全转类为名词时,就会含有名词的一些特点。这些名词具有复数概念,具有所有格形式且可以被形容词所修饰。很多表示信仰的名词都是通过形容词转类形成的。例如:

a communist 共产主义者

an American 美国人

a Christian 基督教徒

a Chinese 中国人

(三)动词转化为名词

动词转化为名词时,该名词主要表示的是原来的动词所表示的动作的状态,如 smell(嗅觉),want(需求),attempt(尝试)等。由动词转化的名词一般可以表示多种涵义。

(1)表示动作的执行者。例如:

cook 厨师

a crack shot 神枪手

home help 佣工

a tramp 流浪者

cheat 骗子

flirt 调情者

a good kick 足球踢得很好的人

(2)表示动作的结果。例如：

a find 发现物

an answer 答复

a catch 捕获物、捕获量

a find 发现物

import 进口商品

reject 遭拒绝的东西、次品、废品

reply 复信

(3)表示做动作的工具。例如：

a cover 盖子、封面

a cure 疗法、药

a catch 门扣

(4)表示动作的地点。例如：

a divide 分界线

a dump 堆垃圾的地方

a hide-out 躲藏处

a pass 关口

a retreat 避难处

a turn 转弯处

(四)名词转化为动词

常见的名词转化为动词的方法主要包括下面七种。
(1)to put in/on，其涵义为"放入或使其处于"。例如：
bottle($n.$瓶子)→to put … into the bottle(装瓶)
garage($n.$车库)→to put … into the garage(把汽车开进车库)
pocket($n.$口袋)→to put … into the pocket(把…装进口袋)
(2)to give, to provide with，其涵义为"给予、提供"。例如：
butter($n.$黄油)→to butter(涂黄油于……上)
water($n.$水)→to water(给……浇水)

fuel(*n*.燃料)→to fuel(加燃料)

man(*n*.人员)→to man(配备人员)

(3)to deprive of,其涵义为"去掉"。例如：

core(*n*.果实的心)→to core(挖去果心)

skin(*n*.皮)→to skin(剥皮)

(4)to… with,其涵义为"用……去做,去完成"。例如：

harmer(*n*.锤子)→to harmer(用锤子敲击)

hand(*n*.手)→to hand(递交)

finger(*n*.手指)→to finger(用手指碰触)

(5)to be/act as… with respect to,其涵义为"作为、充当、像……一样"。例如：

nurse(*n*.护士)→to nurse(护理)

tutor(*n*.教师)→to tutor(当……的教师)

(6)to make/change… into…,其涵义为"使……成为……"或"把……改变为……"。例如：

fool(*n*.傻子)→to fool(愚弄)

cash(*n*.现金)→to cash(兑成现金)

(7)to send/go by…,其涵义为"用……来寄送"或"乘……前往"。例如：

mail(*n*.邮件)→to mail(邮寄)

boat(*n*.船)→to boat(乘船)

(五)名词转化为形容词

名词转化为形容词最常见的用法是名词定语,即一个名词既不需要加形容词词尾,也不需要任何词格的变化,就直接用作定语来修饰另一个名词。例如：

a gold watch 金表

a silver ring 银戒指

a silk scarf 丝绸围巾

a math problem 数学题

a brick garage 砖砌的车库

a consumer city 消费型城市

job market 人才市场

production manager 生产经理

recipient country 接受国

conveyor belt 传动带
radio program 广播节目
world population 世界人口
depth charge 深水炸弹
danger zone 危险区
drug addict 嗜毒者
member nation 成员国
instrument flying 利用仪表导航
trouble spot 可能发生麻烦的地点
supplier country 供应国
reproduction furniture 复制品家具
impulse buying 凭一时的冲动买东西

四、拼缀法

拼缀法(blending)是指对原有的词进行剪裁,取其首部或尾部,或保持一个词的原形取另一个词的一部分,组成一个新词。或者可以说,拼缀法就是通过组合两个或几个词的部分音节以构成新词的构词方法。这种构词方法所构成的新词生动、简洁,因而成为现代英语中常用的构词方法之一。这种构词方法有大量的实例。例如:

Afropean＝Africa＋European 非洲裔欧洲人
comsat＝communication＋satellite 通讯卫星
e-zine＝electronic＋magazine 电子杂志
fanzine＝fans＋magazine 科学幻想杂志
greentech＝green＋technology 绿色技术
infonomics＝information＋economics 信息经济学
maffluent＝mass＋affluent 共同富裕体

拼缀法的构词方式主要有以下四种。

1. 词首＋词首

词首加词首是指将第一个词的词头与第二个词的词头拼接在一起。例如:

motor＋pedal＝moped 机器脚踏两用车
sky＋laboratory＝skylab 空中实验室
situation＋comedy＝sitcom 情景喜剧

human＋intelligence＝humint 间谍情报
medical＋evacuation＝medevac 医务撤运
psychological＋warfare＝psywar 心理战
teletype＋exchange＝telex 用户直通电报
American＋Indian＝Amerind 美洲印第安人
international＋police＝interpol 国际警察
memorandum＋conversation＝memcon 谈话记录
communication＋intelligence＝comint 通讯情报

2. 词首＋词尾

词首加词尾是指将第一个单词的词头与第二个单词的词尾拼接在一起。例如：

smoke＋fog＝smog 烟雾
smoke＋haze＝smaze 烟霾
mean＋stingy＝mingy 吝啬的
slum＋suburb＝slurb 市郊贫民区
citron＋orange＝citrange 桔柑
boat＋hotel＝botel 汽艇游客旅馆
breakfast＋lunch＝brunch 早中餐
channel＋tunnel＝chunnel 海峡隧道
camera＋recorder＝camcorder 摄像机
Chinese＋English＝Chinglish 中式英语
video＋telephone＝videophone 电视电话
automobile＋home＝autome 流动住宅车
balloon＋parachute＝ballute 减速气球
automobile＋suicide＝autocide 撞车自杀
lunar＋telecast＝lunacast 登月电视广播
television＋broadcast＝telecast 电视广播
fantastic＋fabulous＝fantabulous 极出色的
altitude＋airport＝altiport 高山短距起落机场
biathlon＋athlete＝biathlete 滑雪射击运动员
dove＋hawk＝dawk（介于鸽派和鹰派之间的）中间派
advertising＋statistics＝advertistics 广告统计学

3. 词首＋单词

词首加单词是指将第一个单词的词头与第二个单词拼接在一起。例如：

high＋jack＝hijack 空中劫持
high＋rise＝hirise 高层建筑
European＋Asia＝Eurasia 欧亚大陆
automobile＋camp＝autocamp 汽车宿营地
anecdote＋dotage＝anecdotage 老年多话期
parachute＋troops＝paratroops 空降部队
helicopter＋pad＝helipad 直升飞机升降场
medical＋aid＝medicaid 美国的医疗补助方案
psychological＋warrior＝psywarrior 心理战专家
television＋diagnosis＝telediagnosis 远程诊断
alphabetic＋numeric＝alphanumeric 文字数字式的
medical＋chair＝medichair（装有电子感应器的）医疗椅
medical＋care＝medicare（美）医疗照顾方案（尤指对老年人的）

4. 单词＋词尾

单词加词尾是指将第一个单词和第二个单词的词尾拼接在一起。例如：

profit＋toward＝profitward 趋利
work＋welfare＝workfare 就业福利
car＋barbecue＝carbecue 熔车装置
tour＋automobile＝tourmobile 观光车
book＋automobile＝bookmobile 流动图书馆
lunar＋astronaut＝lunarnaut 探月宇航员
cable＋telecast＝cablecast 有线电视广播
plug＋payola＝plugola（给广播公司的）贿赂
jazz＋discotheque＝jazzotheque 爵士乐夜总会
breath＋analyse＝breathalyse 做呼吸测醉检验
sports＋broadcaster＝sportscaster 体育节目广播员

五、缩略法

缩略法在现代英语中是一种常见的构词法，缩略法在构词时主要有以下两种情况。

(一)首字母缩略词

首字母缩略词是指由每一个词的首字母构成新词。这些词的读音有两种，一种是按照各首字母发音，另一种是按照拼音发音。例如：

V. O. A.—Voice of America 美国之音
C. I. A.—Central Intelligence Agency of the U. S. 美国中央情报局
IOC—International Olympic Committee 国际奥林匹克委员会
RAM—random-access memory 随机存储器
UN—the United Nations 联合国
IMF—International Monetary Fund 国际货币基金组织
IMCO—Intergovernmental Maritime Consultative Organization 政府间海事协商组织

以上这些词均为首字母发音词。

radar—radio detecting and ranging 雷达
sonar—sound navigation and ranging 声纳
laser—light amplification by stimulated emission of radiation 激光
NASA—National Aeronautics and Space Administration 美国宇航局
SALT—strategic arms limitation 限制战略武器会谈
AIDS—acquired immune deficiency syndrome 获得性免疫缺陷综合征
NATO—North Atlantic Treaty Organization 北大西洋公约组织

以上这些词的发音形式为拼音发音。

(二)缩短词

缩短词指的是将字母比较多的复杂的词进行截取，使其易于记忆和阅读。缩短词的截取方式主要可以分为四种。

(1)缩短词的尾部，这是缩短词中最常见的一种。例如：

ad—advertisement 广告
auto—automobile 汽车
champ—champion 冠军
deb—debutante 初次登台的演员
dorm—dormitory 寝室
homo—homosexual 同性恋
lab—laboratory 实验室
lime—limousine 石灰

auto—automobile 汽车

telecom—telecommunication 电信

memo—memorandum 备忘录

vet—veterinary surgeon 兽医

(2)缩短词的首部,这种方法是将词的首部截短。例如:

bus—omnibus 公共汽车

chute—parachute 降落伞

copter—helicopter 直升机

dozer—bulldozer 推土机

plane—aeroplane 飞机

phone—telephone 电话

quake—earthquake 地震

scope—telescope 望远镜

phone—telephone 电话

(3)缩短词的首部和尾部。例如:

flu—influenza 流行性感冒

fridge—refrigerator 电冰箱

tec—detective 俚语,侦探

(4)缩短词中的非重读音节。这种方法比较少见。例如:

courtesy—courtsy 礼貌

Gloucester—Glouster 格洛斯特(地名)

第五章 句法学

英语语言学包括很多方面,语音学、词汇学、语义学、语用学等,句法学也是英语语言学的一个重要组成部分。句法学主要研究的是句子层面上的相关知识。语言学是对语言的分析研究,而句法学就是研究词、词组以及短语在形成句子时的法则以及句子内部的一些关系。句法学的研究对语言学的研究与发展具有深远影响。本章就从句法和句法学、句法规则与功能、句子关系与层级以及转换生成语法四个方面入手对英语句法学进行分析。

第一节 句法和句法学

句法是语法的一部分,其主要根据句子的固定用法来对表语、修饰语以及其他词的关系进行论述。句法主要研究词组和句子的内部结构以及句子成分、句子类型等。句法研究主要以词为基本单位。

句法学是语言学的主要分支之一,它同样属于语法学的一部分。1957年乔姆斯基(Noam Chomsky)的《句法结构》一书标志着句法学研究的开始。句法学主要研究的是句子的语法性和词序。

传统句法学研究者认为,句子只是由几个独立的词构成的一种线性结构(the linear structure of sentence)。句子的线性结构最直观的表现就是句子中各个词的排列顺序。例如:

The girl likes the beautiful flowers.

上面的例句存在三个要素,即 subject,verb,object。这三个要素表明了句子的线性结构。

结构语言学家认为句子的结构不应只停留在简单的线性结构上,其还存在一种层次结构(the hierarchical structure of sentence)。这种层次结构使得一个句子可以分为不同的更小的成分。例如:

(The girl)(likes the beautiful flowers.)

句子本身为一个成分单位,the girl 和 likes the beautiful flowers 各为句子中的一个小的成分。the girl 和 likes the beautiful flowers 是句子

"The girl likes the beautiful flowers."的直接成分(immediate constituents)。

直接成分是直接成分分析法中的一个重要概念。直接成分分析法(immediate constituents)由美国语言学家布龙菲尔德(Bloomfield)于1933提出,该分析法是句法研究的基础,也是人们理解复杂长句的基础。所谓直接成分,是将句子进行第一次分解后产生的成分,由最后一次分解而产生的句子成分则被称为"最终成分"(ultimate constituents)(王永祥,2007)。

直接成分分析法是对句子的结构进行分析的一个主要手段和方法,在句子成分分析中经常使用树形图,在树形图中需要将常用的语法单位用以下的表达呈现出来。

词类　　　　　　短语类
名词(N)　　　　名词短语(NP)
形容词(A)　　　形容词短语(AP)
动词(V)　　　　动词短语(VP)
介词(P)　　　　介词短语(PP)
限定词(Det)　　句子或小句(S)
副词(Adv)
连词(Conj)

(资料来源:胡壮麟,2007)

句子"The girl likes the boy."可以用树形图表示如下。[①]

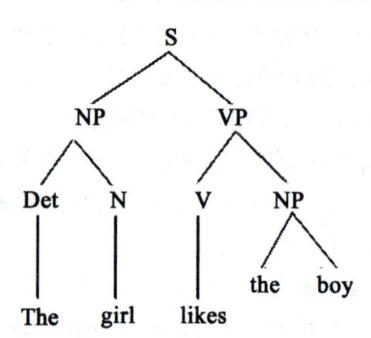

```
              S
            /   \
          NP     VP
         /  \   /  \
       Det   N  V   NP
                    / \
        The girl likes the boy
```

句法功能与规则、句法关系与层级、转换生成语法等都是句法学研究的重要内容,本章的后几节中会对这些内容进行详细分析,此处不再赘述。

[①] 吴俪旻.句法学主要研究目标的分析——句子线性及层次性结构.青年文学家,2013,(4)

第二节 句法功能与规则

一、句法功能

句法功能指处于同一句型中的语言形式与其他部分之间的关系。这里的"功能"指主语(subject)、宾语(object)、谓语(动)词(predicator)、修饰语(modifier)、补语(complement)等。下面就对一些基本的功能成分进行分析。

(一)主语

主语是句子叙述的主体,可以由名词、动名词、代词、数词、名词化的形容词、不定式和主语从句等来承担。

在英语中,句子的主语是动作的实施者,而宾语则是动作实施者施加动作的人或物。但是,这一说法也并不是绝对的。例如:

(1) A dog bit Jack.
(2) Mary slapped Jack.
(3) Jack underwent major heart surgery.
(4) Jack was bitten by a dog.

在以上四个例子中,例(1)、例(2)这两个句子中的主语为动作的实施者,而例(3)、例(4)中的主语却是动作的承受者。

像"动作的实施者"或"承受动作的人或物"这样的表达只能识别特定的语义角色,即施事者(agent)与受事者(patient)。但是,由以上四个例子可以得知,主语并不一定都是施事者,而受事者也并不一定都是宾语。在以上四个例子中,Jack 都是动作的承受者,但 Jack 一词在例(1)、例(2)中为宾语,在例(3)、例(4)中则为主语。

为了说明主语在被动句中的格,下面以例(4)为例,对另外两个句法学的术语,即"逻辑主语"(logical subject)和"语法主语"(grammatical subject)进行介绍。

逻辑主语是非谓语动词动作的执行者或承受者;逻辑主语与非谓语动词在逻辑上存在着主谓关系或动宾关系。逻辑主语不能直接作非谓语动词的主语。

被动语态中的核心宾语名词,如例(4)中的 Jack 占据了动词前面的空格,因此它被称为"语法主语"。在例(4)中,a dog 与非谓语动词 bitten 之间具有主谓关系,dog 是动作 bitten 的施动者。因此,a dog 在例(4)中属于逻辑主语。简言之,在例(4)中,Jack 是语法主语,a dog 是逻辑主语。因此,在语义上,例(4)中的核心主语仍然承担主语的一般职能,即实施动作。

传统上一般将主语定义为"句子所谈论的内容"。换言之,主语即话题。但是,这个定义只适用于部分话题,对于下面的这些特殊句子则不成立。例如:

(1)John is a very crafty fellow.

(2)(Jack is pretty reliable,but)John I don't trust.

(3)As for John,I wouldn't take his promises very seriously.

在例(1)中,John 为句子的主语,而在例(2)中,John 却是句子的宾语,在例(3)中 John 既不是宾语也不是主语。而这三个句子中的 John 都是句子的话题,由此可见,句子的话题不一定都是句子的语法主语,句子的主语不等同于动作的实施者以及句子的话题。

每一种语言的主语都有自己的特点,英语主语也不例外。下面就对英语主语的特点进行分析。

(1)替代形式。在英语中,当主语是代词时,英语中的第一人称代词和第三人称代词将以特殊形式出现;当代词出现在其他位置的时候,这种形式不被使用。例如:

I love him.

He loves me.

They threw stones at us.

We threw stones at them.

You,he and I are all students.

(2)词序。在英语陈述句中,主语通常出现在动词前面。例如:

Sally collects stamps.

He went to school yesterday.

We keep in touch with each other by writing letters.

I filled the room up with furniture.

His words sound reasonable.

(3)与动词的一致关系。在一般现在时中,如果第三人称主语是单数,那么动词后一般要加-s。但是,句中的宾语以及其他成分的数与人称对动词形式没有任何影响。例如:

She angers him.

She angers them.

They anger him.
They take after this old grandmother by turns.

(4)对内容提问。如果主语被疑问词(如 who 或 what)替换,则句子的其余部分仍保持不变;而如果句子的其他成分被疑问词替换,那么主语前面必然要出现情态动词。如果基本句中没有情态动词,那么应该在紧靠疑问词后插入 did,do 或 does。例如:

Tom stole/would steal Mrs. Smith's picture from the British Council.
Who steal/would steal Mrs. Smith's picture from the British Council?
What did Tom steal from the British Council?
What would Tom steal, if he had chance?
Where did Tom steal Mrs. Smith's picture from?

(5)反意疑问句。反意疑问句用来判断某一看法或者论述的正确与否,是对一种假定事实的论证。反意疑问句中总包含一个代词,该代词只能代指主语,不能代指句子中的其他成分。例如:

①Mary loves John, doesn't she?
②John loves Mary, doesn't he?
③John loves Mary, doesn't she?

在以上三个例子中,①②的反意疑问都含有指代主语的代词,属于符合语法规则的正确句子,但是③的说法是错误的。③中的代词指代的并不是句子中的主语,而是句中的宾语成分。

(二)谓语

谓语主要是对主语进行陈述的内容,谓语用于说明主语是什么样的或者对句子的成分进行说明。主语和谓语是英语句子的主要成分,也是最基本的成分,英语句子中一般都含有主语和谓语。谓语一般表达与主语有关的动作、过程和状态。例如:

The boy is running.
Peter broke the glass.
Jane must be mad!

在以上三个例子中,谓语部分分别表示了主语的动作、过程、状态。
在英语中,谓语的类型包括下面几种。
(1)包含一个不及物动词(Ⅳ)。例如:
He came.
My daughter cried.
(2)包含一个及物动词及其宾语(TV+O)。例如:

John likes me.

His aunt wrote letters.

(3)包含一个双宾动词、一个间接宾语和一个直接宾语(DV+IO+DO)。例如：

I bought John sugar.

We teach him Chinese.

(4)包含一个系动词及主语补语(LV+C)。例如：

She is a teacher.

He looks happy.

(5)包含一个宾补动词、宾语及宾语补语(FV+O+C)。例如：

They made him king.

He left the house dirty.

(三)宾语

宾语是动词的一种连带形式，英语中的宾语一般位于及物动词的后面，有时也可以位于介词的后面。传统上将主语定义为动作的实施者，因此人们普遍将宾语定义为动作的承受者或目标。宾语可由名词、动名词、代词、数词、名词化的形容词、不定式以及宾语从句等来担任。宾语可以进一步分为直接宾语(direct speech)和间接宾语(indirect speech)。例如：

I gave her the book.

在此例中，a book 是直接宾语，而 her 则是间接宾语。

在一些屈折语言中，宾语具有格标记，即宾格(accusative case)对应直接宾语，与格(dative case)对应间接宾语。在英语中，宾语通常是通过追踪其与词序的关系(动词和介词后)以及(代词的)屈折形式来确认的。例如：

Mother gave a doll to my sister.

Peter kicked me.

乔姆斯基和韩礼德(Chomsky & Halliday)等现代语言学家建议宾语应指的是在被动转换中称为"主语"的成分。例如：

Tom broke the glass. (The glass was broken by Tom.)

John saw Jane. (Jane was seen by John.)

有些句子中尽管包含名词性短语，但由于它们不能够转换为被动形式，因此它们不是宾语。例如：

The match lasted three hours.

He died last week.

(四)词类与功能之间的关系

词类与功能之间存在一种相互决定的关系,但是两者之间不存在对应关系。一个词类可以具有多种功能,如名词可以充当句子的主语、宾语、补语以及状语等成分。

(1)名词及其短语作主语。例如:

Great changes has taken place since then.

The boys are playing football.

Everyman has his fault.

(2)名词及其短语作宾语。例如:

The sniffer dog searched **the room** carefully.(直接宾语)

Please give **that man** some money.(间接宾语)

Tom likes to watch **children** play.(复合宾语中的宾语)

He found **the room** empty.(复合宾语中的宾语)

That place is worth **a visit**.(形容词宾语)

The teacher is in **the classroom**.(介词宾语)

(3)名词及其短语作补语。例如:

I consider it **a great honor**.(宾语补语)

Mr. Bob was made **section leader**.(主语补语)

(4)名词及其短语作同位语。例如:

Do you know anything about Byron **the poet**?

(5)名词及其短语作定语。例如:

There is a **stone** bridge over there.

(6)名词及其短语作状语。例如:

She didn't sleep **last night**.(时间状语)

The captain is **50 years** old.(程度状语)

词类与功能之间的关系还体现在一种功能可以由不同的词类来担当。例如,句子中的主语可以由不同词类,如名词、代词、数词以及不定式等来担当。例如:

Learning makes a good man better and ill man worse.(Proverb)(动名词作主语)

好人越学越好,坏人越学越坏。

What is learned in the cradle is carried to the grave.(从句作主语)

儿时所学,终生难忘。

Whoever trusts his own heart is a fool. Whoever walks in wisdom will survive.（从句作主语）

心中自是的，便是愚昧人。凭智慧行事的，必蒙拯救。

Home is the girl's prison and woman's workhouse.（George Bernard Shaw）（名词作主语）

家是姑娘的牢房，是女人的劳改所。

The only man who is really free is the one who can turn down an invitation to dinner without giving any excuse.（Jules Renard）（名词作主语）

唯一真正自由的人是能够拒绝宴会的邀请而不用找借口的人。

Liberty is the only thing you cannot have unless you give it to others.（William Arthur White）（名词作主语）

自由，你不给予别人，你自己也无法获得。

He who follows two hares is sure to catch neither.（Benjamin Franklin）（代词作主语）

追逐两只兔子的人一只也抓不住。

There were **three letters** and **one** was for you.（名词、数词作主语）

有三封信，一封是你的。

To get the right word in the right place is a rare achievement.（Mark Twain）（不定式短语作主语）

把恰当的词语放到恰当的位置就是成就。

二、句法规则

（一）主谓一致规则

所谓的主谓一致规则，指的是句子中的主语和谓语动词之间的一致关系。在英语句子中，谓语或者谓语的主要部分被称为"谓语动词"（predictive verb）。谓语动词具有人称和数的范畴，即在英语句子中一般用一定的形式反映主语的人称和数。在对主谓一致进行分析之前，首先对英语中的数和人称的概念进行分析。

数（number）属于语法范畴，是一个语法概念。数表示在语法范畴中词所表示的事物或现象的量的特征。数与英语名词具有密切的联系，英语中一般用名词、代词的词形变化区别单数与复数，或是单数、双数和复数（大于二的数）。

人称（person）表示句子的主语，包括的是说话者一方、听话者一方，还有其他事物。包括说话者一方的人称被称为"第一人称"（first person），包含听话者一方的称为"第二人称"(second person),而表示其他事物的统称为"第三人称"(third person)。

英语中的人称常与数的概念一起使用,英语动词的现在时具有第三人称单数的变化,即在词的后面加后缀-(e)s,动词 be 的现在时的单数有三种形式,即 am(第一人称单数),is(第三人称单数),are(第二人称单数或各人称的复数)。

在了解了英语数和人称的相关知识之后,就需要对英语中的主谓一致关系进行分析。陈述语气谓语动词用限定形式反映主语的数和人称,也就是谓语动词和主语的人称和数的一致。这就是所谓的主谓一致(subject-predicate consord)。英语中的主谓一致受到下面三个原则的制约。

(1)语法一致原则(principle of grammatical concord),即主语与谓语在语法形式上是一致的,对其实际意义一致与否没有规定。例如:

More than one **shop has** closed.

Many a **ship has** been wrecked on the rock.

对照句子的实际含义可知,上面的两个例子其实表达的并不是单数概念,如 more than one shop 表示的是"不只一艘船",many a ship 同样表示的是复数概念,因此从实际的表达而言,其数和谓语动词的形式并不一致。但是在上面的两个例子中,shop 和 ship 都为单数形式,其谓语动词都为 has。这在语法上来说符合语法主谓一致原则。

(2)意义一致原则(principle of notional concord),即主语和谓语在实际意义上一致,而不管其语法形式一致与否。该原则与上面的语法一致原则正好相反。例如:

My **family are** all early risers.

Our **class are** going to the cinema.

上面的两个例句中,句子的实际意义是复数概念,因此其谓语动词为复数形式的 are,这里的 my family 指的是 family 中的成员,因此其为复数概念,class 同样表示班级里学生,也应该是复数概念。

(3)近邻一致原则(principle of proximity),即主谓一致既不按照其实际意义,也不由语法决定,而是按照就近原则,也就是以相邻的词语为依据来判断主谓一致性。例如:

Neither I nor my **wife has** been there.

Either your eyesight or your **brakes are** at fault.

Either your brakes or your **eyesight is** at fault.

上面的三个例句中,主谓一致关系的决定是按照就近原则执行的,每句话中与谓语动词临近的句子为单数,其谓语就为单数;如果临近谓语动词的单词为复数,那么谓语动词就必须使用其复数形式。

这三条原则是普遍的英语主谓一致的总结和概括,但是并不是所有的句子都符合同一个原则。有时一个句子必须遵循某一原则;有时一个句子可以遵循不同的原则;有时一个句子遵循不同的原则所表示的意思不同,有时表示的意思却又相同。这些纷繁复杂的一致关系也是英语句法学的一个重点之一,同样也是难点之一。

英语主谓一致关系取决于主语,下面就对一些不同主语的主谓一致规则进行分析。

1. 集体名词作主语

集体名词作主语主要包括以下三种情况。

(1)有些集体名词,如 cattle,clergy,folk,livestock,people,personnel,police,poultry 等作主语时,谓语动词通常用复数。例如:

The police have caught him.

His cattle are grazing in the field.

Some folk are never satisfied.

(2)有些集体名词,如 luggage/baggage, clothing, crockery, cutlery, equipment, foliage, footwear, furniture, glassware, hardware, jewelry, machinery, merchandise, poetry, pottery, silverware, software, stationery, underwear, vegetation 等作主语时,谓语动词通常用单数。例如:

The foliage of the tree is very beautiful.

The merchandise has arrived undamaged.

How much machinery has been installed?

(3)大多数集体名词,如 audience, band, board, class, clique, committee, company, crew, crowd, enemy, family, flock, government, group, jury, party, profession, public, youth 等作主语时,其谓语单复数形式要取决于句子侧重表达的是哪一方面,如果侧重表示整体概念,那么谓语动词用单数;如果侧重指集体中的各个成员,那么谓语动词用复数。例如:

Brazil is the largest country in South America.

Brazil are playing Italy in a football match next week.

The audience was enormous.

The audience were enjoying every minute of it.

2. 并列词语作主语

(1)当 and 连接的两个名词为单数名词或者不可数名词时,主要有以下几种情况。

①当 and 连接的名词在意义上指一个整体的概念时,谓语动词用单数形式,且第二个名词前没有限定语。例如:

Peace and quiet is rare on the plain in spring.

春天的大草原上鲜有的宁静。

Whisky and soda is my favourate drink.

威士忌和苏打水是我非常喜爱的饮料。

The room and the whole house is full of really good stuff.

那个房间,甚至整幢房子里面都装满了实实在在的好东西。

The famous musician and singer was dead last year.

那位著名的音乐家、歌唱家去年去世了。

Bread and butter is a nutritious food for all of us.

面包夹奶油对我们每个人来说都是一种滋养食物。

All work and no play makes Jack a dull boy.

只会用功不玩耍,聪明孩子也变傻。

②当 and 连接的两个名词前有 each,every,no,either,neither,another 等修饰时,谓语动词必须使用单数形式。例如:

Every dog has his day.

谁都有得意的时候。

He was absent, but every other man and woman was present and contributed their shares.

只有他缺席,所有其他的男人和女人都到了并贡献了一份他们自己的力量。

Each book and magazine was in its proper place.

每一本书和杂志都放得井井有条。

No desk and chair was seen in the room.

房间里不见桌椅。

③由 both…and 连接的两个名词一般表示两个人或物,因此谓语动词为复数形式。例如:

Both you and I are pleased.

你和我都很高兴。

(2)由 either…or,neither…nor,not…only,but…also,not…but 等连接的词语作主语时,一般按照就近原则使谓语动词与相临近的名词的单复数保持一致。例如:

No plates or food was ready when the invited guests arrived.

当邀请的客人到的时候,盘子或食物都还没有准备好。

You or Smith is welcome, but not the others.

受到欢迎的是你或史密斯,而不是其他人。

Were you or he on duty?

你值班还是他值班?

Not John nor Harold nor Allen works there.

约翰、哈罗德和艾伦都不在那里工作。

Not only money but (also) three valuable paintings were stolen.

被盗的不仅是钱,还有三幅珍贵的绘画。

Not (only) one but all of us were invited.

受到邀请的不只是我们当中的一个人,而是我们全体。

Not the students but I was wrong.

不是学生们错了,而是我错了。

Neither the quality nor the prices have changed.

质量和价格都不曾有变化。

Neither the prices nor the quality has changed.

价格和质量都不曾有变化。

Doesn't he or you like this book?

难道说他或者你不喜欢这本书吗?

Not only the playwright but also the actors like the comedy.

不仅剧作家而且演员都喜欢这部喜剧。

(3)当主语和谓语动词由 as well as(也,又),along with(连同……一起,随同……一起),together with(和,加之),rather than(而不是,胜于),with(有,同),without(没有,不),no less than(正如),besides(除……之外),inclusive of(包括),like(像),except(除……以外),but(除……以外)等连接时,谓语动词应与这些插入语之前的名词的数保持一致。例如:

Man, no less than the lower forms of life, is a product of evolutionary process.

同生命的低级形式一样,人类是进化过程的产物。

It is due to your presence that the garden looks so beautiful and the ground is filled with the tinges of spring! Teacher, just open the window and look out, the beauty of spring as well as the students in the garden is extending a salute to you.

有了您,花园才这般美丽,大地才充满春意!老师,快推开窗子瞧,这满园春色,这满园桃李,都在向您敬礼!

The captain, as much as the other players, was tired.

队长和其他运动员一样感到疲劳。

Intelligence also in addition to gene, depends on an adequate diet, a good education and a decent home environment.

除了遗传基因外,智力的高低还取决于良好的营养,良好的教育和良好的家庭环境。

3. 不定式作主语

不定式作主语时,根据具体情况的不同,其主谓一致的情况也不相同。下面就对几种比较常见的不定式作主语的主谓一致情况进行分析。

(1) anyone, anybody, anything, everything, everyone, everybody, someone, somebody, nobody, nothing 以及 another, each (of), one 等作主语时,谓语动词用单数。例如:

Someone has parked his/their car right in front of mine.

有人把自己的汽车正好停在我的车前面。

No one has phoned me this morning, have they?

今天上午没有人给我打电话,是不是?

Each has his/their own room.

每个人都有自己的房间。

(2) some (of), any (of), all (of), half (of), more (of), most (of)等作主语时,可表示复数概念,也可以表示不可数概念,因此谓语动词分别为复数和单数形式。例如:

Some of the milk has turned sour.

有些牛奶已经变酸了。

Give me some if there is/are any.

如果有,就给我一些。

All (of the money) is spent.

(这些钱)全都花了。

Half (of them) are here.

(他们当中)有一半人在这里。

Many people support it, but (many) more are against it.

许多人支持它,但是更多的人反对它。

Everyone is going to vote, but most have not yet decided whom to vote for.

每个人都准备投票,但是大多数人还没决定投票支持谁。

Most of her arguments were founded on facts.
她的大部分论点是以事实为基础的。
The most I can do is to offer my help.
我能做的至多是提供我的帮助。

(3)当 many (of),(a) few (of),several (of)和 both (of)等作主语时,谓语动词用复数形式。例如:

The apples have been stored so badly that many (of them) have rotted.
这些苹果保存得很糟糕,以致许多已经腐烂了。
Few (of my friends) underetand his complicated theories.
(我的朋友中)很少有人懂得他的复杂的理论。
Both (of them) are doctors.
(他们)俩人都是医生。

(4)much (of)和(a) little (of)作主语时,谓语动词用单数。例如:
Much of the land was flooded.
许多土地遭了水灾。
There is little to be done about it.
对此几乎无能为力。

(5)none…of 作主语时,如果其指的是不可数名词,那么其谓语动词为单数形式;如果其表示的为复数名词,那么其谓语动词为复数形式。例如:
None of the money was recovered.
这笔钱一点也没有追回。
None of these appeal to me.
这些都不能引起我的兴趣。

4. 数词作主语

数词作主语时,谓语通常用单数。例如:
203 is a large number.
203 是一个大数字。
Nine is the square of three.
9 是 3 的平方。
当英语中的基数词表示两个或者两个以上的人或物时,谓语动词用复数。例如:
There are only three in the room.
屋子里只有三个。
Six were absent this afternoon.

今天下午有 6 个人缺席。

基数词的算术式作主语时,谓语动词有时用单数,有时用复数。例如:
Two fours are eight.
2 乘以 4 等于 8。
Nine divided by three/Three into nine is three.
9 除以 3 等于 3。

分数和百分数作主语时,其谓语的单复数形式由其表达的单复数概念而定。例如:
Three quarters (of the water here) has been polluted.
(这里的水)已经有四分之三被污染了。

(二)递归性规则

递归主要指将一个短语成分嵌入到另一个与之相匹配的相同范畴的成分中。递归性规则包含了多个句子关系,连接和嵌入(conjoining and embedding)现象、主从和并联(hypotactic and paratactic)现象等,这些规则都是句子扩展的方法。从理论上来讲,只要不影响正常的交际,不影响人们对句子的正常理解,英语句子可以无限制地扩展,即便是名词性小句和副词性小句也是如此,这就是句子的递归性规则。例如:

I met a man who had a son whose wife sold cookies that she had baked in her kitchen that was fully equipped with electrical appliances that were new.

句子的开放性和递归性使语言创造成为可能,这是句子创造的灵魂。例如:

(1) Mike's brother
Mike's brother's wife
Mike's brother's wife's uncle
Mike's brother's wife's uncle's daughter, etc.
(2) that house in Hangzhou
the garden of that house in Hangzhou
the tree in the garden of that house in Hangzhou
a bird on the tree in the garden of that house in Beijing

下面重点分析连接和嵌入现象。

1. 连接

连接指将一个句子与其他的句子进行连接的过程。利用这种方法构成的句子为并列句。连接这样的句子多用 and,but 和 or。例如：
　　Give me liberty or give me death.
　　John bought a hat and his wife bought a handbag.

　　2.嵌入

　　嵌入指的是将小句包含到另外一个句子中,此时所嵌入的小句在句子中只是从属部分。小句可以是独立的,也可以是非独立的。当将一个独立性小句嵌入到另一个句子中时,也就是对两个句子的结合。以嵌入的规则所形成的从句一般包括三种,即宾语从句、关系从句和状语从句。例如：
　　I wonder whether(if) they will come to our party.（宾语从句）
　　I saw the man who had visited you last year.（关系从句）
　　If you listened to me,you wouldn't make mistakes.（状语从句）

第三节　句子关系与层级

一、句子关系

　　句子关系可以分为三种,即替代关系(relations of substitutability)、位置关系(positional relations)和同现关系(relations of co-occurrence)。其中,位置关系是显性关系,它同句子的词序一样可以直接观察到。而另外两种关系则是隐性关系,单纯观察句子是不能发现其规律的。想要找出这些隐性的句法关系必须要对一系列的句子进行对比。下面就对这三种句子关系进行分析。

(一)替代关系

　　替换关系是指在同一语法位置上可以相互替换的词或词组之间的关系,这也称为"纵聚合关系"。一方面,这种替换关系表示在语法上可以在相同结构句子中相互替换的词类或词语的集合。例如：
　　The _____ smiles.
　　man
　　boy
　　girl
　　另一方面,替代关系还可以表示在语法上特定集合中的单个语词可以由多个词构成的词组来代替。例如：

$$\text{The} \begin{cases} \text{strong man} \\ \text{tallest boy smiles.} \\ \text{pretty girl} \end{cases}$$

$$\text{He went there} \begin{cases} \text{yesterday.} \\ \text{last week.} \\ \text{the day before.} \end{cases}$$

在以上三个例子中，可以替换第一个例子中的几个名词、第二个例子中的几个名词词组以及第三个例子中的状语部分。这三种替换关系就是索绪尔(Saussure)所说的"联想关系"(association relations)，也可以称其为"纵向关系"(vertical relations)或"选择关系"(choice relations)。

(二)同现关系

同现关系是指属于不同的词类的词可以或者需要另一类词类的词的出现来构成句子或者句子中的某一个成分。例如，名词短语前面可以有一个限定词(determiner)或形容词来作为修饰语，而名词短语后面则可以跟一个动词短语。例如：

（前置）	名词短语	（后跟）
$\begin{cases} \text{A pretty} \\ \text{The tallest} \\ \text{The African} \end{cases}$	girl boy man	$\begin{cases} \text{smiles} \\ \text{sings} \\ \text{cries} \\ \text{breathes} \\ \dots \end{cases}$

由此可见，前置修饰语与后跟的动词短语之间属于纵聚合关系，而名词短语与它们两者之间的关系则为横组合关系。

(三)位置关系

语言要实现交际功能，就必须标记出分句中各个短语的语法作用。例如，在"The boy kicked the ball."这句话中就需要用一种方法来标明第一个名词短语作主语(subject)，而第二个名词短语则作间接宾语(indirect object)。在人类语言中，位置关系(即词序)、词缀法是传达该信息的最常见的两种方法。

位置关系是指词或词组构成句子时的顺序安排。这种关系又称"词序"或"横组合关系"。如果不按照语言常规要求以一定的词序将词语组成句子，就会产生不合语法或者是没有任何意义的句子。例如：

词汇 old,wolf,killed,man,the,an/a 的可能组合形式有以下几种。
The old man killed a wolf.
A man killed the old wolf.
A wolf killed an old man.
The man killed an old wolf.
The old wolf killed the man.
An old wolf killed the man.

以上的这些句子虽然表达的意思有所不同,但是其在语法以及逻辑关系上是完全成立的,这些句子是正确的英语句子,但是如果将上面的单词按照下面的顺序进行排列则是不合乎语法规则的,在逻辑上是不成立的。例如:

Old killed man wolf the a
A the old man wolf killed
Man old wolf a killed the
Killed a man old wolf

这些句子只不过是单词的简单堆砌,并没有任何句法规则,因此其不属于英语句子的范畴。不合乎句法规则的词汇的排列就不是句子。

另外,即使是词数相当、词形相同并且符合语法规范的两个句子,由于位置关系不同,其意义也会存在很大的差异,甚至出现意义相反的情况。例如:

The teacher saw the students.
The students saw the teacher.

二、句子层级

(一) 短语

短语(phrase)一般是由一个或多个词构成的单一成分结构。短语没有主谓结构,其在结构等级中位于小句和词之间。短语一般围绕一个中心词(head word)展开,中心词指在短语中起句法作用,并受其他词修饰的词。短语的类别取决于中心词的词性。根据中心词词性的不同可以将英语短语分为名词短语、限定动词短语、形容词短语、副词短语以及介词短语。下面对这几种短语进行详细介绍。

(1)名词短语(noun phrase)一般以名词为中心,名词短语可以作句子的主语、补语、定语等成分。例如:

Jack has become **a teacher**.（主语补语）
杰克成了一名教师。
They missed **the start of the movie**.（动词宾语）
他们错过了这部电影的开头部分。
Apple is a kind of fruit.（主语）
苹果是一种水果。

（2）限定动词短语（finite verb phrase）指中心词为有人称和数的变化的动词的短语。例如：

They **have known each other for many years**.
他们相识多年了。

（3）形容词短语（adjective phrase）的中心词为形容词，形容词短语往往在句子中作定语或者补语。例如：

This is a question **too difficult to answer**.（后置定语）
这个问题太难回答。
The police found the safe **empty**.（宾语补语）
警察发现这个保险柜空了。

（4）副词短语（adverb phrase）指的是以副词为中心的短语。副词短语可以修饰很多成分，如句子、介词短语、动词短语等。例如：

The situation was **extremely** delicate then.（修饰形容词）
当前的形势非常微妙。
Luckily, he was in when I called.（修饰全句）
幸运的是，我打电话时他不在家。

（5）介词短语（prepositoinal phrase）一般由介词和介词宾语构成。介词短语在句中可以作定语、状语、补语等。例如：

The cat **under the table** is one of my uncle's.（定语）
桌子下面那只猫是我叔叔的。
In spite of the her handicap, the girl did well at school.（状语）
那个姑娘虽然有残疾，但是学习成绩优秀。

（二）分句

分句（clause）一般由一个或者一个以上的短语构成，包括一个主谓结构。根据分句的不同用法可以将其分为独立分句（independent clause）和非独立分句（dependent clause）。下面对这两种分句进行分析。

（1）独立分句可以单独使用，其本身可以构成一个简单句的分句。独立分句可以分为三类：简单句、并列句中的分句以及复合句中的主句。

(2)非独立分句不可以作为独立成分使用,只能从属于其他分句。也就是通常意义上所说的从属分句,即从句(subordinate clause)。从句可以分为名词性从句、定语从句以及状语从句。

下面通过几个具体的实例来对分句的概念进行区分。

(1)**Mary liked dancing.**

玛丽喜欢跳舞。

(2)**Mary liked dancing** but I liked singing.

玛丽喜欢跳舞,但是我喜欢唱歌。

(3)**Mary liked dancing** when she was young.

玛丽年轻时喜欢跳舞。

(4)I often attended a concert **because I liked singing.**

我经常参加音乐会,因为我喜欢歌唱。

上面的例子中,句(1)为独立分句,也就是简单句。句(2)中的 Mary liked dancing 是并列句中的独立分句。句(3)中的 Mary liked dancing 表示的是复合句中主句的独立分句。而句(4)中的 because I liked singing 是状语从句中的非独立分句。

(三)句子

传统意义上认为,句子(sentence)是表达完整意义的最小语言单位。布龙菲尔德(Bloomfield)为句子下的定义为"在语法结构上不会被包含在任何较大的语言形式里"的成分。[①]

句子可以按照不同的标准进行分类。传统上使用二分法来为句子分类,如图 5-1 所示。

```
         ┌─ 简单句simple
句子 ─┤                      ┌─ 复杂句complex
         └─ 非简单句non-simple ─┤
                                └─ 复合句compound
```

图 5-1 句子结构分类

按照思想表达的方式以及目的的不同,可以将句子分为陈述句、疑问句、祈使句和感叹句四种类型。下面就对这几种句子类型进行简单介绍。

(1)陈述句。陈述句一般用于对某一事实的陈述。例如:

---

① 胡壮麟.语言学教程.北京:北京大学出版社,2007

The best sauce in the world is hunger.
世界上最好的调料是饥饿。
The sun rises in the east and sets in the west.
日出于东落于西。
(2)疑问句。疑问句主要用于提出问题。例如：
Why did you reject the offer of help from the young man?
你为什么拒绝该年轻人提供的帮助？
(3)祈使句。祈使句一般用于表达一些命令或者提出要求。例如：
Please close the door.
请把门关上。
Don't drop cigarette cash on the carpet.
不要把烟灰掉在地毯上。
(4)感叹句。感叹句一般用于强烈的感情变化。例如：
How beautiful it is.
那么美丽呀！
What a pity you can't come with us.
你不能和我们一起来，太遗憾了。
除此之外，夸克等人(Quirk,et al,1972)还根据句子成分的语法功能介绍了七种不同类型的句子。

(1)SVC 型：Tom is strong/a woker.
(2)SVA 型：Tom is here/in the classroom.
(3)SV 型：The water is running.
(4)SVO 型：Somebody find the dog.
(5)SVOC 型：We have elected him monitor.
(6)SVOA 型：I put the book on the bookshelf.
(7)SVOO 型：He gives me beautiful flowers.

第四节　转换生成语法

转换生成语法(transformational-generative grammar，简称 TG-grammar)由美国语言学家诺姆·乔姆斯基于 20 世纪 50 年代中期提出。转换生成语法由句法部分(synatic component)、语音部分(phonological component)以及语义部分(semantic component)三部分的规则构成。

句法部分主要由基础部分(the base)和转换规则(tansformational

rules)两部分构成。其中的基础部分包括短语结构规则(phrase structure rules,简称 PS-rules)和一个词汇库(lexicon)。基础部分与转换规则之间存在非常密切的联系,如图 5-2 所示。

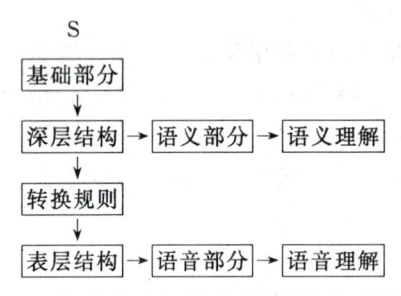

```
           S
     ┌─────────┐
     │ 基础部分 │
     └─────────┘
          ↓
     ┌─────────┐    ┌─────────┐    ┌─────────┐
     │ 深层结构 │ → │ 语义部分 │ → │ 语义理解 │
     └─────────┘    └─────────┘    └─────────┘
          ↓
     ┌─────────┐
     │ 转换规则 │
     └─────────┘
          ↓
     ┌─────────┐    ┌─────────┐    ┌─────────┐
     │ 表层结构 │ → │ 语音部分 │ → │ 语音理解 │
     └─────────┘    └─────────┘    └─────────┘
```

图 5-2　基础部分与转换规则的关系图

由上图可知,深层结构(deep structure)由基础部分形成,而后深层结构通过转换规则改变成表层结构(surface structure)。语音部分则把抽象的表层结构转换成实际上所说的语音。下面就对基础部分中的短语结构规则和转换规则进行分析。

一、短语结构规则

短语结构规则是对构成短语成分的排列顺序进行调节的特殊类型的语法机制。[①] 但是在介绍短语结构规则之前,需要对短语成分等相关概念进行介绍,因为只有深入了解这些概念才可以正确理解短语结构规则。

(一)短语成分

短语的主要构成部分除了中心词之外,还包括标志语、补充语、修饰语。下面就对这几个概念进行详细分析。

1. 标志语

标志语(specifiers)具有特定的语义以及句法功能。在语义上,标志语可以使中心词更加突出鲜明,标志语使中心词的意义更加准确。在句法上,它们是短语的界限。英语中的标志语一般在中心词的左边,属于短语的顶层结构。

标志语包括限定词、修饰词以及程度词等。而不同的中心词决定了所

---

① 牟杨.新编简明英语语言学教程学习指南.成都:西南交通大学出版社,2009

使用标志词的不同,因此标志语的句法范畴会随着中心词范畴的不同而不同。中心词为名词时,标志语为限定词;而中心词为动词时,标志语为修饰词;中心词为形容词或者介词时,标志语为程度词,如表 5-1 所示。

表 5-1　中心词与标志词构成的短语示例表

标志词	中心词	短语例子
限定词	N	the book, this tree, no fish
修饰词	V	always fail, never surrender, often drink
程度词	A	less interesting, quite good, very sensitive
	P	almost in, quite above

(资料来源:牟杨,2012)

2. 补充语

补充语(complements)本身就是短语,补充语一般对某一成分起补充说明的作用。补充语的位置一般在中心词的右边。例如:

a story **about a sentimental girl**

不同的动词的补语不同。有的动词不需要带补语,如 occur;而 cut 则需要带名词短语补语;有的中心词,如 put 可以接多个补语。

除此之外,英语中的句子也可以作补语。例如:

Miss Hebert believes that **she will win.**

句子中的 she will win 是英语动词 believes 的补语,该句子本身为一个句子,但却不可独立使用,只是起补语作用。该句子中的 that 是引导句子补语的词,被称为"补语化成分"(complementizers,简称 Cs),由 that 引导的句子称为"补语从句"(complement clause),而 she will win 则称为"补语短语"(complement phrase,简称 CP)。补语包含一个动词,且每个动词都可以包含一个 CP 补语,所以英语句子中的分句的数量是无限的。并不是所有的动词都可以带 CP 补语,名词和介词也可以带 CP 补语,如表 5-2 所示。

表 5-2　带 CP 补语的形容词、名词和介词示例表

项目	中心词	例子
名词	belief, fact, claim	She can't believe the fact that she would fail in the exam.
介词	about, over	They argued over whether she had come to the meeting.
形容词	afraid, aware, certain	He was afraid that nobody would believe him.

(资料来源:牟杨,2009)

3. 修饰语

修饰语（modifiers）表示的是中心词的特征。中心词不同，其修饰语的位置也存在一定差别。名词修饰语一般放在中心词的前面，如 a very beautiful flower。介词修饰语多位于修饰语的后面，如 open with care。副词修饰语的位置相对比较固定，可以在中心词的前面，也可以在中心词的后面，如 read carefully 或 carefully read。

（二）XP 规则

短语结构规则（phrase structure rule）主要对短语的构成成分进行调节。构成 NP，VP，AP 以及 PP 的结构短语结构规则可以表示如下。

NP→(*deg.*)N(PP)…
VP→(*qual.*)V(NP)…
AP→(*deg.*)A(PP)…
PP→(*deg.*)P(PP)…

以上的箭头（→）表示"分为"或者"包括"，括号（( )）表示其内部成分不是必须成分，可以省略。省略号（…）表示其后面可以附加其他补语成分。

根据上面对于不同短语结构规则的总结，可以将其共性抽象出来形成 XP 规则，如图 5-3 所示。

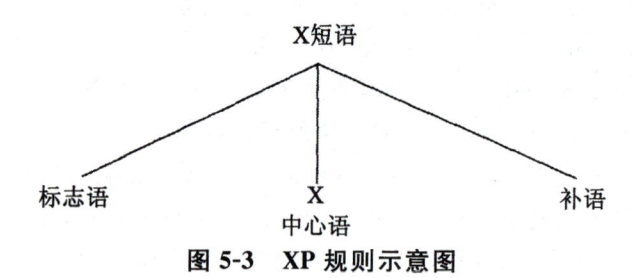

图 5-3　XP 规则示意图

该图中的 X 代表中心词 N，V，P 或 A。XP 规则可以总结为：

XP→(标志语)X(补语)

但是，根据上面对于标志语、修饰语以及补充语的分析，有的中心词可以带多个补语，且根据中心词的不同，修饰语的位置也不同。由以上两点可以将 XP 规则完善为：

[XP→(标志语)X(补语＊)(修饰语)]

其中的补语后面的星号（＊）表示可以出现一个或者多个类似的补语成分。在 XP 规则中，修饰语可以在中心词之前，也可以在中心词之后，当出现补语时，中心词后面的修饰语一般位于补语后面。

二、转换规则

短语结构规则对短语的扩展及其变化进行了解释,但是其无法表达英语句子中的一般疑问句、特殊疑问句以及被动语态中的句法移位现象。转换规则主要用于句子的分析。在了解转换规则之前,首先对句子规则(sentence rule,简称 S rule)进行分析。

S 规则可以总结为:

S→NP VP

许多语言学者认为句子和短语结构一样具有自己的中心词,在句子结构中将中心词用一个表示抽象的范畴屈折变化(缩写形式为 Infl)表示。在句子结构中,标志语由 NP 担任,而补语则由 VP 担任,如图 5-4 所示。

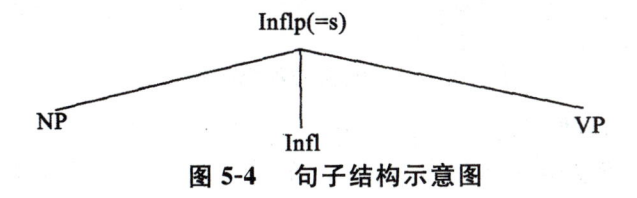

图 5-4　句子结构示意图

根据以上的句子结构可以对一个句子进行成分分析,如图 5-5 所示。

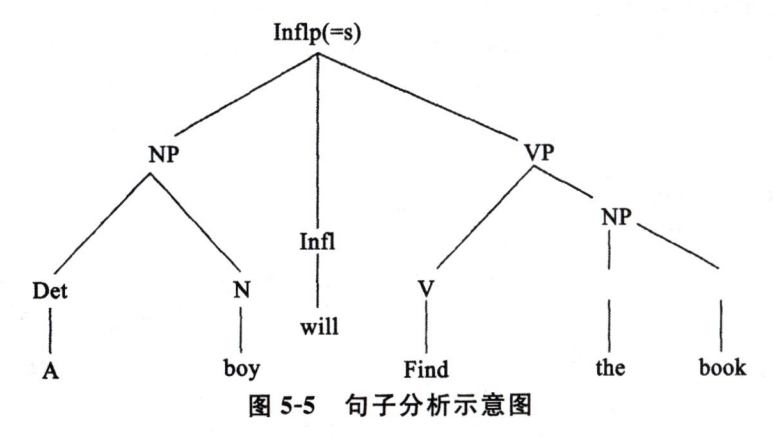

图 5-5　句子分析示意图

上面的句子结构中,Infl 一般处于 NP 和 VP 的中间。想要用该结构表示疑问句以及被动语态等,必须引入一个新的概念——转换(transformations)。最常见的转换可以分为以下几种。

(一)助动词移位

助动词移位(auxiliary movement)主要依靠"倒置"(inversion)来实现。

语言学认为,任何一个句子都存在于一个更大的 CP 结构中,倒置一般是将句子中的 Infl 移动到 NP 前面 C 的位置。因此,倒置可以总结为:将 Infl 移动到 C,如图 5-6 所示。

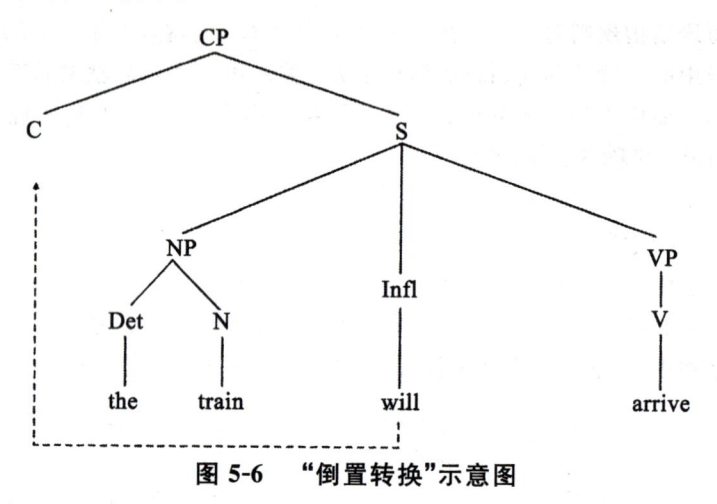

图 5-6 "倒置转换"示意图

英语中的转换只能改变句子中成分的位置,不会影响句子中各成分的作用。因此,Infl(will)虽然移动到了 C 的位置,但是其仍然保留了 Infl 的标记。其原来的位置在树形图中依然存在,只不过以符号 e(空)来标记,此标记被称为"语迹"(trace)。除此之外,因为被移动的成分来源于中心词的位置,该移动过程也可称为"中心词移位"(head movement),如图 5-7 所示。

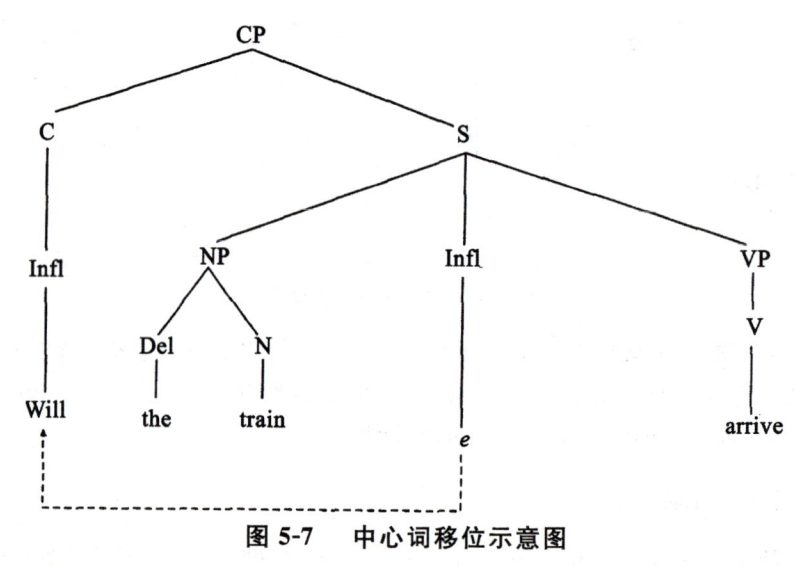

图 5-7 中心词移位示意图

（二）Do 插入

并非所有的句子中都有明显的 Infl 成分，不含有 Infl 成分的句子在发生转换时需要在句子中的 Infl 的位置插入一个特殊助动词 do（此时的 do 可以无 did, does 等成分）。插入 do 之后则可以将 do 转换到句子中的 C 的位置。其过程如图 5-8,5-9,5-10 所示。

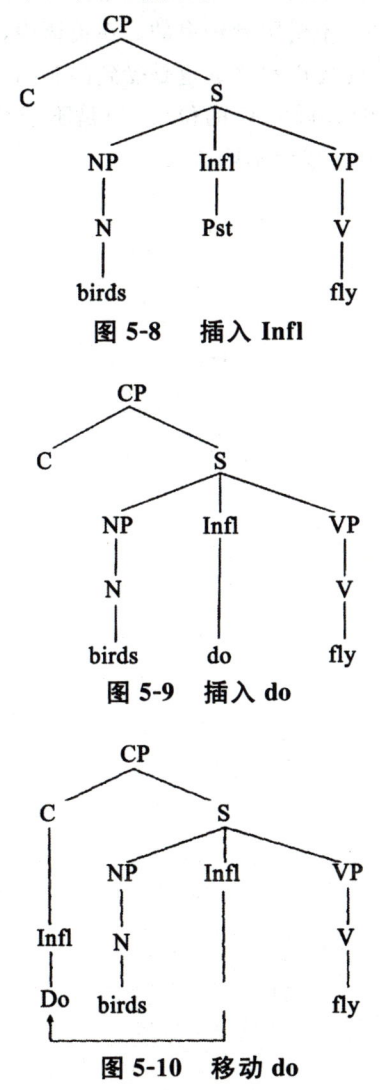

```
        CP
       /  \
      C    S
          /|\
        NP Infl VP
        |   |   |
        N  Pst  V
        |       |
      birds    fly
```
图 5-8　插入 Infl

```
        CP
       /  \
      C    S
          /|\
        NP Infl VP
        |   |   |
        N   do  V
        |       |
      birds    fly
```
图 5-9　插入 do

```
          CP
         /  \
        C    S
        |   /|\
       Infl NP Infl VP
        |   |   |   |
        Do  N       V
            |       |
          birds    fly
```
图 5-10　移动 do

（三）What 移位

What 移位可以简称为"Wh movement"，以 wh-构成的特殊疑问句具

— 125 —

有一定的深层结构。例如：

What languages can you speak?

该话的实际意义为："You can speak what language."

这种实际意义的表达也就是该句子的深层结构。特殊疑问句就是在其深层结构基础上通过 Wh 的移位得来的。What 移位主要是将句子中的 wh 短语移动到由句子构成的 CP 的 C 的位置上。

移位并不是任意的，不受限制约束的。在英语中，只有特定的范畴才可能移位，且成分在移位时可以移多远也是受到限制的。例如，倒置可以将助词从 Infl 的位置移动到最近的 C 的位置，但是不能移动到较远的 C 的位置。并列结构中的某一个成分不能移出。

第六章 语义学

语义学是对意义进行研究的一门学科,是语言学的一个重要分支。研究语言学,必然少不了对语义与语义学进行分析和探究。本章我们就从多个方面对语义学的相关知识进行探讨,具体内容涉及语义和语义学的概念、语义特征、语义关系以及语义异常。

第一节 语义和语义学

一、语义

(一)语义的定义

语义作为语言的意义内容,是客观事物现象在人们头脑中的反映。换言之,语义是人们对客观事物现象的认识。这种认识用语言形式表现出来,就是语义。因此,语义与客观世界、主观世界、语言世界的关系十分密切。语义与语音形式结合起来就构成语言单位。

(二)语义的分类

语义是语言系统中最复杂的要素。关于语义分类的说法众说纷纭,莫衷一是。下面列举一些比较有代表性的观点。

格赖斯(Grice)(1969)曾从语言使用的角度把语言的意义分成固定意义(timeless meaning)、应用固定意义(applied timeless meaning)、情景意义(occasion meaning)和说话者的情景意义(utterer's occasion meaning)。

凯特(Kittay,1987)基于格赖斯使用意义的分类,把句子的意义分为两类:第一性意义(first-order meaning)与第二性意义(second-order meaning)。

利奇(Leech)(1974)把语义分成七大类:概念意义(conceptual meaning)、联想意义(associated meaning)、社会意义(social meaning)、感情意义

(emotive meaning)、反映意义（reflected meaning）、搭配意义（collocative meaning）以及主题意义（thematic meaning）。

可见，不同学者对语义的分类有所不同。概括起来，语义可分为词汇意义、语法意义和修辞意义三类。下面分别对其进行分析。

1. 词汇意义

词汇意义是指语言单位的理性意义，是词义的核心。词汇意义较为具体，这主要是因为它与从客观事物或现象的特征中概括出来的概念基本对应。词汇意义的特点可归纳为以下几点。

（1）客观性

词汇意义是客观现实通过语音形式在人脑中的概括反映。[①] 它们之间的关系如图 6-1 所示。

图 6-1　语义、语音、客体之间的关系

（资料来源：王德春，2011）

词是音义结合的语言单位，其语音形式表达一定的语义内容。该语义内容是一定客体在人脑中的概括反映。一种语音形式与一定的客体联系是任意的，但总地来说，很多语言单位的产生都具有理据性。无论联系是任意的还是有理据的，都只有在交际中约定俗成，才能使语言变为现实。词汇意义形成以客体为基础，因此每个词都具有社会公认的客观意义。词汇意义具有客观性，这一特征是保证社会交际的重要条件。

（2）概括性

词汇意义是对客观现实抽象的、概括的反映，一个词汇意义对一类客体进行概括。词汇意义的概括性使得人们能够用有限的词语来称呼和表达世界上无穷无尽的事物，以实现交际目的。例如，汽车这一词语的概念是"以内燃机为动力，有方向盘，配有橡胶轮胎，由人驾驶，能够载人或载物，在路面上行驶的交通工具"，人们用这个词语指各种各样的汽车，遥控车、玩具车也包括在内。

---

① 王德春.普通语言学.上海：上海教育出版社，2011

(3)相关性

词汇意义的相关性指的是一个词总处于同其他词的相互关系中。词义既是对现实的客观反映,也可对现实做出切分,即人给现实各部分取名称。因此,一个词的词汇意义与同词汇意义体系中其他词的存在关系密切。

(4)民族性

选用什么样的词汇来表达某一概念因国家、民族、地域的不同而不同,这就使得词义具有民族性的特征。也就是说,一个民族的风俗习惯、礼貌规范、社会条件、宗教信仰以及价值观点,都会在词汇中得到反映。就词的基本意义而言,各民族对其理解是一样的。但是附着在词义上的民族性则是经过这个民族对概念的筛选后形成的,通常是一个民族所特有的。例如,bamboo 在英语中,通常只是一个植物的名称,并没有特殊的民族文化语义。而在汉语中,"竹子"则具有丰富的民族文化语义,中国人偏爱竹子,往往用竹子来喻人,是坚定、正直性格的象征。因此,与竹子相关的词语多是褒义,如势如破竹、雨后春笋、胸有成竹等。

(5)模糊性

词汇意义既有较为精确的,也有比较模糊的。模糊性指语言所指范围的边界是不确定的,具体而言,是符号使用者所感到的使用的某个符号同他所指的一个或一个以上对象之间关系的不确定性(王德春,2011)。语义模糊性是言语交际的需要,具有十分重要的作用,具体体现为以下两点。

(1)使人们在交际中的表达更加含蓄,利于良好社会关系的保持,从而促进交际目的的顺利实现。

(2)利于提高语言表达的效果及灵活性。

2.语法意义

语法意义以词汇意义为基础,指的是一整类语言所具有的抽象的关系意义。通常,语法意义可分为如下三类。

(1)语法单位意义,主要是范畴意义,如性、数、格、人称、时态等,且具有抽象性与封闭性特征,如"数"的范畴可概括为"单数、双数、复数";"性"的范畴可概括为"阳性、阴性、中性"等。

(2)语法功能意义,主要指句子成分意义与关系意义。通常,可根据句子成分所担任的功能对句子成分进行分类。例如:

The workman will widen the road.

The road widens here.

在上述两个例句中,widen 都作谓语,但在第一句中 widen 是及物动词,后可带宾语;而在第二个句子中,widen 则是不及物动词,后面不能带宾语。

(3)句法结构意义,主要指句型意义与词组结构的关系意义等。

3.修辞意义

修辞意义是语言表达中因特定的语境而赋予词语的临时意义,是语言单位的主观感情意义,如表情色彩、语体色彩和联想色彩等。[1] 表情色彩指说话者对所谈对象的主观感情评价和态度;语体色彩指语言单位的环境色彩,旨在实现不同的交际需要;联想色彩是从词汇意义中或通过语音中介联想而产生的。

修辞意义既表现在语言单位修辞分化,又表现为语言环境中形成的语境意义,其中语境意义又可分为两种,即上下文意义和社会文化意义。

二、语义学

(一)语义学的概念与分支

语义学是研究语言的意义的学科。它主要涉及对语义的各种性质、类型、语义关系、语义的结构和功能以及语义的形成和演变等的研究。20世纪50年代,语义学成为一门相对独立的学科。在现代语言学中,语义学与语法学、语音学一起构成三大分支学科。此外,在语义学内部,也形成了诸如结构语义学、生成语义学、功能语义学、解释语义学等一些理论流派。

作为交叉性学科的广义语义学主要包括如下三大分支。[2]

(1)语言学的语义学,即狭义语义学,主要研究语言的语义系统、语义的聚合关系和组合关系以及语义变化。

(2)哲学的语义学,即语义哲学,主要研究语义的意义是什么,研究语义的真实性问题。

(3)逻辑学的语义学,即逻辑语义学,主要研究语义的真值条件,研究怎样从基本命题的真假推导出复杂命题的真假。

这三大分支之间并不是孤立存在的,而是相互影响、相互渗透的,且三者之间的界限并不十分明确。

作为语言学分支的语义学,大体上可以分为两大分支,即语汇语义学和句法语义学。语汇语义学主要研究语汇单位的语义问题,研究词语的语义

---

[1] 王德春.普通语言学.上海:上海教育出版社,2011

[2] 白雅,岳夕茜.语言与语言学研究.昆明:云南大学出版社,2010

结构和语义聚合关系以及语义的发展演变;句法语义学主要研究句子的语义构造和语义组合关系以及句子之间的意义联系(白雅、岳夕茜,2010)。

(二)语义学的研究目标

语义学应该对语言意义从整体上做出解释。语义学理论必须能够说明任何语言中词、短语和句子意义的本质以及它们之间关系的性质;能够对语言表达中的歧义做出预测;对语言中词、短语和句子之间系统的意义关系进行描述和解释,并对语言和它们所讨论的事物之间的关系提供解释。①

语义学的研究目标可概括为以下两点。

(1)对语言意义的本质做出说明。说明语义与句法的关系,以及语境与外部世界的关系。

(2)描述并解释语言中不同表达式之间存在的各种关系。例如,词语之间的关系,如上下义关系、同义关系、反义关系等;句子之间的关系,如矛盾关系、蕴涵关系、上下义关系、同义关系、反义关系、会话含义、语义异常、预设等。

第二节 语义特征

语义特征是一组语义相关的词内部相同或相异的语义要素,是通过一组在语义上有关联的词语进行对比,从义位中分解出来的内部相同或相异的最小的语义成分。②

语义特征在很大程度上对语言单位组合的可能性以及组合的方式有着制约作用,因此语义特征分析有十分重要的实践价值。例如:

The lady drank the wine.
The coffee drank the wine.

The girl studied mathematics.
The dog studied mathematics.

The boy watched the TV program.
The book watched the TV program.

---

① 束定芳.现代语义学.上海:上海外语教育出版社,2000
② 税昌锡.语义特征分析的作用和语义特征的提取.北方论丛,2005,(3)

上述三组句中的第一句都是正确、通顺的句子,而每一组例句中的第二个句子显然是不正确的,问题在于它们的意义是不成立的。

以第一组为例,在第一句中,主语是 lady,而第二句的主语是 coffee。coffee 和 lady 的概念意义是不同的,两句的谓语动词都是 drank。那些能够完成 drink 这一动作的有生命物体的名词才能充当动词 drank 的主语。lady 一词因其具有 animate being 的语义特征,满足了这一条件,而 coffee 则没有。这样的分析方法同样适用于第二、三组中的句子,找出充当谓语动词 study 和 watch 的主语的名词必须具备的语义特征。watch 也要求主语必须是 animate being,而 study 要求主语必须是 human being。

如果用+和-来表示某个语义特征的存在与否,那么 lady,girl 和 boy 的部分概念意义可以简单表述为[＋animate,＋human];coffee,wine,mathematics 和 TV program 的部分概念意义可以表述为[－animate,－human];而 dog 的概念意义则可以表述为[＋animate,－human]。

以上分析单词意义的方法就是语义特征分析法。语义特征分析具有其特有的优势,也存在一定的局限性。下面分别予以介绍。

一、语义特征分析的优点

(一)同一语义特征可出现在多个单词的意义中

语义特征分析法的优势之一在于同一个语义特征可以出现在很多单词的意义中,这样既节省精力,又能清晰地看出词与词之间在意义上的联系。例如:

tigress	hen	actress	maid
doe	lioness	debutante	virgin
ewe	vixen	stewardess	lady

teacher	bachelor	actress	maid
chairman	brother	debutante	virgin
lawyer	baby	stewardess	lady

第一组单词共享的语义特征为[＋female],也可表示为[＋male]。第二组单词共享的语义特征是[＋human]。这些语义特征是语言表达的最基本意义,其存在与否可以对很多单词的意义进行界定。

在描述亲属关系词时采用语义特征分析法则显得十分方便简洁。汉语中对亲属关系做出的区分十分细致,因此更适合采用这种分析法。请看表

6-1。

表 6-1 用语义特征分析汉语亲属关系词

Semantic feature	父亲	祖父	外祖父	母亲	祖母	外祖母	儿子	女儿	孙子	外孙	外甥	伯父	姨母	姑母	舅父
MALE	+	+	+	−	−	−	+	−	+	+−	+	+	−	−	+
ADULT	+	+	+	+	+	+	−	−	−	−	−	+	+	+	+
DIRECT	+	+	−	+	+	−	+	+	+	+	−	−	−	−	−
GENERATION	+	++	++	+	++	++	−	−	−−	−−	−	+	+	+	+

(资料来源:蓝纯,2009)

从表 6-1 中可以看出,用[male],[adult],[direct]和[generation]四个语义特征就可以把中国传统社会里的亲属关系图谱大致地勾勒出来。

有些语义特征可以出现在不同词性中。例如,[−male]既出现在名词 mother 的意思里,又出现在动词 breastfeed 和形容词 pregnant 的意思里。

(二) 可更加精细地区分词义

语义特征分析可以更加精细地区分词义,这也是它的一大优势。例如,walk,plod 和 stalk 共同的意思是 moving on legs and feet,alternately putting one foot a comfortable distance in front of the other(Microsoft Encarta,2006)。为了对 walk 和 plod 进行分析,我们可以引入[slow]这一语义特征,plod 的意思是 to walk at a slow speed;为了区分 plod 和 stalk,我们可以进一步引入[purposeful]这一语义特征,即 stalk 的意思是 to plod in a purposeful way(Fromkin & Rodman,1983)。这样,我们可以更加准确、系统地描述并区分近义词。

二、语义特征分析的局限性

语义特征分析法有助于我们更好地理解词义,尤其是在把握词与词之间的意义关系上发挥着十分重要的作用。但是这种方法并不是完美的,也存在一些问题。

首先,语义特征分析法只给每个语义特征提供了两种可能性:"是"(＋)或"不是"(−)。实际上,客观世界里极少有这样鲜明的"是"或者"不是"的情况。例如,"鸟"这一名词,它的语义特征应该包括[脊椎动物]、[体温恒定]、[卵生]、[嘴内无齿]、[全身有羽毛]、[胸部有龙骨突起]、[前肢为翼]、

［后肢为爪］、［会飞翔］等(《现代汉语词典》,2002)。换句话说,凡是具备这些语义特征的动物就可被称为"鸟",凡是不具备这些语义特征的就不可被称为"鸟"。那么如果一只大雁因一只翅膀受伤而只能以笨拙的方式勉强飞行,算不算是［会飞翔］呢？一只鸽子因逃脱猎人追捕而丢失了一半右爪,算不算是［拥有两只爪子］呢？显然,我们不能简单地用"是"或"不是"进行回答。

其次,有很多词语的意义都无法用语义特征进行概括。例如,advice,threat 和 warning 这三个词在词义上的差别就很难归结为某个或某几个语义特征的存在与否(Yule,2001)。

最后,究竟需要多少语义特征以充分描绘一种语言里全部(或者说大多数)词汇的意义,这个数量还不确定。如果需要的语义特征的数量甚至超过了该语言的词汇量,那么进行语义特征分析的意义就值得怀疑。

第三节　语义关系

语义之间联系多种多样。概括来说,语义关系主要有两种:聚合关系和组合关系。下面就对这两种关系进行详细介绍。

一、聚合关系

一般来说,常见的语义聚合关系主要有以下几种。

(一)多义关系

多义关系是常用的聚合关系之一,它是一个语言单位中的多项意义的关系。客体是无限的,语言单位是有限的;用有限的语言单位表示无限的客体,就形成语言单位的概括性和多义性。[①]

具体来说,英语中的一词多义(polysemy)是指具有两个或两个以上不同意思的单词各词义之间的聚合关系。英语中只有一个意义的单词极少,大部分单词都有多个含义,有的甚至拥有几十、上百个意义。这些具有多种含义的单词就被称为多义词(polyseme)。一般而言,使用频率越高的单词,其词义也越多。例如：

stick

---

① 王德春.普通语言学.上海:上海外语教育出版社,2011

(1)棍,棒;手杖;柄;槌
(2)枝,枯枝,细树枝;(草本植物的)茎,梗
(3)呆头呆脑的人,蹩脚演员
(4)(细,短,圆)棒状物
(5)乡间,边远偏僻地区
(6)刺,戳;鞭打
(7)手柄,操纵杆
(8)粘贴,张贴
(9)(匆匆地,随便地)放置
(10)阻塞,嵌住,卡住,陷在……里
(11)难住,用……困住
(12)容忍,忍受
(13)迫使……偿付,敲……竹杠
(14)伸出
(15)粘住,钉住
(16)停留,固守,坚持
……

再如：
hold
(1)握住;拿着;抱着
(2)使身体保持某种姿势
(3)抑制;控制;约束
(4)容纳;装
(5)占有;占据;坚守
(6)拥有,持有(金钱、土地、职位等)
(7)保持;维持
(8)支撑;按住
(9)认为,以为
(10)继续
(11)固定;支撑
(12)举行;召开

语义体系是由多义词的若干意义相互联系而构成的。分析多义词语义体系主要有以下三种方法。

1. 多义词的本义和转义

多义词最基本、最常用的意义是本义，比较简单，这里不再讨论。转义则是由本义派生的意义。一般来说，转义可以分为以下几种。

（1）比喻意义。比喻意义是通过本义的比喻用法固定而成的，如"包袱"一词的本义指"用布包起来的包"；其比喻意义是"思想负担"。再如：

	字面意义	比喻意义
web	网	周密的布置
babe	婴儿	无助的人
cool	凉的	冷冰冰的
lion	狮子	勇猛的人
wing	翼	（政党的左、右）翼
blanket	给……盖羊毛毯	掩盖

（2）引申意义。引申意义由本义直接派生而形成，如"道"的本义是"道路"，可以指"可以通往目的地的途径"，其引申意义有"手段"、"方法"、"技巧"、"规律"、"措施"等。

（3）功能转移。功能转移是由于功能相同而形成的转义，如"嘴"的功能是"吞吐之口"的功能，可转义用于"茶壶嘴"。

（4）借代意义。借代意义是通过借相应的词代表有关意义而固定下来的，如在"He is listening to Mozart."一句中，用作曲家莫扎特的名字来指代其作品，这就是指代意义。

2. 多义词的七分法

依据自由意义和限制意义、词汇意义和语法意义区分的原则，可以把多义词的意义分为以下七类。

（1）自由词汇意义。词汇搭配自由，不受词汇所在的环境限制，如 give 一词作"给"意义讲时，可以自由搭配：give me a pen/a pencil/a book/a cup of tea…。

（2）语法限制意义。依赖于特定的语法结构，如 give 只有在 to give oneself out of/as/somebody 的结构中，意思才是"自称是……"。

（3）词汇限制意义。词汇仅仅与有限的词搭配，受制于词汇所在的环境，如 give 作"判决"意义讲时，如 to give sb. six months hard labor/a life sentence。

（4）词汇语法意义。词汇意义逐渐消失，向语法意义过渡，如 give 表示与名词意义相应的单独行为或短暂动作，如 to give a jump（跳一下）。

(5)熟语意义。与固定词组中的其他词构成统一的熟语意义。例如,to give ones hand 的字面意义是"给自己的手",熟语意义为"出嫁"。

(6)半熟语意义。在半固定词组中的意义。例如,give away 的意思是"分发"。

(7)语法意义。词汇意义消失,变成语法构形成分。例如,do 一词构成现在时、过去时的疑问句式、否定式、否定命令式。

3.多义词的三种关系:辐射式、连锁式和结合式

(1)辐射式。辐射式由一个基本意义发展为平行的几个无直接联系的派生意义。例如,"老"的基本意义是年纪大,其派生意义有历时长久(如老学校)、陈旧(如老汽车)、原来的(如老脾气)、经常(如老堵车)、很(如老慢)等。这些派生意义之间没有直接关系,是平行的。

(2)连锁式。连锁式是由本义引申为甲义,再由甲义引申为乙义,这样意义接连引申,一环套一环,连锁派生。例如,由"关节"(骨头连接处)引申为"起关键作用的环节",再进一步引申为"行贿勾通"(如通关节)。

(3)结合式。结合式是多义词中辐射式与连锁式通过结合构成复杂的意义体系。

一个词从基本意义派生出新义,也就是从基本意义的某个义素中派生出新义。例如,board(木板)包含两个义素[＋木头的＋平板],如果改为[－木头的＋平板],就出现一个新义"平板"(不是木制的);如果加上一个义素[＋有腿],就派生出一个新义"桌子";再加上一个功能义素[＋用来开会]就是"会议桌"。

总的来说,多义词有多种意义。需要注意的是,多义词进入言语环境后语义就会变得单一化。因此,我们在使用语言时,必须根据言语环境来分析话语中多义词的含义。

(二)反义关系

1.什么是反义关系

反义关系(antonymy)是指语义相反的词语之间的关系,具有反义关系的词语被称为反义词(antonyms)。例如:

out—in   bad—good
thick—thin   dirty—clean
behind—after   quiet—noisy
late—early   formal—casual

work—rest　　　　　　often—seldom
friendly—unfriendly　　marry—divorce
asleep—awake　　　　lazy—hard-working
full—empty　　　　　optimistic—pessimistic

2.反义关系的分类

反义关系是一种可以进行精确定义的常见的语言现象。根据反义词之间关系的特点,我们可以分出以下几种不同种类的反义关系:两极反义词、关系反义词和互补反义词。

(1)两极反义词

①什么是两极反义词

两极反义词是指意义形成对立两极的词语。这种对立是参照性的,有程度差别。例如:

wide—narrow　　　　big—small
Monday—Sunday　　east—west
fat—thin　　　　　　rich—poor
good—bad　　　　　soft—hard
old—young　　　　　far—near
short—long　　　　　love—hate
friend—enemy　　　quiet—noisy
beautiful—ugly　　　cheap—expensive

②两极反义词的特点

两极反义词的特点主要有以下几点。

第一,多数为形容词,少数为动词。

第二,两个反义词之间存在中间程度。

第三,通常用于表达容易变化的特征。

第四,当与强调词连用时,两词表达的程度增大。

例如,wide 和 narrow 就是一对两极反义词,因为在 wide 和 narrow 之间,可以有 neither narrow nor wide 的中间地带,它们之间呈现一种逐渐递增或递减的关系。

此外,作为两极反义词的形容词不仅可以分级,其分类标准还因为不同名词的特征而有所差异。例如,big 在 big mountain 与 big eyes 中的标准是不一样的。

(2)关系反义词

关系反义词就是表示某一对称关系的两个词。关系反义词可以进一步细分为以下三种类型。

①人际关系反义。例如：

husband—wife　　　　father—son
doctor—patient　　　　parent—child
host—guest　　　　　　employer—employee

以上这些表示亲属关系的关系反义词具有以下两个特点。

第一，大多人际关系反义词除了表示一种关系外，还可以表示相关的性别，这就使原来的对称关系不能交换，如 father—mother；brother—sister 等。

第二，一个词是否构成对称关系是语言使然。例如，英语中的 married to 就是一种对称关系。"A is married to B."蕴涵着"B is married to A."，但对其他语言而言就不一定是这样。

②时间、空间反义。例如：

former—latter　　　　before—after
yesterday—tomorrow　　north of—south of
above—below　　　　　in front of—behind

③动作的发出、接受反义。例如：

buy—sell　　　　　come—go
enter—exit　　　　start—end
give—receive　　　push—pull

通过上面的例子可以看出，关系反义词的关系十分特殊，因为每对反义词之间并非"肯定—否定"的对立，而是体现了两个实体之间的反向关系。其语义既对立又相互依存，一方的存在以另一方的存在为前提。

需要指出的是，关系反义词的比较级形式之间并非关系反义词关系，而是反向反义词关系。因为它们涉及的是两实体间的某种关系。例如：

better—worse　　　　bigger—smaller
longer—shorter　　　older—younger
wider—narrower　　　richer—poorer

(3)互补反义词

互补反义词中的两者之间没有中间地带，也就是非此即彼。例如，male,female；married,single；alive,dead 等。

需要指出的是，互补反义词也并不是绝对的。有些形容词，如 obedient/disobedient,open/shut，honest/dishonest,在程度上有大小之分，但往往对其中一个的否定则意味着对另一个的肯定。例如：

Bill is not honest. (Bill is dishonest.)

Bill is more honest than John. (Bill is honest.)

3.反义关系的特点

英语单词的反义关系十分复杂,主要表现为以下三点。
(1)一词对应多个反义词
很多单词拥有不止一个反义词。造成这一现象的原因有以下两个。
①一词多义
很多单词拥有不止一个意思,每个意思对应的反义词也就不同,造成某些单词对应多个反义词。例如:
gross(粗大的)—petty(细小的)
gross(粗劣的)—delicate(精美的)

bright(明亮的)—dark(黑暗的)
bright(聪明的)—stupid(笨的)

fast(快的)—slow(慢的)
fast(稳固的)—loose(不牢固的)
fast(放荡的)—temperate(有节制的)
fast(斋戒)—eat(开斋)
②一词对应不同类型的反义词
有些单词对应两个反义词,一个是对其否定的反义词,另一个是意义与之对立的反义词。例如:
free(自由的)—unfree(不自由的)
free(自由的)—enslaved(受奴役的)

productive(生产的)—unproductive(不生产的)
productive(生产的)—destructive(破坏的)
(2)不同的搭配对应不同的反义词
在实际的使用中,一个单词经常与许多其他词语相搭配,而搭配的词语不同也会造成这个单词对应不同的反义词。例如:
an old house—a new house
an old man—a young man

fresh air—stuffy air
fresh bread—stale bread

fresh flowers—faded flowers
looks fresh—looks tired

（3）反义词也会同时出现

有时为了制造出强烈的对比，使所表达的东西留给人深刻的印象，英语中也经常将两个反义词放在一起使用，构成矛盾修辞。例如：

living death 虽生犹死
sweet pangs 甜蜜的痛苦
painful pleasure 悲喜交加
a clever fool 聪明的傻瓜
a victorious defeat 胜利的失败

英语文学作品中也经常使用这种方法来表现事物的复杂性、矛盾性，借以表达复杂的情感、深刻的哲理，起到引人入胜的效果。

（三）同义关系

1. 什么是同义关系

同义关系（synonymy）是语义相同或相近的词语之间存在的关系，这些词语被称为同义词（synonyms）。例如：

sofa—couch	big—large
accuse—charge	change—alter
remember—recall	purchase—buy
continue—go on	choose—select
rude—impolite	awful—terrible
youth—adolescent	vocation—holiday

2. 同义关系的分类

同义关系是语义相同的聚合关系。同义词是指表达相同意义的词。同义词有绝对同义词和认知同义词之分。

（1）绝对同义词

绝对同义词的特点主要有：所有的意义都相同；在所有语境中都同义；在概念意义和情感意义方面都对等。绝对同义词在语言中占有的数量非常少。正如克鲁斯（Cruse,1983）所言，"自然语言不喜欢绝对同义词，就如大自然不喜欢真空一样"。

大多同义词都可归为认知同义词。换言之，许多同义词在中心意义上相似，但在其他意义上是不同的，具体体现在以下几个方面。

①同义词有情感意义和附加意义之别。例如,economical(褒义),stingy(贬义)。

②有些同义词对子属于不同的方言。例如,fall 和 autumn,前者用于美国英语,后者用于英国英语。

③同义词在搭配上的限制有所不同。例如,rancid 只能与 bacon,butter 等搭配;addled 只能与 eggs 或 brains 搭配。

④某些同义词在意义上有交叉重叠。例如,mature,adult,ripe,perfect, due, etc; loose, inexact, free, relaxed, vague, lax, unbound, inattentive 等。

⑤同义词在风格上有差异。例如,die 为一般用词,pass away 为委婉语,用于正式场合,而 kick the bucket 为口语化用法;decease 为书面语,death 为一般用词。

(2)认知同义词

认知同义词是指拥有部分共同语义特征的词。认知同义词的特点是:有相同的句法特征;用于同样的陈述句中,有相同的真值条件。例如:

He plays the fiddle very well.

He plays the violin very well.

在上述两个句子中,fiddle 和 violin 的句法特征相同,两个句子的真值条件也相同。两个词只在感情色彩上有差异。

一般而言,具有情感意义的词对句子的真值条件并不能造成影响。例如:

Arthur has lost the key.

Arthur has lost the blasted key.

但是,如果用带有命题意义的 spare 替代 blasted,整个命题的真值条件将发生变化。例如:

Arthur has lost the spare key.

同义词通常会出现在某种特殊的表达形式中,如同义词经常用来解释或说明另一个词的意义。常见的用于表达同义关系的信号词有 or,that is to say 等。例如:

This is an ounce, or snow leopard.

He was cashiered, that is to say, dismissed.

此外,如果两个同义词并用,还可通过 more exactly, or rather 以体现两者之间的差异。例如:

He was murdered, or rather executed.

值得一提的是,在英语中,我们常常会发现由英语词语和外来词语所构成的同义词对子或同义词三连体。例如:

同义词对子：

本族语	法语
buy	purchase
world	universe

同义词三连体：

本族语	法语	拉丁语
kingly	royal	regal

3. 同义词之间的差别

英语中的完全同义词较少，而部分同义词占大多数。这些部分同义词总是存在种种细微的差异，如文体风格、感情色彩、语义强度、词义重点、搭配、位置、语境等方面的差异，还有的词语只在某些具体语境中才会具有同义关系。下面我们就对同义词的这些差别分别进行说明。

(1) 方言差异

众所周知，英国英语和美国英语之间存在一定的差别。其中一个表现就是词汇的同义异词，即英国英语和美国英语有时会用不同的单词表示同一个概念。例如：

英国英语	美国英语	汉语意思
flat	apartment	公寓
sofa	couch	（单人）沙发
underground	subway	地铁
elevator	lift	电梯
baggage	luggage	行李
tin	can	罐头
sweets	candy	糖果
biscuit	cracker	饼干
autumn	fall	秋天
ring	call	打电话

(2) 文体风格差异

有的同义词虽然表达相同的概念，但却适用于不同的文体：有的词适用于正式、严肃的场合，有的词则适用于非正式、随便的场合；有的词适用于书面语，有的词适用于口语、俚语等。例如：

正式	非正式	汉语意思
factitious	fake	伪造的
demonstrate	show	显示

reside	live	居住
genuine	real	真实的
obtain	get	获得
behold	see	看到
gentleman	chap	小伙子
pass away	pop off	死去

(3)感情色彩差异

有些同义词具有不同的感情色彩,有的带有褒义,有的带有贬义,还有的语义较为中立。例如:

褒义	贬义	汉语意思
statesman	politician	政治家
conceal	hide	隐藏
slender	skinny	瘦的
plump	corpulent	胖的
thrifty	stingy	不舍得用钱的
childlike	childish	孩子般的
publicize	propaganda	宣传

(4)语义强度差异

英语中的同义词有时所表达的词义轻重程度是不同的。例如:

The cool autumn wind clarified my mind.

清凉的秋风让我的头脑清醒过来。

Chilly gusts of wind with a taste of rain in them had well nigh depeopled the streets.

阵阵寒风夹着零星雨点已使街上几乎空无一人了。

The cold weather turned the leaves red.

寒冷的天气让树叶变红了。

A glacial sun filled the streets, and a high wind filled the air with scraps of paper and frosty dust.

冷冰冰的阳光铺展在街道上,阵阵狂风刮起,纸片和冰霜一样的尘土被吹满了天空。

Despised the frigid weather in January.

厌恶一月份寒冷的天气。

上面五个句子中的 cool,chilly,cold,frosty,frigid 虽然都表示"冷的",但"冷"的程度是有所差异的:cool 表示"凉爽的",程度最轻;chilly 表示"冷飕飕的",程度次之;cold 是我们最常说的一般的"冷",程度居中;frosty 表示"霜冻的",程度较重;frigid 表示"严寒的",达到冻硬的程度。

(5)词义的侧重点

英语中同义词、近义词的差异还表现在词义的侧重点不同。例如:

The wolf rolled over and played dead to escape capture by the farmer.

狼翻过身去装死,以躲避农夫的追捕。

They lost no time in fleeing the burning hotel.

他们马上逃离了失火的旅馆。

本例中的 escape 和 flee 虽然均有"逃跑,逃脱"的含义,但 flee 更侧重在紧急情况下的仓促逃跑。

(6)搭配差异

有些同义词既不存在方言差异,也不存在文体风格或感情色彩的差异,而是在搭配上存在不同。例如:

The grocer took back the rancid butter.

杂货店老板拿回了有腐臭油脂味的黄油。

My brain is a bit addled by whiskey.

威士忌搞得我头晕脑胀的。

本例中的 rancid 和 addled 都有"腐败的、变质的"的意思,但 rancid 通常搭配 bacon,butter,fat 等,不能搭配 egg,brains;而 addled 只能搭配 egg,brains 等,不能搭配 bacon,butter。

还有一些同义词只有和某些词语搭配时才具有同义关系,例如:

We condemn the terrorist violence and express our deep/profound sympathy and condolences to the families of the victims.

我们向受害者家属表示深切的同情和慰问。

由本例可以看出,deep 和 profound 在与 sympathy 搭配时具有同义关系,但这并不代表二者在任何情况下都同义。请看下面的例子。

His frankness often gets him into deep water. (right)

His frankness often gets him into profound water. (wrong)

他的直率经常给他带来麻烦。

由本例可以看出,deep 能与 water 搭配,而 profound 却不能。

(7)位置差异

有的同义词的搭配虽然相同,但在句中的位置有所不同。例如:

He is the greatest living novelist in America.

He is the greatest novelist alive in America.

他是当今美国最伟大的小说家。

本例中的 living 和 alive 都表示"活着的",但 living 通常作前置定语,而 alive 则通常作后置定语。类似这样的例子还有 sleeping 和 asleep。

(8)语境差异

还有一些同义词在语义上有部分重叠,或词义本身就比较接近,并且只在某些特定语境中才具有同义关系。例如:

The researchers believe that the link could be connected to hormones which govern/control sexual desire.

本例语境中,govern 和 control 语义相同,可以互换,但在别的语境中就未必可行。

We condemn the terrorist violence and express our deep/profound sympathy and condolences to the families of the victims.

通过本例可以看出,当 deep 和 profound 与 sympathy 搭配时,它们具有同义关系,但这并不代表二者在任何情况下都同义。

(四)上下义关系

1.什么是上下义关系

一个语义中包含另一个语义的全部义素,我们就说二者处于上下位关系之中。词义被别的词包含的词称为"下义词",包含别的词的词义的词称为"上义词"。[①] 下义词的义素更多,因而意义更具体。例如:

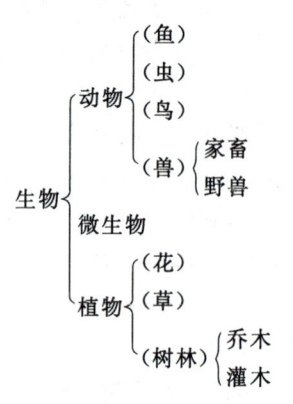

```
                   (鱼)
                   (虫)
            动物   (鸟)
                   (兽) { 家畜
                          野兽
生物    微生物
                   (花)
            植物   (草)
                   (树林) { 乔木
                            灌木
```

(资料来源:王德春,2011)

上图中,每个节点的分支就是下义词,"动物、植物、微生物"是"生物"的下义词;"鱼虫、鸟、兽"是"动物"的下义词;"花、草、树木"是"植物"的下义词。家畜、野兽是"兽"的下义词;乔木、灌木是"树林"的下义词。类似这样

---

① 束定芳.现代语义学.上海:上海外语教育出版社,2000

的例子还有很多。再如：

fruit—apple　　　human—man
tool—hammer　　　say—murmur
animal—cow　　　flower—rose
walk—stroll　　　laugh—giggle
furniture—sofa　　virtue—honesty
tree—willow　　　literature—novel

2. 上下义关系中需要注意的几个问题

(1)一个上义词往往对应不止一个的下义词。而同在一个层次上的下义词称作同级下义词(co-hyponym)。例如：

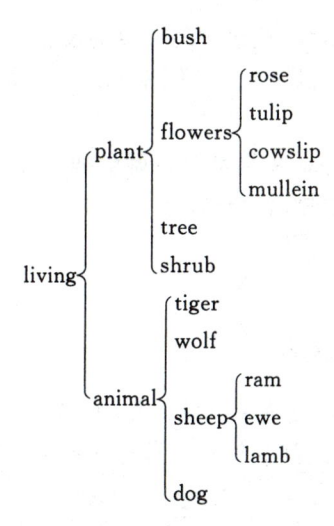

$$
\text{living} \begin{cases} \text{plant} \begin{cases} \text{bush} \\ \text{flowers} \begin{cases} \text{rose} \\ \text{tulip} \\ \text{cowslip} \\ \text{mullein} \end{cases} \\ \text{tree} \\ \text{shrub} \end{cases} \\ \text{animal} \begin{cases} \text{tiger} \\ \text{wolf} \\ \text{sheep} \begin{cases} \text{ram} \\ \text{ewe} \\ \text{lamb} \end{cases} \\ \text{dog} \end{cases} \end{cases}
$$

本例中，plant 和 animal 同为 living 的下义词；bush, flowers, tree, shrub 同为 plant 的下义词；rose, tulip, cowslip, mullein 同为 flowers 的下义词；tiger, wolf, sheep, dog 同为 animal 的下义词；ram, ewe, lamb 同为 sheep 的下义词。这些同是某一个词语的下义词的词语就是同级下义词。

(2)英语词语的上下义关系是相对的,而非绝对的。一个词语可能是某个词语的下义词,同时也可能是另一个词语的上义词。例如：

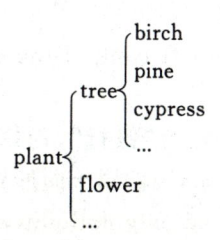

$$
\text{plant} \begin{cases} \text{tree} \begin{cases} \text{birch} \\ \text{pine} \\ \text{cypress} \\ \dots \end{cases} \\ \text{flower} \\ \dots \end{cases}
$$

本例中，tree 既是 plant 的下义词，同时也是 birch（桦树），pine（松树），cypress（柏树）等词的上义词。

3. 上下义关系的特殊情况

关于上下义关系的问题，以下一些情况引起了语义学家们的关注。

(1) 上义词和下义词重叠。例如，英语中各种狗的上义词是 dog，但同时 dog 又是与 bitch 相对的下义词之一。

$$\text{dog} \begin{cases} \text{dog} \\ \text{bitch} \\ \text{puppy} \end{cases}$$

（资料来源：束定芳，2000）

(2) 缺少上义词。例如，英语中的颜色词没有一个总称。有人认为 colored 可以作为各种颜色的上义词，但 colored 通常不包括 black 和 white 在内。

(3) 上下义关系中存在文化差异。英语和汉语中均没有一个包括所有职业的上义词，而希腊语中就有这样的词。

(五) 同形异义关系

1. 什么是同形异义关系

所谓同形异义，就是英语中或发音相同、或拼写相同、或发音与拼写都相同而意义不同的单词之间的关系。具有这种关系的单词就被称为同形异义词 (homonym)。

同形异义与一词多义看似相同，实则存在本质的区别：同形异义词本质上是不同的词，只是词形相同；而一词多义本质上仍是一个词，只是具有多个语义。判断同形异义词和一词多义最简单的方法就是看该词的各种含义之间是否有联系，若有联系则为一词多义，若无联系则为同形异义词。例如：

He has a large deposit in the bank.
他在银行有一大笔存款。
The town stands on the left bank of the river.
小镇坐落在河岸的左边。

本例第一句中的 bank 意为"银行"，而第二句中的 bank 则意为"河岸"，这两个意义没有任何联系，因此属于同形异义词。再如：

Since her accident she can only do light work.

她自从出事以后就只能做一些轻巧的工作。
The sun gives us light during the day.
太阳白天给我们阳光。

本例第一句中的 light 意为"轻的",而第二句中的 light 则意为"光亮",二者之间显然毫无关系,因此也属于同形异义词。

2.同形异义词的分类

(1)同形同音异义词

拼写、发音相同,而意义不同的单词即为同形同音异义词,又称"完全同形异义词"(perfect homonym)。常见的同形同音异义词有:

air(空气)—air(曲调)
bat(球拍)—bat(蝙蝠)—bat(眨眼)
bow(鞠躬)—bow(船头)
diet(饮食)—diet(议会)
fly(苍蝇)—fly(飞行)
even(甚至)—even(平坦的)
base(卑贱的)—base(基础)
rock(岩石)—rock(摇滚乐)
date(日期)—date(枣)
mean(意指)—mean(卑鄙的)
fair(市集)—fair(公平的)
yard(院子)—yard(码)
cock(公鸡)—cock(干草堆)
race(赛跑)—race(种族)
last(最后的)—last(持续)—last(鞋楦头)
buck(雄鹿)—buck(自吹自擂)—buck(打扑克时用的庄家标志)
count(点,数)—count(伯爵)
spring(春天)—spring(泉水)
desert(沙漠)—desert(功过)
companion(同伴)—companion(升降舱口)

(2)同音异形异义词

发音相同、拼写和意义不同的单词即为同音异形异义词(homophone)。常见的同音异形异义词有:

be(是)—bee(蜜蜂)
two(二)—too(也)

buy(买)—by(在……旁边)
know(知道)—no(不)
eye(眼睛)—I(我)
sell(卖)—cell(小房间)
meat(肉)—meet(遇见)
dear(亲爱的)—deer(鹿)
hour(小时)—our(我们的)
wait(等待)—weight(重量)
mail(邮件)—male(男的)
sail(帆)—sale(出售)
pear(梨)—pair(一双、一对)
some(一些)—sum(总数)
hole(洞)—whole(完整的)
weak(弱的)—week(星期)
night(夜晚)—knight(骑士)
peace(和平)—piece(一块)
father(父亲)—farther(较远的)
air(空气)—ere(在……以前)—heir(后嗣)
rain(下雨)—reign(统治)—rein(缰绳)
right(右边的)—write(写)—wright(制造者)

(3)同形异音异义词

拼写相同、发音和意义不同的单词即为同形异音异义词(homograph 或 heteronym)。常见的同形异音异义词有：

bow/bəu/(弓)—bow/bau/(鞠躬)
Job/dʒəub/(约伯)—job/dʒɔb/(工作)
row/rəu/(划船)—row/rau/(吵架)
fade /feid/(凋谢)—fade/fɑːd /(乏味的)
lead /liːd/(领导)—lead/led/(铅)
live /liv/(活着)—live/laiv/(活的)
sewer/ˈsuːə/(排水管)—sewer/ˈsəuə/(缝纫者)
close/kləus/(近的)—close/kləuz/(关闭)
local/ˈləukəl/(地方的)—local/ləuˈkɑːl/(事情发生的场所)
intern/inˈtəːn/(拘留)—intern/ˈintəːn/(做实习医生)
wound/waund/(wind"上发条"的过去式)—wound/wuːnd/(伤口)
forbear/fɔːˈbɛə/(克制)—forbear/fɔːˈbɛə/(祖先)

leading/ˈliːdiŋ/（领导的）—leading/ˈlediŋ/（铅覆盖物）

invalid/ˈinvəliːd/（有病的）—invalid/inˈvælid/（无效的）

underage/ˌʌndəˈreidʒ/（未成年的）—underage/ˌʌndəˈridʒ/（短缺、不足）

3. 一词多义和同形异义造成的歧义

由于同形异义词之间词形相同而词义不同，用在句子中往往会造成句子歧义。例如：

Lily cannot bear children.

(1) 莉莉无法容忍孩子。

(2) 莉莉不能生育孩子。

Barney went to the bank yesterday.

(1) 巴尼昨天去银行了。

(2) 巴尼昨天去河岸了。

通过上面两例可以看出，在缺乏语境的情况下，要想辨别上述句子的实际含义是十分困难的。因此，同形异义词一定要结合语境来使用，否则就难以将真实意图准确地传达给他人。因此，我们可将上述例子修改如下。

Lily cannot bear naughty children.

莉莉无法忍受淘气的孩子。

Barney got a loan from the bank yesterday.

巴尼昨天从银行得到了一笔贷款。

上面两句话分别增加了 naughty 和 got a loan 作为语境，从而将同形异义词的含义限定了出来，便于我们理解。

二、组合关系

语义在体系中和语流中相互搭配构成语义的组合关系（王德春，2011）。语义组合关系在语言中十分常见，如词组、熟语、句子、话语中都有组合关系。

(一) 词组的语义搭配

词与词的组合要遵守语法规律。例如，"读书"是动宾结构，"读报"、"买书"也都是动宾结构，它们都是可以理解的词组，符合语法要求。虽然"读笔"、"杀书"这样的动宾结构在语法上是正确的，但因为违反了语义组合规律，不可以理解。

语义的组合在义素上要相容。例如，"吃饭、喝茶、吸烟"是正确的搭配，因为"吃、喝、吸"分别要求包含[＋固体][＋液体][＋气体]义素的词,作为其宾语。这种搭配是语义的常规搭配。

按照语义的并置理论,词与词的搭配要与语义的组合规律相符合。超常规的语义搭配是对规范的偏离,具有修辞作用。例如:

He is a walking dictionary.

在上面句子中,walking dictionary 就是超常规搭配。因为词典不会走路,用在这里比喻人的词汇量大,起修辞作用。

如果超常规搭配出现得比较频繁,就会约定俗成,成为一种转义,这时偏离就变成了常规。例如,"吃"经常和"液体食物"搭配,如"吃奶、吃药",就具有"喝"的意义;"吃"同"食堂、馆子"搭配,就产生"在出售食物的地方吃饭"的转义等。

(二)熟语的语义搭配

熟语是词的固定组合。熟语内部的语义关系经搭配之后就会形成统一的熟语意义。一般来说,熟语的语义组合有以下几种情况。

(1)限制意义。词义的搭配能力受到限制,它使词组固定化,成为熟语。例如,"喝西北风"中,"喝"与"风"、与"气体"的搭配受到限制,说"喝东南风"就是错误的,没有意义。

(2)历史意义。有些熟语的意义联系十分密切,我们很难从组成该熟语的词的意义中推出整个熟语的意义。例如,"胸有成竹"来源于苏轼"画竹必得成竹于胸中"一语,指的是"胸有定见"。

(3)联系意义。熟语内的词义之间存在一定的联系,不能随意进行拆分。例如,"吃一堑,长一智",如果两部分拆开,熟语的意义就不存在了。

(4)潜在意义。词在熟语中表示的意义对词来说是潜在的,离开熟语就会失去其意义。例如,"靠山吃山,靠水吃水"中,"吃"意义为"谋生"。

(三)句子的语义结构

句义的组合形成句义结构。句义结构中有表述分析法和实义切分法两种分析法。

1.表述分析法

表述分析法把表述当作相当于句子的语义单位,连贯的表述就是话语,切分表述可获得相当于词或词组的义丛。

(1)表述结构

表述结构包含谓词和谓项。谓词是在一个表述中,在语法上起谓语作用的义丛;谓项是在句法上起主语、宾语等作用的义丛。其中,谓词是主要的,谓项可以是一项,也可以是两项或三项。

(2)表述结构的层次

表述结构具有层次性,具体体现在一个表述中可能包含另一个义丛性的表述。例如:

She wants to ask him to read the book.

这句话的表述结构如下。

```
            ┌─ 谓项1 she
            │  谓词1 wants
    表述1 ─┤                      ┌─ 谓项3 she
            │                      │  谓词2 ask
            └─ 谓项2(表述2)─┤  谓项4 him
                                   │                    ┌─ 谓词6 he
                                   └─ 谓项5(表述3)─┤  谓词3 read
                                                        └─ 谓词7 the book
```

(资料来源:王德春,2011)

上图中,谓项2是一个从属表述结构:to ask him to read the book,谓项5也是一个从属表述结构:to read the book。整句话的结构显示出三个层次。

(3)表述中谓词和谓项的选择限制

语义可限制表述中的谓词对谓项的选择。例如,在"父亲告知母亲"这个表述中,"告知"是谓词,要求它的施事谓项和受事谓项都要包含[＋人]的义素,不能说"电灯告知词典",因为表述在语义上显然是不正确的。

此外,表述的词义组合还要受"蕴涵"和"前提"的制约。例如,"他穷得什么都买得起"这个表述中,主表述"他穷"的前提是"钱少",从属表述"他什么都买得起"则蕴涵着"钱多",这显然是矛盾的,因此这个表述在语义上是不正确的。

2. 实义切分法

实义切分法是把句子切分为主题和述题两个表意部分。主题是句子叙述的出发点或对象;述题是句子叙述的核心或对对象的说明。主题表示已知信息,述题表示新的信息。例如:

我最喜欢的课程/是语言学。

上例中的述题"是语言学",说明主题"我最喜欢的课程"是"什么",表示新的信息。

为了强调,有时述题需要提前,逻辑重音放到句首。例如:
怎么啦,你。
其中,述题是"怎么啦",主题是"你"。

(四)话语的语义结构

所谓话语指的是语义上有联系、结构上相衔接的连贯表述。例如:
把劳动的欢情,从那小小的笛管里吹出来吧。吹出劳动的欢情,吹出梦和收获的甘美。

这段话语中,"劳动的欢情"不仅是第一个表述的述题,还是第二个表述的主题。重复使用"劳动的欢情",把两个表述连接起来,同时又达到了强调的效果。

总之,在话语中,各种语义相互作用,有利于有效地表达思想。因此,话语分析对语义学以及现代修辞学都发挥着不可或缺的作用。

第四节 语义异常

语义异常是语言中十分常见的现象。下面来看两个例子。
The man is pregnant.
My brother is an only child.

上述两个句子从结构上看是正确的,但是就意思而言,却是前后矛盾的。在第一个例子中,man 一词包含[+male]这一语义特征,而 pregnant 一词则包含[-male]这一语义特征,二者是不可以同时存在的。在第二个例子中,brother 一词包含[+having at least one sibling]这一语义特征,这显然与述语中的 an only child 是矛盾的。类似这样的句子在语义研究中叫作"语义异常"。语义异常即句子在语义上存在问题。

通常,语义异常的产生主要有三个原因:违背语义搭配限制、违背逻辑以及生造词汇。下面就分别进行介绍。

一、违背语义搭配限制

一个词可以与哪些词搭配,不可以与哪些词搭配取决于词的语义特征,这就是语义搭配限制。如果违背了语义搭配限制,生成的句子就可能是个谬句,即符合语法规律,却在语义上存在毛病。这里以乔姆斯基(Chomsky)在 *Syntactic Structures* 一书中为了证明句法和语义可以分离而杜撰的句子为例进行说明。

Colorless green ideas sleep furiously.

这一例子可谓是语言学中最著名的缪句。该句子在语法上说得通,包含主语 colorless green,谓语 sleep furiously,且主语和谓语在数的搭配上也符合语法规则。但是,这个句子在语义上却是不正确的:首先,colorless 一词包含[-color]这一语义特征,而其后的 green 一词包含的语义特征是[+color],显然二者不可并存;其次,sleep 这一动词要求与其搭配的主语必须是[+animate],但这个句子的主语 ideas 却是[-animate];最后,furiously 这一副词被用来修饰一个动作时,要求包含[+anger]和[+violence]等语义特征,而这个句子中谓语动词 sleep 包含的语义特征却是[-active]和[+dormant],可见二者是矛盾的。

值得一提的一点是,有些诗人和超现实主义作家通常喜欢违背语义搭配限制,由此创造出的作品看起来很荒诞,实则却充满想象,耐人寻味。例如:

There is a solitude of space
A solitude of sea
A solitude of death, but these
Society shall be
Compared with that profounder site
That polar privacy
A soul admitted to itself—
Finite Infinity.

(Emily Dickinson)

在上述诗中,诗人运用了很多非常规的表达,如 a solitude of space, a solitude of sea, a solitude of death, finite infinity 等,创作出的意象引发读者联想、思考,让人感到生的寂寞和孤独、死的宿命和无垠。

二、违背逻辑

如果句子的意义违背逻辑,也可以造成语义异常。这里主要介绍以下两种情况。

(1)违反了句子的预设。预设是说话人在说出一句话时预先假设成立的命题,通常不必言明,而是被当作前提想当然地接受(蓝纯,2009)。当说话人在话语中对一个预设予以否定时,往往就会产生逻辑悖论。例如:

He stopped smoking. In fact, he had never smoked before.

I wasn't aware that she was married. In fact, she wasn't married.

第一个例句的前半部分携带的预设是 he smoked before,该预设在话语的后半部分被否定;第二个例句的前半部分也携带了一条预设,即 she was married,但这也在后半部分被否定。

(2)违反了句子的隐含意义。如果话语与句子的隐含意义相抵触,则会导致语义异常的产生。例如:

他谋杀了自己的遗孀。

很显然,这个例句是怪异的,其怪异之处体现在"遗孀"一词携带这样一个隐含意思,即"遗孀的丈夫先于遗孀去世",但是已经去世的人复活去谋杀还在世的人是不可能的。

三、生造词汇

生造词汇也是谬句产生的主要原因之一。如果构成一个句子的主要词汇都是作者或说者临时编造的,那么这个句子可被视为无意义,至少没有明确的意义。[①] 例如:

Jabberwocky

Twas brillig, and the slithy toves

Did gyre and gamble in the wabe:

All mimsy were the borogoves,

And the mome raths outgrabe.

(Lewis Carroll)

上述节选了诗中的一个小节,其中只有 gyre 是英语中存在的词汇,其他所有的实义词都是诗人杜撰出来的,如 brillig, slithy, toves, gamble, wabe, mimsy, borogroves, mome, raths, outgrade 等。但是,诗作中的所有功能词都中规中矩,如 toves 像 tove 的复数形式,gimble 像动词,与 gyre 一起作 toves 的谓语等;其中的语法规则也十分规范,如 borogroves 像 borogrove 的复数,其前面的系动词诗人就相应地使用了 were 这一复数形式等。这些都使读者在阅读这首荒诞的诗作时,去努力解读它的意思。

值得提及的一点是,在真实的语言交流中,为了制造某种特殊的交际效果或传达某种特别的意义,无论语义异常的句子源于上述提到的哪一种情况,都可以被说话人有意识地使用,这就使得谬句变为好句,无意义变为有意义。

---

① 蓝纯. 语言学概论. 外语教学与研究出版社,2009

第六章 语义学

  总的来说,在真实语言交流中的语义异常通常在某种程度上是对人们理解能力的挑战。只要善于开动脑筋,乐于思考,敢于发挥想象力,几乎所有的语义异常都可以得到正常的解读。再以"他谋杀了自己的遗孀"一句为例,这句话乍一看似乎说不通,但是经过一番认真的思考后,可以获取多种理解,如那位不幸的"遗孀"的死亡可能与其丈夫冤魂的索命相关,也可能与其痛苦的回忆相关。

第七章　语用学

　　语用学是一门研究语言运用的学科，是人文科学整体水平发展到一定层面而产生的新生科学。对语用学的理解和研究能够帮助人们更好地使用语言，促进交际的顺利进行。因此，本章就对语用学的重要理论进行介绍和研究。

第一节　语言的运用和语用学

一、语言的运用

　　语言和人们的生活息息相关，是生活中不可或缺的组成部分。在日常生活中，人们习惯将语言的运用看成是习以为常的，但是语言的运用却是一门深刻的学问，是值得语言学家进行深刻研究的学科。

　　语言运用的形式有很多，如听、说、读、写、译等，但是无论语言运用的形式如何，对于语言的使用都需要遵循一定的原则，这就是语用学研究的范畴。对语言运用的研究是因为语言在使用过程中有很多不规范的地方，这种不规范在英语上主要表现为英语语用失误和中式英语的存在。下面我们就对这两点进行分析。

(一)英语语用失误

1. 语用失误的定义

　　所谓语用失误(pragmatic failure)，指的是"不能理解所说话语的言外之力"。这个概念是托马斯(Thomas)在 1983 年发表的论文 *Cross-cultural Pragmatic Failure*(《跨文化语用失误》)中首次提出的。对这个定义的分析可以从以下两个方面着手。

　　(1)从听话人的角度看，不能理解所说话语的言外之力会导致对说话人意图的误解，造成交际障碍。

(2)从说话人的角度看,不能理解话语的言外之力会造成说话表达方式不妥、表达不合习惯、说话不合时宜等,从而导致不能达到交际目的甚至交际中断。

2.语用失误分类

语用失误分为两类:语用语言失误(pragmalinguistic failure)和社交语用失误(sociopragmatic failure)。

(1)语用语言失误

语用语言失误是指对语言语境把握不当,造成语言交际者不能正确地理解和恰当地使用不同的语言形式及其语言功能,不能准确地表达用意。语用语言失误具体表现在五个方面。

①表达方式不得体。

②误用完全句。

③听话人误解说话人要表达的"言外之意"。

④说话人认为同一语言形式就是表达同一语言功能。

⑤说话人在句子中误加词语,使话语的"言外之意"不明确。

(2)社交语用失误

社交语用失误指的是不同文化背景的语言交际者不能得体、合适地使用语言以达到自己的交际目的。社交语用失误主要是由不同的文化背景、价值观念引起的,社交语用失误具体表现为以下三种。

①将汉语的语言习惯套用于英语中。英语是我国的第二外语,因此在对英语进行学习和教学的过程中很容易受到母语的影响。在用英语进行交际的过程中,母语的影响更加明显。例如:

见到朋友表达问候说:"吃饭了吗?"

Have you had your meal?

对多年不见的朋友说:"你没怎么变。"

You haven't changed much!

看到同学的脸色不好,说:"你病了吗?"

Are you sick?

见到老朋友关心地问:"你的个人问题解决了吗?"

Have you solved your personal problem?

这些用法在汉语环境中使用显得非常自然,但如果直接将这种言语表达套用在英语交际中就可能造成语用失误。上述话语的语用功能分别是:问候、恭维、关心,可是在英语中就不同了。

第一句让人觉得是在发出**邀请**,可见问候别人应当使用符合英语习惯的语言形式,如"How are you?"。

第二句在英语中似乎表示贬低这个人"还是老样子",丝毫无"恭维"之意。因此,可换个说法"You look as fine as before."。

第三句口气过于直接,一般可以说"You look tired,are you OK?"。

第四句涉及个人隐私,应当回避。

②不按照英语的语言习惯运用英语。不按照英语的语言习惯运用英语从而造成语用失误的现象,在英语初学者以及有一定英语基础的群体中经常出现。由于对英语的运用习惯不是十分熟悉,加之有一定的英语表达能力,因此在实际的语言运用中经常出现语用失误。例如:

如果一位学生和外籍教师同时要进教室,她对外籍教师说:"You go first.",这就是典型的没有按照英语语言习惯运用英语的情况。因为在英语交际中,让人先进门或上车一般都说"After you.",这是特定文化习俗约定俗成的模式化言语,我们只能按照英语的语言习惯进行表达,而不宜说:"You go first."或"You get on first."等不符合英语习惯的话语。

③不根据语境得体地运用话语。在言语交际时,为了实现交际目的交谈双方要根据不同的交际对象、不同的交际环境等使用不同的言语交际策略。因此,不考虑语境有可能导致交际中的语用失误。例如:

一位初到美国的中国人要乘出租车,她对司机说:"Excuse me,would you mind taking me to French Quarters?"(劳驾,您介意送我去法国区吗?),单纯地对这个句子进行分析,可以发现句中使用了"Excuse me,would you mind…?"是很有礼貌的一种表达方式,但是在上述语境中交际双方是乘客与出租司机的关系。乘客这样客气地对出租车司机说话与语境不符,因而造成语用失误。在这种场合,乘客只需说一声:"French Quarters,please."即可。

(二)中式英语

英语是我国的第二外语,对英语的学习有的学校从小学就开始了。但是即便如此,由于缺少了英语语言运用的环境,我国的英语学习者在交际中会出现很多不地道的英语表达,甚至会让英语本族语者感到奇怪,严重者还会引起交际冲突,这种现象的存在就是我们常说的中式英语。例如:

当美国人打来电话时,按照中国人的言语习惯会说:"Who are you?"。因为在中国打电话时首先会对对方的姓名和单位进行询问,从而使交际进行。但是在英美一些国家中,接电话的人首先会自动先报上自己单位的名称或自己的姓名,从而使对方确认自己拨打的电话是否正确。即使是询问对方是谁,也不会说"Who are you?"这种说法,而应该说"May I ask who's speaking?"或"Could I ask who I'm speaking to?"。

"Who are you?"这种不地道的英语表达严重阻碍了语言运用的准确性,因此在语言运用的过程中需要对这些情况进行研究和分析,从而促进语言学习和教学的准确性,进而促进交际的顺利进行。从大体上看,中式英语的产生有以下几个方面的原因。

(1)中国人在学习英语时没有完全掌握英语的词汇、语法和语用习惯。

(2)受母语的影响,中国人在使用英语时在语音、词汇、句法等层面都有一些变异。

(3)中国人使用英语时因文化、政治等原因,有些概念和表达在英语里没有对应体或对应词语。

由于在英语语言运用过程中存在语用失误和中式英语等现象,相关学者和语言专家需要对其进行研究和分析,这是语用学出现的重要原因之一。除此之外,对于语用现象、语用规律等的总结和归纳也需要语用学的观点。下面我们对语用学进行具体分析。

二、语用学

语用学涉及的方面十分广泛,这里主要对语用学的定义和研究内容进行介绍。

(一)语用学的定义

关于语用学的定义,不同的学者有不同的观点,下面我们列举一些中外学者的主要观点。

1. 学者莫里斯的观点

语用学(Pragmatics)的概念最初是由美国的符号学家、哲学家莫里斯(Morris)提出的。1938年,莫里斯在他的著作 *Foundations of the Theory of Signs* 提出了语用学的概念,并且主张符号学(semiotics)研究的三大分支应该为句法学(syntax)、语义学(semantics)和语用学(pragmatics)。

1946年莫里斯对语用学下了定义:语用学是对"符号的来源、用法及其在行为中的作用"的研究。

2. 学者莱文森的观点

莱文森(Levinson)1983年列出了近十个语用学可能的定义,并在 *Pragmactics* 一书中对其进行了评论。下面列举的就是莱文森主张的语用学可能的定义。

(1) Pragmatics is the study of those relations between language and context that are grammaticalized, or encoded in the structure of a language.

语用学是对在一种语言的结构中被语法化或编码的那些语言和语境之间关系的研究。

(2) Pragmatics is the study of all those aspects of meaning not captured in a semantic theory.

语用学是对那些语义理论未涉及的意义方面的研究。

(3) Pragmatics is the study of the relations between language and context that are basic to an account of language understanding.

语用学是对语言和语境之间对于解释语言理解来说是十分基本的那些关系的研究。

(4) Pragmatics is the study of the ability of language users to pair sentences with the context in which they would be appropriate.

语用学是对语言使用者将句子与合适的语境相匹配的能力的研究。

(5) Pragmatics is the study of deixis (at least in part), implicature, presupposition, speech acts, and aspects of discourse structure.

语用学是对指示(至少是其中的一部分)、含义、前提、言语行为以及话语结构等各个方面的研究。

莱文森虽然对语用学可能的定义进行了列举,但是他认为这些定义没有一种能够准确、完整地概括出语用学的全部内容。也就是说,这些定义在一定程度上都存在着片面性。通过对莱文森观点的分析,可以看出语用学的多样性。

3. 学者尤尔的观点

尤尔(Yule)针对语用学研究的不同角度,同样对语用学下了不同的定义。

(1) Pragmatics is the study of speaker meaning.
(2) Pragmatics is the study of the expression of relative distance.
(3) Pragmatics is the study of how more gets communicated than is said.
(4) Pragmatics is the study of contextual meaning.

1996年,尤尔指出"语用学所研究的是说话人(或写作者)所传递的和听话人(或读者)所理解的意义。"在上面的定义提出后,尤尔对语用学研究的范畴进行了一定的说明,他认为语用学的研究主要可以归纳为以下四个方面。①

(1)语用学是对说话人意义的研究。
(2)语用学是对语境意义的研究。
(3)语用学是对(交际者)相对距离的表达的研究。
(4)语用学是对如何在字面表述之外传递更多意义的研究。
语用学研究的四个方面相互联系、相互制约。

4.学者冉永平的观点

我国学者冉永平教授指出,语用学是关于语言使用的实用学。简言之,语用学就是研究话语在使用中的语境意义,或话语在特定语境条件下的交际意义,包括意义的产生与理解,也包括交际中语言形式或策略的恰当选择与使用。②

由于语用学的多样性,对其定义学术界没有一个准确、统一的看法,以上罗列的学者观点仅供参考。

(二)语用学的研究内容

近年来,随着语用学研究的深入以及社会对语用学研究的关注,语用学的研究内容和方向得到不断扩展,从而变得丰富多彩。

1.跨学科语用学的出现

语用学的研究内容不断与其他学科进行结合,向跨学科的方向发展。跨学科的语用学主要包括以下几种。

(1)研究语言本身语用问题的语用语言学(pragma-linguistics)。
(2)研究语用与文化关系的跨文化语用学(cross-cultural pragmatics)。
(3)研究语用与社会关系的社会语用学(social pragmatics)。
(4)研究语言与心理认知关系的认知语用学(cognitive pragmatics)。
(5)研究母语语用能力习得的发展语用学(developmental pragmatics)。
(6)研究外语语用能力的语际语用学(interlanguage pragmatics)。
(7)研究文学作品语言的文学语用学(literary pragmatics)。③

---

① 俞东明.什么是语用学.上海:上海外语教育出版社,2011
② 何自然.语用学十二讲.上海:华东师范大学出版社,2010
③ 俞东明.什么是语用学.上海:上海外语教育出版社,2011

2. 主要的跨学科语用研究

语用学研究的方向很广,与众多学科结合之后形成了具有自身特色的语用研究。下面我们对主要的跨学科语用研究进行简要介绍。

(1)语用语言学

语用语言学主要研究的是语言形式的语用属性,如词汇、语言结构等,这种学科属于语用学、语法学和语义学的跨文化研究,主要的内容包括以下几个方面。①

①一类句子的歧义应如何排除。

②一些语用含糊现象的分析与观察。

③一些与特定的言语行为有关而在遣词达意时可能出现的词汇变异。

(2)跨文化语用学

跨文化语用学是对语用与文化关系进行研究。在实际的交际过程中,由于文化背景不同以及语言使用的差异性,导致跨文化的语言交际会受到一定程度的影响。

文化对语言使用的影响作用十分重大,因此学习跨文化语用学有助于跨文化交际的顺利进行,同时还有助于外语学习者减少语用失误,促使学生使用地道的英语表达方式。

(3)认知语用学

认知语用学研究的是交际过程和认知过程中的问题,很多学者主张凡是在认知语言学理论和方法框架内进行的语用研究都属于认知语用学的范畴。

人们在正常交际的过程中,通过在交际信息中寻找关联信息,然后进行一定的逻辑推理才能进行正常的交际活动。换句话说,人们的交际活动就是要找到说话人话语与语境间的最大关联,然后通过受话人的逻辑推理进行推断,找出语境的内在含义,只有这样才能取得语境效果,顺利实现交际过程。

认知语用学为人们的交际提供了认知心理方面的依据,同时也可以为语用推理提供可行性的依据,这在一定程度上促进了交际的顺利进行。

(4)语际语用学

20世纪80年代,语际语用学作为一种新的语用学研究方向而兴起。在研究过程中,语际语用学创造了自己的研究成果,主要包括下面几个内容。

---

① 俞东明.什么是语用学.上海:上海外语教育出版社,2011

①非母语使用者的言语行为。
②目的语语用能力的形成和发展。
③情景因素对选择语言形式和言语策略的影响。
④教学对目的语语用能力形成和发展的作用。
⑤非母语使用者对目的语的言外之力和礼貌的判断与理解。
(5)社会语用学

所谓社会语用学指的是研究语言在社会中使用状况的学科。在进行社会交际时,存在着一些策略和技巧,而这些技巧和策略的运用能够很好的促进交际的进行。社会语用学就是对这些交际策略和技巧进行研究,同时在研究过程中还关注社会和文化之间的关系和相互作用。

学者俞东明指出,社会语用学的研究内容包括语境和语言交际中的会话策略,语言和社会的认同,社交中的礼貌、谈话的声音、会话的标记、对话的方式、交谈的文化等。[①]

许多社会上正在使用的语言以及为不同目的而出现的专业语言都属于社会语言学研究的范畴,如工作类语言、教育类语言、翻译类语言、政治类语言、广告类语言、体育类语言等。

第二节 会话含义理论

一、会话含义概述

会话含义的概念最早是由美国哲学家格赖斯(Grice)于1967年在哈佛大学的一次讲座中提出的,在这个讲座中他解释了对会话含义的理解。格赖斯还指出,在日常交际中人们总要遵守一定的原则,这就是合作原则。

语言交际中,说话者的实际含义往往与字面意义不一致。隐含在字面意义中的说话者的真实意义就称为"会话含义"。例如:

A:Can you tell me the time?
B:Well, the milkman has come.

在上面的对话中,A问B现在的时间,但是由于B可能不知道确切的时间,因此没有正面回答。但是B通过回答the milkman has come能够大致回答出现在的时间。对B的回答进行分析可以看出其回答的实际意义

---

① 俞东明.什么是语用学.上海:上海外语教育出版社,2011

与字面意义不相关,但是又能够通过字面含义对 A 的问题进行回答。这种情况在实际的交际过程中十分常见,在理论研究上就是会话含义理论。

会话含义理论的目的是解释听话者在一定的语境中通过字面意义推断出说话者的真实含义。①

二、合作原则

合作原则是对会话含义理论的解释说明,因此在对会话含义进行解释之前需要对合作原则有所了解。

格赖斯(1975)提出,不管交际双方的文化背景如何,他们在谈话中都应遵守合作原则,即"根据会话的目的或交流的方向,使自己讲出的话语在一定条件下是交际所需的"。

合作原则包括下面四条准则,且每一条准则还包括一定的次准则。

(一)量准则

量准则要求说话者所提供的信息应是交际所需的,且不多也不少。换句话说,量准则更为关注话语的信息量。量准则包含以下两条次准则。

(1)所提供的信息应是交际所需要的。

(2)所提供的信息应不多也不少。

请看下面一个小对话。

A:What time is it now?

B:It's six past ten.

这个对话中,A 向 B 询问时间,B 所回答的信息量既不多于 A 的要求,也不少于 A 的要求,因此 B 的回答遵循了量准则。

(二)质准则

质准则关注的是话语或信息的真实性,要求人们说真话,即要求提供真实信息。质准则包括以下两条次准则。

(1)不要说自知是不真实的话。

(2)不要说缺乏足够证据的话。

请看下面一个小对话。

A:Do you know John's cell phone number?

---

① 戴炜栋,束定芳,周雪林,陈夏芳.现代英语语言学概论.上海:上海外语教育出版社,1998

B:He has been to London and changed the number. I have his previous number,but that number has been out of service.

这一对话中,B 的确不知道约翰的新手机号码,所以他没有说假话也没有说无根据的话,遵循了质准则。

(三)关系准则

关系准则是指说话人所提供的信息要与交际内容关联或相关。例如:
A:What do you think of Mary's new coat?
B:Oh,it is really beautiful. It is the latest fashion.
这一对话中,B 的回答与 A 的问题紧密相关,严格遵守了关系准则。

(四)方式准则

方式准则是指讲话要清楚明白,具体包括以下几条次准则。
(1)避免晦涩。
(2)避免歧义。
(3)说话要简明扼要。
(4)说话要条理清晰。
请看下面的例句。
They washed and went to bed.
该例的话语是按照行为发生的先后顺序完成语义信息表征的,因而显得十分清楚明了。该例表明发话人遵守了方式准则。
He shaved and listened to the radio.
该例中的两个动作既可以理解为同时进行,即一边刮脸一边听收音机,也可理解为先后进行,即先刮脸然后再听收音机。

三、会话含义的分类

根据格赖斯的观点,含义可以分为两种:会话含义与规约含义。会话含义和规约含义有一定的共性也有一定的区别。

二者的共性在于它们都由话语中词语的语义初值再加上一个语义附加值组成。

二者的差异在于前者需要考虑语境的因素,如同一个话语在不同的语境中可能存在不同的理解,这就构成了会话含义的备选项集合。而后者则不需要考虑语境因素,仅凭直觉即可把握,因此不属于语用意义,而是词语的固有含义。

下面就将含义以及会话含义的分类进行归纳，如图7-1所示。

$$含义\begin{cases} A.会话含义\begin{cases} a.一般含义 \\ b.特殊含义 \end{cases} \\ B.规约含义 \end{cases}$$

图7-1　含义及会话含义的分类

(一)会话含义

会话含义又可分为一般会话含义和特殊会话含义。

1. 一般会话含义

一般会话含义是指发话人在遵守合作原则的某项准则时，话语中通常所隐匿的某一含义。[①] 例如：

语境：A 和 B 是同学，正商量出去购物。
A：I am out of money.
B：There is an ATM over there.

该例中B说附近有一台自动取款机，基于这一语境信息以及交际常识，我们可以断定 B 所说的话的一般含义是"A 可以到附近的自动取款机取钱，从而解决自己没钱的问题"。

2. 特殊会话含义

特殊会话含义是指在会话中交际一方明显地或有意地违反合作原则的某项准则，从而迫使对方自行去推导出话语含义。特殊会话含义的推导主要有两个步骤。

(1)在某个既定的语境内，交际双方首先要假定彼此是遵守合作原则的。

(2)发话人故意违反了合作原则的某项准则，而受话人依据合作原则推导出发话人传递的特殊会话含义。

对于一般会话含义和规约含义的理解与推导来说，受话人并不需要特殊的语境知识。然而，受话人需要特殊的语境知识才能正确理解话语所传递的特殊会话含义。通过分析可知，特殊会话含义的生成往往需要发话人违反合作原则的相关准则。

需要指出的是，一般会话含义与特殊会话含义之间的区别不仅仅是类别差异的问题，最为关键的是语言使用者主动地、策略性地调配语言资源的

[①] 何自然.语用学十二讲.上海：华东师范大学出版社，2010

能力问题。

(二)规约含义

从推导特性来看,格赖斯的规约含义强调话语含义与某一特定语言结构的关系。这一推理可从格赖斯给出的一个经典例子中得出。例如:

Nike is an Englishman; he is, therefore, brave.

连词 therefore 的一般会话含义在于"它所连接的前后两个命题之间存在一定的因果关系。"上述例子中出现 therefore 不禁让人想到 Nike 的勇敢品行源于他是一个英国人。

需要注意的是,格赖斯所说的一般会话含义无需考虑当前发话人所处的交际语境,而只需直接解读话语意义本身即可完成含义的推导过程。格赖斯将此类会话含义称为"规约含义"。类似可以传递规约含义的词语还有很多,如 but,even,yet 以及 always 等。此外,规约含义不同于会话含义还表现在某一语言形式的规约含义与发话人是否遵守合作原则无关,它具有不可取消性。

四、会话含义的特征

(一)语境依赖性

在语言交际中,含义的产生与理解离不开特定的语境条件。因此,我们将语境的依赖性定为会话含义的第一个特征。需要指出的是,交际所依赖的语境因素或语境知识不是事先确定的,也不是固定不变的。即使是同一个话语,在不同的语境条件下可能产生不同的会话含义,或不同的话语在相同的语境条件下可能产生相同的会话含义。例如:

A: Have you cleared the table and washed the dishes?
B: I've cleared the table.

在这个例子中,B 通过回答对方询问的一部分,从而告诉对方自己还没洗碗,或传递了自己不喜欢洗碗之类的隐含信息。

A: Am I late for supper?
B: I've cleared the table?

上文的例子中,B 答非所问,通过告诉对方饭桌已经收拾干净了的字面信息,隐含了对方回来太晚、没饭吃了的含义。

通过对上面的例子进行分析可以知道,相同的话语根据语境的不同会传递出不同的非字面含义。

(二)可取消性

可取消性是指话语的会话含义可能会随着交际语境或者语言语境的变化而变化,也就是说话语本身所具有的会话含义是可以被取消或否定的。可取消性是会话含义的另一特征。例如:

(1)John has three cows.

(2)John has only three cows.

(3)John has three cows,if not more.

(4)John has at least three cows.

在上面这组句子中,(1)包含了(2)的含义,即"约翰只有三头奶牛",如果在(1)中加上 If not more,就变成了(3),其会话含义就变成了"约翰不只有三头奶牛",即与(4)的含义一致,这样原来的会话含义就取消了。

(三)不可分离性

不可分离性是指某一命题信息在相同的语境条件下可以产生相同的含义,它不会因为话语形式或其中某一词语的不同而改变。例如:

语境:某知名教授举行学术讲座之后的第二天,A 向听讲座的人 B 了解情况,询问该讲座是否受欢迎。

A:What did you think of the lecture?

B:Well,I thought the lecture hall was big.

通过分析 B 的回答可以看出,其含义是"没有多少人对讲座感兴趣,或讲座令人乏味"。如果将其中的 thought 换成 believed,reckoned 等词,或将 big 换成 large,great 等词,仍然不能改变这一含义;如果再将话语 B 中 big 换成 nice,beautiful,magnificent 或 marvelous,该含意仍不改变,这就说明了会话含义具有不可分离的特征。

(四)可推导性

可推导性是指一个话语所隐含的信息是可以推导出来的,其依据就是话语的字面意义、相关的背景信息等语境信息。例如:

A:John is very careful.

B:Yeah,he is a man,who is so considerate that he has never in his life done anything without first having weighed it carefully in his own mind.

在这个对话中,B 并没有直接用"Yes,he is."来回应 A,而是使用较为繁琐的回答向 A 传达多余的信息,此时 B 是故意违背了数量准则。A 可以根据 B 的话语推测出 B 对约翰(John)的真实看法,即 B 认为"约翰过于谨小慎微,做事缺乏气魄,而且可能效率低"。

说话人尽力传达会话含义,而听话人也能理解,这说明会话含义是可以推导出来的。格赖斯在他的文章中列举了听话人推导语用含义时所必需的信息。

(1)合作原则及其准则。
(2)其他方面的背景知识。
(3)话语的规约意义及其涉及的指称对象。
(4)话语的语境,无论是语言语境还是其他语境。
(5)交谈双方都知道上述四条中涉及的相关信息这一事实。

同时,格赖斯指出推导会话含义有一个固定的模式,即当某人讲了一些话,从表层字面上看不出什么意思时,你并不会只是认为他在瞎说而不加考虑。相反,你会从深层次上揣测他话语中暗含的意义。如果你根据所掌握的信息得到某种解释,支持你上述的假设,那么你就会把这种解释当成说话人试图传达的意义。

(五)不确定性

不确定性是指具有单一意义的词语或结构在不同的语境中可以产生不同的含义。例如:

You have done a good job.

这句话既可以是说话人对听话人的赞赏,也可以是说话人的讽刺之语,是对听话人的批评。可见,会话含义是不确定的,语境在会话含义推导过程中发挥着重要作用。

(六)非规约性

会话含义是根据合作原则中的各项准则是否被违反,同时基于话语的字面意义再结合语境信息推导出来的。会话含义具有语境条件下的特殊性,受制于语境并随语境的变化而变化,甚至会消失,因而它不可能是恒定的、规约性的意义,这就是会话含义的非规约性。在言语交际中往往是先有字面意义,然后才有会话含义。因此,会话含义与字面意义并不等同。例如:

It is such a mess here.

上面例句的规约性含义是"这个地方太乱了"。如果这句话是母亲在孩子房间说的,那么上述这句话的会话含义可能是要孩子收拾一下房间;如果是游客慕名到某旅游景点游览,看到景区后说出这样的话,那这句话所传达的会话含义可能就是"这个景点名不符实,真让人失望"。由此可见,会话含义具有非规约性,我们不能将话语的会话含义等同于话语的字面意义。

第三节　言语行为理论

言语行为理论产生于 20 世纪 50 年代,随着这个理论的发展,现在它已经成为了语用学研究领域的重要课题之一。言语行为理论的出现是人们对逻辑实证主义做出的一种回应,同时也为语言研究及语言意义的实证研究提供了一个新视角。

一、施为句

(一)表述句和施为句的定义

牛津大学哲学家奥斯汀(J. L. Austin)创建了言语行为理论(speech act theory)。奥斯汀将话语分为表述句(constatives)和施为句(performatives)两类。

1. 表述句定义

表述句也就是陈述句(statement),其目的在于以言指事、以言叙事。表述句受逻辑—语义的真实条件制约,用来陈述某一客观存在的事态(state of affairs)或者是为了描写和报道。由于说话者表达出的仅仅是自己陈述的事情,所以这句话有可能是真实的,也有可能是虚构的。但是陈述句的真假要根据一定的条件,下文将详细分析,在此不再赘述。

2. 施为句定义

施为句的含义是为了表达有所行动或行为的语言,目的是为了以言行事、以言施事。施为句表示的是实施某种行为的语句,它可以创造一个新的事态,也可以对原事态进行改变。由于施为句的这个特点,它不具备逻辑学上的真和假(truth or false)之分。

(二)施为句的特征与实施

了解施为句的特征与实施可以帮助我们很好地区分表述句和施为句。

1. 施为句特征

(1)施为句的时态要求是现在时。

(2)施为句一般为主动语态,并且是直陈语气。

(3)在施为句中,主语只能为第一人称单数。

(4)施为动词与副词 hereby(特此)或者与 I am willing to 搭配可以检验出一个动词是否是施为动词,并可以检验出所在语句是否为施为句。

(5)施为句含有施为动词(performative verb)。例如,name 表示的是发话人正在实施一个命名的动作,bet 是发话人正在实施一个打赌行为。它们的作用是对发话人当前正在进行的行为进行描述或命名。

2. 施为句实施条件

需要指出的是,即使施为句满足了上述的一些特征,也要根据具体的情况来判断。也就是说,施为句仍有一些合适的条件(felicity condition)需要满足,这些合适的条件如下所述。

(1)合适的程序。

(2)合适的人员。

(3)合适的场合。

(4)相关人员的相应思想状态。

下面我们通过一个例子对施为句实施的条件进行分析。

I name the ship the *Queen Elizabeth*.

在上述例句中,其特征与施为句相符,但是要判定这个句子是不是施为句,则需要根据一定的语境。假设这个句子仅仅是一般民众对着船说的,因为普通民众不具备为这个船命名的权力,所以不能奏效,这就是适合的人员。仅仅是人员合适,如果场合不对,这句话也不能奏效。当英国女王在为这艘船命名之前,在家中练习时同样也达不到相应的效果。再如:

I bet you six pence it will rain tomorrow.

这句话为一个完整的行为,话语结束之后就要由交际双方进行正确地、完善的执行。但是如果受话人不响应发话人的打赌提议,那么这个行为也是无效的。

3. 施为程序总结

通过上文的分析,我们可以对施为程序进行总结和归纳。

(1)施为程序是具有一定思想或想法的人为了一定的意图提出并最终实施的。

(2)施为程序是具有一定思想或想法的人为了一定的意图,或为了对对方的行为产生一定影响而提出的。

(3)施为程序参与者不仅思想或想法真实,且必须具有实施该行为的打算,而且最终要付诸实施。

4. 奥斯汀施为句检验公式

言语行为的核心思想是"说话就是做事"。换句话说,在施为话语说完之时这句话就已经实施或者正在实施。根据这种观点,奥斯汀设计了一个施为句的检验公式:IN SAYING"I X…",I WAS X-ING。例如:

In saying "I name the ship the *Queen Elizabeth*.", I was naming the ship the *Queen Elizabeth*.

In saying "I bet you six pence", I was betting you six pence.

由奥斯汀的公式可以看出,言语行为的实质并不仅仅是描述客观事物,而是用施为性的词句来使事情完成。施为是一种特殊的语言功能,是超越真值条件的语言的使用。

(三)施为句的分类

具体来说,施为句可以划分为三种:显性施为句、隐性施为句和内嵌施为句。

1. 显性施为句

显性施为句(explicit performatives)可以直接表示出语言的行为,一般采用陈述句的形式。显性施为句带有施为动词,如"道歉"、"打赌"、"许诺"、"保证"、"警告"、"提醒"、"建议"、"提拔/任命"、"宣布"等动词。例如:

I warn you that there is a dog in the house.

我警告你院子里有一条狗。

施为句虽然不像表述句一样有真假之分,但是却有合适不合适之分(felicitous or infelicitous),而且与之相对的语言行为也有有效或无效之分(happy or unhappy)。

2. 隐性施为句

隐性施为句(implicit performatives)没有明显的施为动词,但是可以表达一个完整的行为动作。例如:

You can move the fridge.

=I give you the right to move the fridge.

Go away!

=I order you to go away.

第一个例句中表示的是一种"允许的行为";第二句话表示的是一种"命

令"。但是,仅凭一句话我们不能完全揣测句子的正确含义。由于隐性施为句缺乏明确的施为动词,所以它所实施的言语行为可能存在多种不同的理解,因此要借助语境才能恰当理解隐性施为句。例如:

There is a snake in the grass.

这句话在不同的语境中可以表达出三种不同含义。

(1)I remind you that there is a snake in the grass.

(2)I told you that there is a snake in the grass.

(3)I warn you that there is a snake in the grass.

3.内嵌施为句

(1)内嵌施为句和显性施为句的区别

内嵌施为句和显性施为句有着各自的特点。

①内嵌施为句中虽然含有施为动词,但是却不充当句子的主要动词。

②显性施为句句中的主要动词必须是施为动词,如果在显性施为句中动词不充当主要动词,句子就会失去施为行为的功能,那就不是施为句了。例如:

The phone I promise you is made in America.

我许诺给你的手机产自美国。

句中的 promise 不是在实施"许诺"的言语行为,而是对将来的许诺做某种陈述或说明。

I suggest that you apply for this job.

我建议你申请这个工作。

这个例句中的"建议"也不是在实施该言语行为,而是表示一种建议。

(2)内嵌施为句的两种情况

①句中的意愿动词作为主句动词,从属分句的施为动词仍具实施行为的功能。内嵌施为句的意愿动词包括 wish(希望),regret(遗憾),please(高兴)等。例如:

I wish to announce that I promise to go to America.

我要宣布我承诺去美国。

I regret to tell you that you have to leave.

我感到遗憾,我必须告诉你离开这里。

It pleases me that I am able to declare you chairman of the committee.

很高兴我能宣布你为委员会主席。

② 施为动词如果是某些结构后的不定式,其实施行为的功能仍然存

— 175 —

在。例如：

I am glad to inform you of your promotion.
很高兴通知你得到了提拔。
Let me be the first to congratulate you.
让我首先向你表示祝贺。

二、间接言语行为

(一)实施言语行为的规则与条件

1. 实施言语行为的规则

美国的语言学家塞尔(Searle,1965)认为,言语行为理论是关于"以言行事"行为的理论。在通过对"以言行事"行为的研究证明过程中,塞尔发现语言的行为是受某些规则制约的。

塞尔区分了两种语言规则:调节性规则(regulative rule)和构成性规则(constitutive rule)。

(1)调节性规则

塞尔指出,调节性规则或其类似规则在人际交往过程中是不可或缺的,这种规则可以调节人们相互之间的行为或行动,使交际活动处于一种和谐、礼貌的氛围之中。例如,在调节人际关系的礼仪规则方面,如果缺少调节性规则那么很可能大家的人际关系就变得不友好、不友善。

在使用语言时,调节性规则的方式为"如果……,则应该……"。例如：
如果天气晴朗,我们就出去旅行。
如果喝酒,就不要开车。
如果工作,就要认真仔细。
……

(2)构成性规则

构成性规则的目的是为了限制一些新的行为或是活动方式,如国际象棋中的规则、中国象棋中的规则,这些规则都是约定俗成的,是不能随便加以改动的,这些就属于构成性规则的范畴。

构成性规则采用的一般方式为"……等于……"。例如：
把这道题做对就等于多加一分。
将自己的旗帜插到对方的营地内就等于赢得了这场比赛。
……

2. 实施言语行为的条件

塞尔(1965)在研究中以"许诺/保证"(promise)这一言语行为为例进行研究,说明完成这样的行为需要具备的充分必要条件,这些条件主要包括以下几个方面。

(1)语言输入与输出条件要正确。输入条件包括的是理解话语的条件,输出条件指的是说的话可以让人明白。换句话说就是,交际双方不存在沟通的缺陷,可以正常的使用语言,用语言进行沟通交流,而且交际双方都明白交际的目的和方式,不存在交际的问题。

(2)说话人在话语中表达了一定的命题内容(propositional content)。塞尔对以言成事行为与以言行事行为的命题内容进行了区分。例如:

①Will he come?

②He will come.

③I hope he will come.

④If he comes, I will be happy.

在上述四个以言行事的句子中,都含有"他会来"这一共同的命题。

命题一般包含两个部分:话语所指的人(物);话语中所指人(物)的行为。但是需要指出的是,虽然命题的行为表达是实现言事行为的一部分,但是命题内容本身却不构成一种行为。

在研究中,塞尔还发现,虽然有些言事行为不具备命题内容,但是在一些特定的语境中也可实现其言语行为,这类行为在一些语气词中表现的比较明显。例如,"Ouch!","Hurrah!","Oh, my god!"。

(3)表达命题时,说话人就在进行他即将实施的行为或行动。例如,"许诺"这一言语行为就是说话人将要实施的行为。

条件(2)和条件(3)关注的是命题的内容方面实施的条件,因此可以统称为"命题内容条件"。

(4)对交际双方来说,听话人希望说话人去实施这个言语行为。听话人的意愿在语言行为中的作用也很明显,基于此我们就可以明显的区分出"许诺"和"威胁"这两种言语行为。"许诺"是说话人要为听话人实施的某一行动;而"威胁"是说话人要对听话人实施的某种行动。也就是即使说话人"许诺"要为听话人做某事,但是这种行为却不是听话人希望得到的,那么说话人的"许诺"就可能演化为一种"威胁"或"警告"。例如:

If you fail in the coming exam, I promise you that I will have a talk with your parents.

上述话语的情境如果是老师对几个学习态度不端正,考试成绩相对较差的学生的言语行为,那么它所表现的就不是一种许诺或保证,也不是老师的承诺行为,而是老师对学生的一种"警告"。老师使用类似非严格的"许诺"或"保证"的言语行为,是为了督促学生好好复习功课,在考试中成绩有所提高。

(5)在正常情况下说话人虽然有言语行为,但是交际双方都明白说话人不会实施这种行为,这是很多希望产生效果的言事行为的共同条件。拿"许诺"或"保证"这一言语行为来说,说话人一般不会许诺去做自己打算做的事情或正在做的事情,也不会许诺去做自己经常做的事情。例如,刚举行完婚礼的新婚燕尔,如果丈夫对新婚妻子说"我许诺一定不会下周跟你离婚",这样的"许诺"和"保证"也许会产生相反的后果。

条件(4)和条件(5)合称为"预备条件"(preparatory condition),预备条件是实施"许诺"或"保证"这一言语行为的绝对必要条件。

(6)说话人有意去实施这一行为。说话人有意去实施的行为可以叫做真诚许诺。当说话人是真诚许诺时,那么说话人希望去履行所许诺的事情,并且说话人认为自己完成许诺行为是完全有可能的。塞尔将这种条件称为"真诚条件"(sincerity condition)。

相反,非真诚许诺从内心来讲并不是真的想要去实施这一行为,只是一种口头承诺,是不可能实现的事情。例如,男孩子花言巧语哄女孩子开心时,常常说:"如果你想要,我就把天上的月亮摘给你。"

(7)说话人希望通过说出某一话语让自己承担做某事的责任。"许诺"的基本特征是说话人要承担实施某行为的责任,这一条件可以将"许诺"与其他言语行为区别开来。也就是说,"许诺"的基本前提是说话人愿意或是希望做这个承诺。

(8)说话人希望听话人通过识别其意图,使听话人知道说出该话语就算是说话人已经承担起实施这个行为的义务,且通过该话语去领会他的意图或愿望。

说话人通过使听话人了解他想取的这种效果的意向来使言事行为产生一定的效果,并且说话人也希望听话人能意识到,自己所使用的词汇与句法特征是与取得该效果的机率联系在一起的。例如,I wish 和 I hope 所表达的希望程度是不同的。

(9)当说话人的话语满足前面的八个条件时,才能显示出正确的、真诚的话语,这种结果是由说话人和听话人在语义规则的作用下共同完成的。也就是说,满足了这些条件,说话人按照所使用语言的语义规则完成的话就是一种许诺行为。

3.实施言语行为的四大规则

塞尔在提出了实施"许诺"或"保证"言语行为的条件后,进一步研究了实施言语行为的四大规则。

(1)命题内容规则

该规则是在条件(2)和条件(3)的基础上产生的,这个规则的意思是:命题只能出现在话语(或比话语更大的语境)中,表明说话人将要实施的某一行为或活动。

(2)预备规则

预备规则是在条件(4)和条件(5)的基础上产生的,包括以下两个方面。

①只有当交际双方共同作用,这一命题才能成立。换句话说,就是只有当说话人知道听话人希望他的行为实施,或者是听话人希望说话人实施这个行为时这一命题才成立,也就是"你情我愿"。例如:

I bet you six pence.

这句话只有当听话人愿意和说话人打赌时这句话才具有明显的意义,否则无效。

②只有当交际双方互相了解,在一般条件下说话人不会采取某种行为这一命题才成立。

(3)真诚规则

这个规则是基于条件(6)产生的,也就是真诚条件。表示的是只有当说话人希望实施某一行为时说话人才能说出某一命题。

(4)基本规则

这一规则产生于条件(7),说话人说出某一命题就等于说话人承担了实施这一行为的责任。

(二)间接言语行为理论概述

塞尔的主要贡献在于发现了间接言语行为现象并构建了间接言语行为理论,而不仅仅是对言语行为的重新分类。间接言语行为指的是用间接的表达方式表示某种言语行为,这些话语就是间接施为句,也就是间接言语行为。

1.间接言语行为的使用

在很多情况下,为了实现某种目的,说话人会特意使用间接言语行为。请看下面这组例句。

(1)I hope you can turn it up.

这是一个显性施为句,说话人直接实施了"请求"的言语行为,属于直接言语行为。

(2)Can you turn it up,please?

这句话的出发点是出于礼貌,说话人改用间接的表达形式,通过询问表达了该请求的用意,可以使交际氛围变得和谐友好。

(3)We can't hear clearly.

(4)I want to take a seat in the front of the classroom.

(3)和(4)采用的是更为间接的言语行为来表达自己的言语请求。

间接言语行为是在间接施为句的基础上提出来的。为了更好地理解间接言语行为这个概念,首先需要听话人理解字面用意,然后推断出其间接用意,也就是话语间接表达的言外之意,即这句话的语用用意。例如:

Can you close the door?

此例中,该话语的字面用意是询问,但实际上它并不是询问对方是否有能力关上门。因此,听话人必须通过字面用意(询问),推断出说话人要表达的间接用意——是为了请求自己实施这一行为,所以其语用用意就等于"请你关上门"。

2.间接言语行为的理论基础

塞尔的间接言语行为是在以下假设的基础上提出的。

(1)通过显性施为句或明显的以言行事句中的施为动词可以判断说话人的语用意义。

(2)许多语句实际上都是隐性施为句。

(3)语句本身表达的类似言语行为称作"字面用意",它与所要表达的"言外之力"(语用用意)相对,而且"言外之力"是在了解了字面用意的基础上推断出来的。

(4)间接言语行为包括规约性间接言语行为和非规约性间接言语行为。

间接言语行为理论是为了解决说话人如何通过字面用意来表达间接的言外之力(语用用意)。换个角度说,就是听话人如何在理解了说话人的字面用意后,进而推断出间接的言外之力(语用用意)。

3.间接言语行为应关注的四因素

塞尔认为,为了更好地理解或表达间接言语行为,应该对以下四方面的因素进行关注。

(1)听话人的知识及语言的推断水平。

(2)说话人的语用知识与听话人所理解的语境信息。

(3)言语行为理论的了解,也就是要了解人们如何以言行事。

(4)对语用含意理论的掌握,特别应了解"会话含意"理论中有关合作原则中各准则的恪守与违反可能会产生的语用含意。

(三)间接言语行为的种类

间接言语行为可以分为两种:规约性间接言语行为和非规约性间接言语行为。下面分别进行介绍。

1. 规约性间接言语行为

规约性间接言语行为是出于对听话人的礼貌而提出的,它根据话语的句法形式,按照常规可立即推断出间接的言外之力(语用用意)。例如:

Could you please be a little quieter?

请安静点行吗?

I'd rather you didn't make so much noise, please.

我真希望你不要弄出这么大的声音。

这两个例句中都包含了英语单词 please。虽然这两句话的语言形式没有发生改变,但是却明确表达了"请求"的用意。在功能上,可以称其为"祈使句",表达的已经不再是间接言语行为。需要注意的是,在对"字面含意"或者"言外之力"进行判断的时候,还要根据话语发生的环境来判断。例如,在篮球场上,甲问乙:"Can you play basketball?"此时该话语表达的很可能是请求或邀请的间接言语行为;但如果甲在教室里向乙提出类似问题,这很显然可以通过表达的字面用意进行了解,也就是在询问对方是否会打篮球。

有时由于受语境的限制,即使说话人通过这类话语表达一个间接言语行为,并且听话人也明白对方的用意,但还是会故意按照话语的字面用意做出反应,这在要求前后句法结构匹配的英语中较为明显。例如:

A:Can you close the door?

能把门关一下吗?

B:No, sorry, I can't. I've turned in.

不,对不起,我不能。我已经上床睡觉了。

2. 非规约性间接言语行为

非规约性间接言语行为较归约性间接言语行为来说要相对复杂,需要交际双方依靠彼此共知的语言信息以及所处的语境来进行具体判断。例如:

A:Let's go the party.

我们去聚会吧。
B:I have a test tomorrow.
我明天有个测试。

在塞尔看来,B 的间接言语行为——拒绝,是通过下述步骤推断出来的。

A 首先向 B 提出建议,B 进行陈述,说自己要进行测试。B 的回答没有表达任何一种言语行为:接受、拒绝、建议等,因此可设想是故意违反了合作原则中的关系准则,也就是 B 的应答必然具有非字面的言外之意。在交际双方的共同信息或背景知识中,都了解测试需要时间来进行准备,但是去聚会就会耽误准备测试的时间,因此 B 不能去聚会,而要利用时间准备测试。A 在了解了 B 的回答之后,就可以推断出 B 其实是拒绝了自己的邀约。

非规约性间接言语行为的前提条件是交际双方拥有共知的语言信息、语境信息等,在这个基础上双方才能推断出语言的含义。如果说话人表达的间接用意与听话人的理解不同,很可能就是由于交际双方共知的语言信息不足或语境含糊等。有时非规约性间接言语行为的使用与理解受制于特定的语境,比如说话双方的社会地位、身份等差异,或说话人出于礼貌也会导致说话人的用意和听话人的理解不一致的情况。在此情况下,说话人可能会重复自己所说的话语或改用更清楚的话语,把要表达的言外之意明确地表达出来。

三、言语行为的语用特征

言语行为理论来源于一个假设:人类交际的基本单位不是句子或其他表达手段,而是一定的行为,如陈述、请求、提问、命令、感谢、道歉、祝贺、警告等。[①]

言语行为具有自己的特征,概括来讲就是说话人通过自己的一句话或若干句话可以来执行一个或很多个言语行为,从句法或逻辑语义的角度来讲这是"言有所述",但从语用的角度看,这就是语言的"言有所为",甚至在言语行为之后会产生"言后之果",也就是听话人受说话人话语产生的后果。

话语是在一定语境条件下,用于特定目的的语言形式。在具体语境中,如果某一话语不是在陈述或描述信息,那它就可能在实施某事。也就是说,言语行为具有重要的语用特征。因此,一旦说话人对听话人说出某一话语,产生言语行为之后,情况就可能发生改变。

---

① 何自然,冉永平. 新编语用学概论. 北京:北京大学出版社,2011

言语行为理论属于语用学的探索范围,主要关注的是特定交际中话语的实际运用情况。言语行为是一种语用现象,有以下几个显著特征。

(1)一个话语被称为言语行为的条件是该行为的执行者、行为动机、意图及社会文化等语境条件。换句话说,就是所实施言语行为是一个恰当的言语行为应该具备什么样的条件。

(2)言语行为受言语事件的语用环境所影响。换句话说,我们可以将言语行为理解为一种"语用类属(pragmatic category)",在分析言语行为时,对交际的互动性与社交因素也要给予足够的重视。

(3)言语行为的实现有两种方式,这表现在对施为动词的使用与否上。"警告"、"请求"、"劝告"、"打赌"、"道歉"等(施为)动词在日常交流中经常用到。例如:

I sentence you to five years of hard labor.

我宣判你服五年苦役。

但是需要指出的是,有很多的言语行为是通过间接的方式来实施的。

(4)在不同的语言环境中,言语行为具有不同的语用取效功能。也可以理解为,言语行为也许会对听话人产生一定的后果或者影响。例如:

A:You are a bad guy.

B:Why did you say that?

在此例中,B质问甲的言语行为,即质问对方的用意何在,而B使用的话语本身也意味着一种言语行为,即向甲提出抗议,对他的骂人行为表示了责备。那么可以说,B的质问就是A的行为所产生的后果。一般情况下,当说话人实施了某一言语行为,表达了一定用意之后通常都会收到言后之果。

综上所述,言语行为这一概念的提出旨在让人们明白:若想真正地理解话语含义,仅仅靠进行句子结构的逻辑—语义分析是远远不够的。原因是话语本身也可以成为一种言语行为,言语行为不仅是描述或陈述,而且还要达到某种作用,完成某件事情。

第四节 礼貌原则

一、礼貌原则

礼貌原则在语用界已被公认为一种语用现象。根据利奇(Leech)的观点,礼貌原则由六个准则组成的,每个准则也有自己的次准则。

(一)得体准则

得体准则(modesty maxim)指的是减少有损于他人的观点,体现于指令性和承诺性言语行为中。其具体要求如下。

(1)尽量让别人少吃亏。

(2)尽量让别人多收益。

这个准则是以他人为出发点。从言语行为的驱使程度来说,如果某一行为对听话人所产生的驱使程度越大,也就是听话人选择的余地越少,那么该话语就显得越不礼貌,反之礼貌程度就越高。

(二)慷慨准则

慷慨准则(generosity maxim)指减少表达有利于自己的观点。其具体要求如下。

(1)尽量让自己少收益。

(2)尽量让自己多吃亏。

这个准则以说话人的受益和受损为出发点,它和得体原则构成姐妹原则。

(三)赞誉准则

赞誉准则(praise maxim)指减少表达对他人的贬损。其具体要求如下。

(1)尽量少贬低别人。

(2)尽量多赞誉别人。

这个准则的出发点是听话人或他人,涉及说话人对听话人的评价问题。

(四)谦逊准则

谦逊准则(modesty maxim)要求减少对自己的表扬。其具体要求如下。

(1)尽量少赞扬自己。

(2)尽量多贬低自己。

该准则以说话人为出发点,用来判定礼貌。自夸往往是不礼貌的,贬低自己会显得更得体、更礼貌。

(五)一致准则

一致准则(agreement maxim)指减少自己与别人在观点上的不一致,

用于断言性言语行为。其具体要求如下:
(1)尽量减少自己和他人之间的分歧。
(2)尽量增加自己与他人的一致。
此准则关注的是说话人和听话人之间的观点、看法是否一致。如果最大限度的与对方保持一致就显得礼貌,反之显得不礼貌。

(六)同情准则

同情准则(sympathy maxim)是指减少自己与他人在感情上的对立。其具体要求如下。
(1)尽量减少双方的反感。
(2)尽量增加双方的同情。
此准则涉及的是说话人和听话人之间的关系,尤其是双方的心理感受,增加同情可以使交际更得体、礼貌。

二、面子理论

(一)定义及分类

1. 布朗和莱文森的面子理论

所谓面子,指的是行为选择的自主权,或自己的观点能得到对方的认可。详细来讲,面子就是每个人意欲为自己争取的公共形象。

在交际中,人们的面子可能会受到某些行为的威胁。布朗和莱文森(Brown & Levinson)从面子以及面子威胁的角度来探究礼貌策略,加深了学术界对礼貌现象的理解,同时将言语行为和礼貌结合在一起,保证了社会语用学研究免受传统语用学对"脱离语言本体研究"的攻击。

2. 面子的分类

根据布朗和莱文森的观点,在交际中,说话人主要以不威胁自己或对方的面子为出发点。面子分为积极面子(positive face)和消极面子(negative face)。

(1)积极面子

所谓积极面子,指的是希望被别人接受,得到别人的喜爱和赞同。渴望自己被当作同一群体的成员,自己的需求能够得到别人的理解以及受到别人的尊敬。例如:

Oh wow, what a lovely flowers! Thank you so much.

在这句话中,说话人以积极面子为出发点,充分考虑到听话人的面子。通过表达自己的惊喜和对收到礼物的欣赏来使对方的面子得到满足。

(2)消极面子

消极面子指的是希望自己的行为不受别人的干涉或阻碍,自己能够独立自主,可以拥有决定自己行为的自由。例如:

Wash the dishes.

这个句子表达了一种命令的语气,妨碍了听话人的自由,也就是威胁了听话人的消极面子。

简单来说,积极面子是希望与别人有联系,而消极面子是希望自己能够独立。在交际活动中,人们要互相合作,尽量保持或增加双方的面子。

(二)面子威胁行为

布朗和莱文森对礼貌、面子等言语交际中存在的社会信息现象做了系统的研究,提出了基于面子的礼貌理论,并指出理智的交际者都具有一定的面子观,并且交际过程中都会维护彼此的面子。他们把发话人的言语行为威胁受话人的面子称为一种面子威胁行为(简称为 FTA)。面子威胁行为包括威胁受话人的积极面子、消极面子,还包括威胁听话人的积极面子、消极面子。

1. 威胁听话人的积极面子行为

这一类行为又包括以下两种。

(1)说话人对听话人表示不赞同、批评、蔑视、抱怨、指责、非难、侮辱等,或者认为听话人的观点有错误或不合情理。例如:

It is not useful.

I do not agree your opinion.

这两个句子都表明了对对方的一种否定,威胁了听话人的积极面子。

(2)说话人对听话人表达无法控制的强烈情绪,提及禁忌话题;给听话人带来坏消息,或提及说话人自夸的好消息;提及威胁感情或有分歧的话题,如种族、宗教等;会话中公然地反对或不合作;首次交谈时使用不合适的称呼;冒犯听话人等。例如:

You are the only one in our class who hasn't passed the exam.

2. 威胁听话人的消极面子行为

此行为包括以下三种情况。

(1)说话人命令、请求、提醒、建议、威胁、警告说话人做或不做某事。例如:

Take a bath,now!

I warn you to stay away from her!

(2)说话人提供、许诺等,让听话人接受或拒绝。例如:

You must clean the house.

I will call you tomorrow.

(3)说话人表示赞美、羡慕、嫉妒等,或者表达憎恨、发怒等强烈感情。例如:

I am so angry with what you said.

3.威胁说话人的积极面子行为

这类行为主要指说话人道歉,承认自己有错,忏悔或接受赞美,自相矛盾等。例如:

I am so sorry about that. It is all my fault.

4.威胁说话人的消极面子行为

这类行为主要指说话人表示感谢,接受听话人的感谢或道歉,找托词,接受提供,对听话人的过失行为作出反应,以及不情愿地许诺或提供等。例如:

Thanks for your concern.

既然在生活中许多言语行为都会威胁到面子,那么到底该如何估算威胁面子行为的因素呢?布朗和莱文森认为面子威胁的程度取决于三个因素。

(1)说话人和听话人之间的社会距离(social distance)。

(2)说话人和听话人之间的相对权势(relative power)。

(3)特定的文化中,言语行为本身所固定的、强加的绝对级别(absolute ranking of imposition)。

在日常交际过程中,不可避免的都会遇到威胁面子的行为,所以需要人们在言语交际中尽量避免或减轻面子的威胁程度,使交际在礼貌、得体的环境中进行。

(三)礼貌调控策略

在语言运用过程中,某些言语行为本身对对方的面子产生潜在的威胁。若不可避免地要使用面子威胁行为时,也要尽量降低其威胁力度,这就需要一定的礼貌调控策略。礼貌调控策略主要包括以下几种情况。

1. 语用移情人称指示语的运用

语用移情指示语(pragmatic empathy)是现代语用学研究的重要课题，指言语交际中说话人从对方的角度出发，设想或理解对方的用意，最后达到双方的交际目的。

人称指示语指的是交际双方传递信息的相互称呼，人称指示语的语用移情主要体现在发话人使利益中心发生转移，转移到受话人的情况。当话语威胁受话人的面子时，恰当运用人称指示语使其发挥移情作用，会增加话语的礼貌程度，使交际顺利进行。例如：

It is my honor to be here to give a speech.

这句话的移情物主代词是 my，这样可以表现出说话者谦虚的品格。如果这句话中的 my 变为 your 就会显得说话人骄傲自大，交际活动就会出现隔阂。

2. 使用模糊限制词语

模糊限制词是莱考夫(George Lakof)于《模糊限制词和语义标准》中提出的。他指出模糊限制词语是把事情弄得模糊的词语或结构，另外他还提出了自然语言中的概念模糊问题，并从语义学的角度分析模糊限定词语。例如：

Your house was messy.

Your house was a little bit messy.

这句话通过加入 a little bit 这个模糊限制词语就可以降低对对方面子的威胁程度，从而遵守了礼貌原则。

3. 加强对礼貌标记语的运用

在言语交际过程中，经常使用礼貌标记语来降低面子威胁的程度，增加言语行为的礼貌程度。例如：

Close the window.

Close the window, please.

第一句话的意思是"关上门！"，语气生硬显得没有礼貌，很明显的是发话人受益，受话人受损，这就属于 FTA。但是在这句话中加上 please 后就使语气变得温和、有礼貌，同时也表现了对受话人的尊重。但是在英语交际过程中，礼貌词 please 并不表示交际双方的社会地位。在实际生活中，please 的运用既可以是下级对上级的请求，也可以是上级对下级的请求。

只要不影响双方的面子都可以灵活使用,用来实现交际目的。

第五节 关联理论

一、关联理论的定义

关联理论正式提出于 1986 年,由斯波伯(Dan Sperber)和威尔逊(Deirdre Wilson)在《关联性——交际与认知》一书中提出。这一专著最初的出版目的是"为认知科学打下统一的理论基础"。作者希望通过书中所提出的理论和方法,找到现实生活中所需要的所有有关语言交际的理论。

斯波伯和威尔逊对关联理论的定义为,"每一个明示交际行动都传递一种假定:该行动本身具备最佳关联性。"

对这个定义进行理解,需要明白其中涉及的两个概念:明示交际行动和最佳关联假定。

(1)明示交际行动。根据斯波伯和威尔逊的观点,"交际不只是简单的编码和解码的过程,而且涉及推理。"但是他们认为推理只与听话人有关。从说话人方面讲,交际应该被看成是一种表明自身说话意图的行为。[1] 这就是所谓的明示交际行动。

(2)最佳关联假定。所谓最佳关联假定主要有以下两个方面的内容。

①发话人意欲向听话者显现的这个设想集Ⅰ具有足够的关联性,值得受话者花时间去处理其明示性刺激信号。

②这一明示刺激信号,是发话者可能用来传递Ⅰ关联性的最大信号。

二、关联理论研究

(一)关注的核心问题

关联理论所关注的核心问题是交际与认知。它不以规则为基础,同时也不以准则为标准,而是基于下面的观点。[2]

(1)话语的内容、语境和各种暗示,使听话人对话语产生不同的理解。

---

[1] 胡壮麟.语言学教程.北京:北京大学出版社,2007
[2] 严辰松,高航.语用学.上海:上海外语教育出版社,2005

(2)听话人不一定在任何场合下对话语所表达的全部意义都得到理解。
(3)听话人只用一个单一的、普遍的标准去理解话语。
(4)这个标准足以使听话人认定一种唯一可行的理解。

斯波伯和威尔逊认为这个标准就是关联性,因此每一种明示的交际行为都应设想为这个交际行为本身具备的最佳关联性。[①]

(二)两种交际模式

关联理论的提出主要是针对格赖斯的会话含义学说。斯波伯和威尔逊主张在交际过程中会存在两种交际模式。

(1)代码模式(code model)。
(2)推理模式(inferential model)。

在语言交际中会同时涉及这两种模式的应用。但是需要指出的是,在交际过程中认知—推理过程是基本的,编码—解码的过程则附属于该过程。

(三)要探寻的问题

关联理论的提出主要是为了找出下列问题的答案。

(1)为什么交际双方各自的谈话意图会被对方识别?
(2)为什么交际双方配合得如此自然,既能产生话语,又能识别对方的话语?

对上述两个问题,学者斯波伯和威尔逊给出了下列答案。

(1)交际双方说话就是为了让对方明白,所以要求"互明"(mutual manifestness)。
(2)交际是一个认知过程;交际双方之所以能够配合默契,明白对方话语的暗含内容,主要是由于有一个最佳的认知模式——关联性。

对答案进行总结可以得出,交际双方在实际的交际过程中需要找到对方话语同语境假设的最佳关联,通过推理推断出语境暗含的内容,最终取得语境效果,达到交际成功。[②]

三、关联原则

斯波伯和威尔逊在其著作《关联性:交际与认知》一书中提出了两个关联原则——认知原则和交际原则(也称为"第一关联原则"和"第二关联原

[①] 严辰松,高航.语用学.上海:上海外语教育出版社,2005
[②] 同上

则")。

(一)两个关联原则的定义

第一关联原则认为,人类认知常常与最大关联性相吻合。

第二关联原则认为,每一个明示的交际行为都应设想为它本身具有最佳关联性。

(二)两个关联原则的关系

第一关联原则主要和认知有关,第二关联原则主要和交际有关。其中第一关联原则是第二关联原则的基础,因为第一关联原则能够预测人们的认知行为,从而对交际产生导向作用。

需要注意的是,第一关联原则和第二关联原则提出的时间不同,那么为什么斯波伯和威尔逊要对关联原则进行修正和增加呢?也就是说,最大关联性和最佳关联性之间的区别是什么呢?他们指出,最大关联性主要是通过在话语理解时付出尽可能小的努力而获得最大的语境效果(the greatest possible effects for the smallest possible effort)。

最佳关联性主要是指,在话语理解时付出有效的努力之后所获得的足够的语境效果(adequate effects for no unjustifiable effort)。

这两个学者认为,人类认知往往与最大关联性相吻合,因而交际只期待产生一个最佳关联性。由于在书中只对交际原则进行了重点描述,因此人们在对这个理论进行理解的过程中经常出现一些误解,往往忽视了最大关联性与最佳关联性之间的差异,并以为他们只主张最大关联性这条单一原则,管束交际和认知两个方面。因此两位学者希望通过区分两条关联原则,消除读者对关联原则的误解。[1]

---

[1] 严辰松,高航.语用学.上海:上海外语教育出版社,2005

第八章 语言与社会

　　语言总是在一定的语境中使用,这些语境存在于社会生活的方方面面,同时也意味着语言必然受其所在的大环境——社会的影响。因此,在研究语言时不仅要研究语言本身的规律,还要研究其在社会背景下的使用规律和特点,这将有助于我们更全面地认识语言。本章就来研究语言与社会的几个主要问题:语言与社会的关系、社会语言学概述、语言与方言、语言与性别。

第一节　语言与社会的关系

　　语言的使用离不开社会环境,因此语言必须被放在社会大语境下才能得到正确的理解。具体来说,语言与社会之间的关系主要表现在以下两个方面。

一、语言可以建立和维持社会关系

　　语言是交际的重要手段,它不仅可以促进交际的开展,而且能够使人们在交际过程中相识、相知,建立起短暂或长久的联系。因此,语言对于建立和维持社会关系具有重要的作用。这一点从人们的日常用语中就可以看出。例如:
Hello!/Hi!
How do you do?
Good morning!
How's your family?
Nice day today, isn't?

二、语言可以揭示说话人的信息

　　说话人对话语的使用无形中总是受其所处的社会背景的影响。因此,通过语言,受话人也可以判断出发话人的个人信息和社会信息。例如,英语中表示"雪"的单词只有 snow 一个,而在爱斯基摩语中却有好几个关于"雪"的词。这是爱斯基摩人在他们多雪的生活中需要对不同种类的雪进行区分的反映。再如,不同国家、地区对于元音后是否使用/r/有着不同的习惯。在英格兰口音中,不发元音后/r/的口音被认为比带有这个音的要正确;而在纽约,带有这个音的口音却被认为更有影响力、更正确。因此,通过说话人元音后是否使用/r/可以对说话人的背景进行有根据的判断。

第二节 社会语言学概述

一、社会语言学的产生

人们对语言和社会的关系早已有所认识,并且进行了一定的考察。从希腊—罗马和印度的一些哲学家、语法家的文献中就可以找到许多这方面的证据,尽管这些证据还十分零散。整个 20 世纪,人们将语言学视为一门独立学科,追求其一元性、自治性,并且为此做了大量的研究。在这种主流思想的影响下,语言研究脱离了语言使用的社会环境,而只注重研究语言结构。例如,作为现代语言学的开创者,索绪尔(Ferdinard de Saussure)就坚决主张"就语言和为语言而研究语言",并将和语言关系密切的民族、思想、文化、历史等社会因素归入"外部语言学"中,认为这些社会因素和语言本身的研究并无太大关系。受索绪尔观点的影响,随后的结构主义语言学(structural linguistics)和转换生成语法学(transformational generative grammar)也都以同样的态度看待语言,即将语言看作全体社会成员在说话中统一使用的结构系统,而不是与具体的社会生活、物质现实相联系的活动。

然而,20 世纪 60 年代以后,这种语言观开始遭到部分学者的批判。英国语言学家韩礼德(Halliday)和美国人类学家海姆斯(Hymes)等人认为,言语是社会行为,脱离社会去研究语言是危险的。因此,他们主张在社会环境中研究语言,以实际交流中使用的真实语言为研究对象,通过联系各种社会因素来揭示具体语言的特征和一般语言的性质。从此,社会语言学得以兴起。1964 年,第一次社会语言学会议在美国加利福尼亚大学召开。1966 年,布莱特(W. Bright)把此次会议的论文汇集成册出版,这是最早的社会语言学论文集。

二、社会语言学的研究对象

与心理语言学、计算机语言学、神经语言学、民族语言学等一样,社会语言学也是一种跨学科的语言学分支,是一种边缘性学科。因此,语言学家对社会语言学的研究对象有不同的看法。概括来说,这些研究对象大致可以分为以下五类。

(1)各类语言变体的构造特点、社会功能。

(2)因社会、经济、文化、政治、语言接触等原因而引起的语言变化的方式和规律。

(3)社会以及不同集团对各种语言或语言变体的评价、态度以及由此产生的社会效应。

(4)一个国家、地区的双语、多语或多方言等方面的语言状况以及各类言语共同体使用语言的状况、特征。

(5)交际情景与语码选择之间的关系以及语码选择与人际关系之间的相互作用。

三、社会语言学的研究方法

实地调查是社会语言学通常采用的研究方法,这种方法可以通过语言材料的定量统计分析得出概率性的结论。从这一点来看,社会语言学比较接近于社会学、自然科学。

社会语言学研究语言变量与社会变量之间的相关性,研究对象是社会变体,即社会方言,研究涉及社会阶层、性别、年龄等社会变量。首先,要确定社会变量。在确定社会变量后,就是抽样。社会语言学一般采用随机抽样方法,也就是在某一范围内抽取少量样本。与抽样相联系的是适度的结论,也就是说,研究人员要避免过度概括。例如,调查对象是某个高校的学生,那么调查研究的结果就不能超越该范围,得出某地区甚至是全国性的结论。

随机抽样的优点是可以避免研究人员为了得出某一个结论,在抽样时带有偏见;缺点是抽样的结果只是一种概率的统计,因此可能存在误差。而且其操作并不容易,研究人员需要在这些方面耗费大量的时间、精力。

由于随机抽样的缺陷,研究人员在实践中也经常采用非随机抽样的方法从总体中抽取一部分样本作为调查对象。然而,非随机抽样法同样存在一定的缺陷,即无法计算误差和可信度,因此不能够根据样本推断总体情况。

另外,社会语言学还可以通过观察法、问卷法、访谈法以及实验法搜集语料。研究人员无论采用哪一种方法,都需要排除干扰与偏见,保证语料的真实性。在使用问卷法时,设计问卷是一件比较复杂的工作。研究人员应该尽量将问题设计得清晰明确,并且要注意开放式问题的中立性。此外,由于问卷法搜集来的语料只是一堆原始信息,研究人员还需要对这些原始信息进行分类、统计,才能得出结论。在使用访谈法搜集语料时,受访人很可能会由于觉察到研究人员的意图而有意调整自己的语体,这就可能使搜集到的语料失去真实性,因此研究人员在使用此法时应特别注意这一点,尽量使受访人输出其自然状态下的话语。

四、社会语言学的实践应用

在过去数十年里,社会语言学得到较快的发展。这一领域的研究成果大大丰富了人们对语言和社会的关系的认识。随着这一学科的不断成熟,一个新的分支学科"应用社会语言学"(applied sociolinguistics)逐渐形成。在法庭、医疗场所、语言课堂上,我们都可以见到社会语言学应用于实践的成功范例。

(一)考察法庭上的语言使用

考察法庭用语的社会语言学主要研究的是语言和法律之间的关系。这方面的研究为将社会语言学理论应用于更多社会实际问题开辟了新的道路。这方面的研究已有一些成功的尝试。

例如,现在很多人认识到语言学家在分析法庭上的语言材料证据时有着重要的作用。因此,司法人员和社会语言学家一起准备法律文件对提高文本的可读性无疑有很大的帮助。另外,法庭用语的调查研究已取得一些有意义的成果,这些调查研究成果不仅极大地深化了我们对权力的概念、使用中的语言之间的关系的理解,而且解释了人们为什么会在不同的特定环境使用不同的语言。例如,有些人多提问,有些人多回答;有些人使用强势语言,有些人使用弱势语言等。所有这些现象都与特定的社会因素和所处机构特点有莫大的关系。

(二)考察医疗场所中的语言使用

医生与病人的谈话是部分社会语言学者研究的对象。这类研究主要是为了探讨在等级社会中,如何通过语言使用对权力概念进行解码、编码?这些言语事件中所涉及的所指以及含意有什么样的语用模式与效力？因此，研究者们耗费大量的人力、精力、物力对医疗场所的话语模式进行社会语言学分析。研究者们相信，在现在这个高度等级化的交际环境中，关于医生与病人交流话语的研究有助于人们更深刻地理解社会因素对言语行为的影响。

（三）考察语言课堂上的语言使用

社会语言学之所以要对课堂上的语言使用进行研究，是因为传统语言教学存在很大的缺陷。传统语言教学观下，"语言学习是获取知识的过程，如同学习历史和数学，最终目的是让学生像语言学家一样，了解一些语言方面的知识，但对人们实际运用的语言却知之甚少"(Berns,1990)。

20世纪70年代，自从海姆斯将"交际能力"这一概念引入语言教学领域后，语言教学发生了巨大的变化——语言教师开始更多地考虑如何提高学生的交际能力。这对语言教学而言无疑是意义重大的。

总的来说，社会语言学对语言教学做出的贡献主要体现在以下几个方面。
(1)促进了语言教学重心的转移。
(2)使人们对语言发展和使用的本质有了全新的认识。
(3)推动了语言课堂活动、语言教学资料方面的革新。
(4)引发了语言教学领域更多卓有成效的研究。

第三节　语言与方言

语言变体是社会语言学中的一个重要概念，是分析社会语言现象时所采用的基本单位，既可以用来指语言、方言、语体，也可以用来指单个的语音、语法、词汇项目。语言由于说话人的不同社会特征、交谈双方的关系以及交际目的、场合的不同而形成各种变体，各种变体纵横交错地互相联系着，并在复杂的社会中有条不紊地发挥着各自的功能。因此可以说，语言是许多变体的集合，它没有一种固定不变、适用于一切场合的形式。语言变体一般可以分为以下两类：一类是用途相关的变体，被称为"语域"(register)；另一类则是与使用者相关的语言变体，被称为"方言"(dialect)。

一、方言的定义

前面提到，与语言使用者相关的语言变体被称为方言。那么该如何精确地定义方言呢？对此，不同的语言学家有着不同的观点。

弗兰克斯(W. N. Francis, 1983)认为，方言是"为小于某个语言群体的团体所使用的该语言的变体"。该定义突出了方言与它所隶属的语言之间的密切关系。

弗洛姆金和罗曼德(Fromkin & Rodman, 1983)认为，方言是"彼此可以交流、但又存在系统性差异的一种语言的不同变体"。这一定义强调了方言的两个必要条件：一是可互相交流(mutually intelligible)；二是存在系统性差异(differ in systematic ways)。只有满足了这两个条件，一种语言变体才能够被称为方言。例如，我们都承认英国英语与澳大利亚英语只是"英语"的两种地域方言。这是因为，一方面英国人与澳大利亚人可以顺利地进行交流，另一方面，英国英语与澳大利亚英语之间确实存在一些系统性的差异，这在发音、词汇上表现得特别明显。我们也承认中国人说的汉语与英国人说的英语不是一种语言的两种地域方言，而是两种截然不同的语言。这是因为汉语和英语在发音、词汇以及句法等方面所存在的差异，使说汉语的中国人与说英语的英国人在不懂得对方语言的条件下无法交流。

二、社会方言

当生产力不断发展，社会出现了劳动分工，出现了不同的行业、部门后，这些行业、部门会因活动的专门化而产生一些专门用语以及一些与全民语共存的同义语和特殊的表达方式，从而在全民语言的基础上产生一些有特点的语言分支，即社会方言(social dialect)。

语言的使用不仅由于情景、地域的不同而存在差异，而且还会由于各种社会因素的不同而发生变化，从而形成变体。语言的社会变体就是社会方言，它是语言集团(speech community)内某类人群常用的、具有区别性的语言。

作为一种交际工具，语言本身是没有阶级性的。但这并不影响不同社会阶层的人使用带有本阶层特征的语言变体。身处不同社会阶层的人们往往有着不同的语言模式和习惯。例如，医生、律师说的话不同于水手、士兵，嬉皮士青年说的话与正统的老年知识分子所说的话有明显区别，这就是语言的社会方言现象。影响语言使用的社会因素主要包括社会经济地位、文化教育素养、宗教、民族、职业、年龄、性别等。由于语言中负载了这些社会信息，因此从一个人的语言当中，我们可以推测出这个人的社会背景、家庭出身和文化素养等情况。这也是为什么语言被称为社会指示剂(social indicator)的原因。

社会阶层、教育程度、年龄、性别等社会因素对语言的影响不可小觑。正如尤尔(Yule)所指出的那样,每个人的言语都标示了一种社会身份,人们在自己的言语中,经意或不经意地透露了关于自己所隶属的社会团体及其相应的语言团体的信息。同一个语言团体的成员在语言使用中通常会遵循相同的准则并持有相同的期待。下面就主要介绍这几个因素。

(一)性别

社会语言学的研究成果表明,男性和女性在语言上表现出很大的差异,这个话题在社会语言学领域已经热议过半个世纪了。一般而言,在同一社会阶层中,女性的语言(包括发音、用词、句式等)比男性的语言更接近社会所尊崇的形式。对语言和性别的关系将在本章第四节进行详述,此处不再过多介绍。

(二)年龄

不同年龄阶段的人使用的语言有所差异。就算是同一个人,在不同的年龄阶段中所使用的语言也是不断变化的。这几乎是一切语言的通例。这其中既有生理方面的原因,也有社会心理方面的因素。青少年喜欢创新,好用新鲜的俚语;而老年人相对保守,比较喜欢使用一些已经过时的词语、句式。因此,青少年的语言往往显得时尚,而老年人的语言常显得老式而过时。

语言的年龄变异性体现在语音、词汇和句法三方面,而其中词汇差异最为明显。例如,杰罗姆·大卫·塞林格(J. D. Salinger)著名的长篇小说《麦田里的守望者》(*The Catcher in the Rye*)中的主人公霍尔顿·考尔菲德(Holden Caulfield)就是一个16岁的青少年,说着一口20世纪50年代初在美国东北部青少年学生中流行的日常通俗口语。他所使用的俚语、俗语、句法结构以及夸张、比喻等修辞手段都具有青少年语言的特点。这说明了语言可能由于使用者的年龄不同而具有不同的特征。

(三)民族

民族的差别是引起语言的社会变异的一个重要因素。例如,有着"大熔炉"之称的美国是一个多民族、多文化不断混合、交融的国家。那些外来民族移居美国时有聚居于某一地区的习惯,再加上原有文化、语言的影响,使不同民族在习得英语时形成了一种与标准美国英语有区别的变体,黑人英语(Black English)就是一个典型的例子。黑人英语是很多美国黑人非中产阶级所讲的方言。美国历史上对美国黑人的歧视使美国形成了黑人生活区、实行种族隔离的学校,标准英语与黑人英语的差别也因此得到了加强。这些差别具有一定的系统性,主要表现在音韵上的区别和句法结构上的区别。

(1)与标准美语相比,黑人英语在语音体系上有不少特点,以下是其中的部分特点。

①黑人英语中,除了元音前边的 r 发音以外,其他 r 都不发音。因此,fort(堡垒)和 fought(作战,过去时),guard(卫兵)和 god(上帝),poor(贫穷的)和 pa(爸),court(庭院)和 caught(抓,过去时),sore(痛)和 saw(看见,过去时)在黑人英语中发音相同。

②黑人英语中的元音/i/和/e/在鼻辅音前没有区别。因此,黑人英语中的 tin(锅)和 ten(十),pin(别针)和 pen(钢笔)等发音相同。

③黑人英语双元音/ai/和/au/之间的音位区别已经丧失,都变为长元音/a:/。因此,why(为什么)和 wow(哇)在黑人英语中的发音都是/wa:/。

(2)黑人英语的句法结构与标准美语存在着系统的差异。美国社会语言学家拉波夫(Labov)在这一方面的研究最深入。他的研究揭示一个事实:黑人英语的句法结构完全遵循自己独特的规则,与标准英语一样复杂,一样"符合逻辑"。下面对黑人英语的 be 动词的省略以及否定体系进行探讨。

一些语言学家以系动词 be 的省略不符合语言规则为由指责黑人英语"不合逻辑",如表 8-1 所示。

表 8-1 黑人英语中 be 动词的省略示例表

标准美语	黑人英语
He is nice. He's nice.	He nice.
They are mine. They're mine.	They mine.
I'm going to do it. I'm gonna do it.	I gonna do it.
He is as nice as he says he's.	He as nice as he says he.
How beautiful you're.	How beautiful you.
Here I'm.	Here I.

通过上表可以看出,尽管黑人英语中的 be 动词省略现象十分严重,看

— 199 —

似随意,但其中仍是有规律可循的,即标准美语中可以用缩略形式(he is→he's)的任何场合,黑人英语都可以删除系动词 be。

再如,黑人英语与标准美语在肯定、否定形式上的对比如表 8-2 所示。

表 8-2　标准美语和黑人英语的否定对比

标准美语	黑人英语	中文意思
He knows something.	He know something.	他知道一些事情。(肯定)
He has got some.	He got some.	他得到了一些。(肯定)
He likes somebody.	He like somebody.	他喜欢某人。(肯定)
He hasn't got any. He's got none.	He ain't got none. He got none.	他什么也没得到。(否定)
He doesn't know anything. He knows nothing.	He know nothing. He don't know nothing.	他一点也不知道。(否定)
He likes nobody. He doesn't like anybody.	He don't like nobody. He like nobody.	他谁也不喜欢。(否定)

通过以上表格不难发现黑人英语的否定体系。当否定动词时,不定代词 something,somebody 和 some 变成含否定意义的 nothing,nobody 和 none,这条简明的规则在许多语言中都能找到。实际上,这条规则见于早期所有的英语方言中。由此可见,不能仅因黑人英语有其独特的否定体系就认定它"不合逻辑",更不能因此断定黑人英语的使用者"有语言缺陷"。

除了以上所介绍的之外,黑人英语中还有许多系统和语法规则,这足见其语法体系之严密。

(四)社会阶层与教育程度

1.社会阶层与教育程度对语言使用的影响

不同的社会阶层由于社会经济地位、文化教育程度的不同,使用的语言也会有所不同。一般而言,上层人士和文化素养较高的人多使用标准用语,而下层人士和受教育程度较低的人则多使用非正规用语。试比较下面两组例子。

Speaker A　　　　　　　　Speaker B
He ain't got it.　　　　　　He hasn't got it.
He done it yesterday.　　　He did it yesterday.

第八章　语言与社会

It was she that said it.　　　It was her what said it.

通过对比可知,Speaker B 属于社会地位、教育水准较高的阶层,而 Speaker A 的社会地位、受教育程度则较低。

研究发现,从小辍学的人群比正常完成学业的人群更容易使用不合规范的语言形式。例如:

Fidler(shouting to a horse):Hold still! Hold still! Damn it, I say hold still! Ain't you got no brains at all? You do what I say or I's goin' to do hard wid you. You move once more an'ol'Fidler's goin'ta reach you in and pull your behind through your nose!

(*Root*)

这是美国电影《根》中的一段台词。电影中,Fidler 是一个没有什么文化的老黑奴,因此他的话语不仅粗俗,而且发音也不标准,这与他的社会地位、受教育程度是十分相符的。再如:

Eliza:Oh, you've no feeling heart in you; you don't care for nothing but yourself.

(George Bernard Shaw:*Pygmalion*, Act Ⅱ)

Eliza:It's not because you paid for my dresses. I know you are generous to everybody with money. But it was from you that I learn really nice manners; and that is what makes one a lady, isn't it? You see it was so very difficult for me with the example of Professor Higgins always before me. I was brought up to be just like him, unable to control myself, and using bad language on the slightest provocation. And I should never have known that ladies and gentlemen didn't behave like that if you hadn't been there.

(George Bernard Shaw:*Pygmalion*, Act V)

以上两段台词均出自 Eliza 之口,但第一段台词是她在尚未接受 Higgins 教授的语音训练时说的,而第二段台词则是她接受了训练之后说的。受教育程度的改变对一个人语言使用的影响在此显而易见。

2.社会阶层、教育程度不同的人的语用区别

通过前面的讨论可知,社会阶层和教育程度对一个人的语言使用有很大的影响。因此,不同社会阶层的用语在语音、词汇和语法规则方面必然有着较为明显的区别。这些区别主要体现在以下几个方面。

(1)语音方面

许多社会语言学家通过调查研究发现,语言的发音随着社会、阶级地位

的下降而呈现规律性的变化。

例如,在英格兰诺里奇(Norwich),对不同的社会阶层成员进行关于在 walking,running 等词中用-n 而不用-ng 的比例进行调查研究发现,将后鼻音/ŋ/发成前鼻音/n/的现象随着社会地位的下降而明显增加。这次调查的结果如表 8-3 所示。

表 8-3　用/n/而不用/ŋ/的使用者的百分比

Upper middle class	31%
Lower middle class	42%
Upper working class	87%
Middle working class	95%
Lower working class	100%

(2)词汇方面

不同社会阶层的人倾向使用的词汇类型也不同。例如,上层阶级的方言特点是倾向于使用某些"大词"(big words),而下层阶级的方言特色则是倾向于使用通俗的缩略形式、俗语和俚语。需要指出的是,社会方言在词汇方面的差别并非绝对的,不同社会阶层的常用词汇经常彼此流动。

(3)语法方面

动词第三人称单数加-s 是标准英语中所规定的语法规则,但是在非正规英语中往往不加-s。在不同的社会阶层中,动词第三人称不加-s 这种情况出现的频率差异很大。一份对英格兰东部诺里奇城居民以及美国底特律市(Detroit)黑人居民的调查表明,随着社会地位的下降,动词第三人称不加-s 的比率逐渐上升。确切地说,在诺里奇和底特律两地,从事体力劳动的工人和从事非体力劳动的中产阶级之间,语言差别最为明显,非正规语法现象上升的幅度最大。调查结果如表 8-4 所示。

表 8-4　诺里奇和底特律两地动词第三人称不加-s 情况

	Norich	Detroit
Upper middle class	0%	1%
Lower middle class	—	10%
Upper middle class	70%	57%
Middle working class	87%	—
Lower middle class	97%	71%

再如，一份对底特律居民语言使用的调查结果显示，"I can't eat nothing."这种非正规语言现象在下层人士中使用得较为频繁，而在上层人士中使用较少，如表8-5所示。

表 8-5　底特律居民双重否定使用率

Upper middle class	2%
Lower middle class	11%
Upper working class	38%
Lower working class	70%

三、个人方言

个人方言是个体的方言，它结合了有关地域、社会、性别、年龄的变体成分。也就是说，一个人的地域、社会背景、性别以及年龄联合起来决定了他的说话方式。一个人所使用的带有自身鲜明特色的语言就是他的个人方言。更为狭义地说，个人方言还包括一个人的音质、音高、语速以及节奏这些因素。语言系统为每个语言使用者都提供了同样的潜能，而一系列的社会因素使这些潜能实现了个人化，从而形成了个人方言。个人方言的存在使我们可能通过一个人的说话方式来辨认说话人的身份。例如：

（电话铃声响）

R:喂？

C:喂——？（笑）

R:行啦！你这个家伙！

这是一段电话对话的开头，其中R是接电话的人，C是打电话的人。由以上对话可以看出，这段对话发生在两位熟识的朋友之间。通过上述对话我们可以设想以下情景：电话铃响后，R拿起电话，习惯性地说"喂？"，这声"喂？"并无什么实际或具体的意义，而只是告诉打C"电话接通了，有人在接听电话"。但由于C十分熟悉他要找的人的口音，因此仅听到一个"喂？"就已经判断出R正是他要找的人，因此他用一个拖长的"喂——？"来回答，并伴随笑声，就像是在告诉R"哈哈，我已经听出你是谁了。你能听出我是谁吗？"而R也同样听出了C的声音，因此才说道"行啦！你这个家伙！"

生活中，我们通常可以很轻松地辨别出他人的声音，因为世界上没有任何两个人说话声音、方式完全相同，而是受到多种因素的影响而相互区别。这些因素主要包括以下几个方面。

(1)一个人成长的地域环境。例如,上海人和重庆人的口音不一样,广东人和东北人的口音不一样。

(2)受教育的程度。例如,大学毕业生和文盲的说话方式肯定不一样。

(3)从事的职业。例如,大学教师与农民工的说话方式会不一样,军人与艺人的说话的方式也会不一样。

(4)年龄、性别、体征等也会影响一个人的声音以及说话方式。

根据个人方言,我们能够获得很多与其有关的信息。一方面,我们能根据一个人的口音判断其来自哪里,另一方面我们也能从一个人的言谈判断其从事何种职业。这就说明,个人方言的变化是沿两个轴展开的,一个是地域轴(regional axis),另一个是社会轴(social axis)。

在图8-1中,我们用A来表示一位来自北方的大学教授,用B来表示一位来自南方的农民。

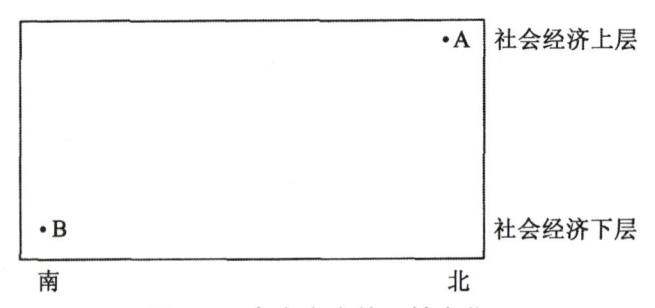

图 8-1　个人方言的两轴变化

(资料来源:蓝纯,2009)

四、地域方言

前面提到,个人方言由于受到地域环境、受教育的程度、从事的职业、年龄、性别、体征等因素的影响而表现出地域性以及社会性差异。实际上,不仅个人方言会表现出地域性和社会性差异,方言也是如此。方言是语言的变体,其中由于地域差别而形成的变体称为地域方言(regional dialect);而同一地域的社会成员由于在职业、阶层、年龄、性别、教育程度等方面的差异而形成的变体称为社会方言(social dialect)。下面主要讨论地域方言。

就汉语来说,虽然生活在中国不同地域的汉民族都讲汉语,但是不同地区的汉语在发音、词汇、句式等方面都有不小的差异。根据这些系统性的差异,汉语可以分为北方方言、闽方言、粤方言、湘方言、赣方言、吴方言、客家方言这七大地域方言。

就法语来说,根据朱尔斯·吉耶龙(Jules Gilliéron)的 *Atlas linguis-*

tique de la France 一书,法国的南北方存在着比较明显的方言差异,南北方地域方言的分界线从波尔多(Bordeaux)地区往北至利摩日(Limoges),往东至里昂(Lyons),如图 8-2 所示。

图 8-2 法语北方和南方地域方言的分界线

英语也有地域方言。从全球范围来看,英语可以分为英国英语、美国英语、澳大利亚英语、加拿大英语、新西兰英语等多种地域方言;从英国的情况来看,英国北方和南方的方言也有较大差异。南北地域方言最重要的分界线从伯明翰(Birmingham)和牛津(Oxford)之间穿过,抵达中西部(West Midlands)的南端(Poole,2000),如图 8-3 所示。

图 8-3 英国北方和南方地域方言的分界线

五、语言与方言的区别

尽管前面给出了方言的定义,但有时要想判断一种语言变体究竟是方言还是一种不同的语言是一件很困难的事情。这是因为将"可以彼此交流"和"存在系统性差异"作为语言与方言差别的标准是不精确的。

例如,说瑞典语(Swedish)的瑞典人、说丹麦语(Danish)的丹麦人和说挪威语(Norwegian)的挪威人是可以互相交流的,但是人们还是习惯把瑞典语、丹麦语和挪威语看作三种不同的语言,而不是把它们视为北欧语言的三种方言。这是因为,一方面考虑到三者之间在句法上确实存在系统性的差异,另一方面更多地是出于语言以外的因素的考虑,即瑞典、丹麦和挪威毕竟是三个独立的主权国家。

另外,"可以彼此交流"和"存在系统性差异"这两个条件本身也具有一定的模糊性。有时一种语言变体与另一种语言变体并非是不可以彼此交流、存在系统性差异,而是多大程度上能够彼此交流、存在系统性差异。例如,尽管英国英语、美国英语都是公认的英语"方言",但是英国人和美国人偶尔也会彼此听不懂;而尽管英语、荷兰语是公认的不同的欧洲语言,但是英国人偶尔也能听懂一两句荷兰语。再如,从法国城市里尔(Lille)向南至葡萄牙首都里斯本(Lisbon),沿途的各地语言虽然不同,但这些不同却并非显著而突然地出现的,而是一点一点逐渐出现的。由此可见,方言之间并非突变的,而是渐变的。

如果单纯从语言研究的角度来看,在分析一种语言变体是一门独立的语言还是一种方言时,则无需考虑非语言因素如国界、政体等。例如,尽管瑞典语是瑞典的国家语言,挪威语是挪威的国家语言,但是这并不意味着两者之间立刻脱离了所有的关系,而成为两种毫无关系的语言。就如《独立宣言》并没有在大西洋西岸创造出一种从根本上迥异于英语的美语一样。又如,20世纪90年代,前南斯拉夫联邦共和国的解体并没有立刻导致独立的塞尔维亚语与克罗地亚语的骤然出现。不过,我们仍然可以预测,由于源于语言使用中的自然变化,以及两个民族力图建立各自的民族认同感的努力,塞尔维亚人和克罗地亚人说的南斯拉夫语在未来将会逐渐出现差异,随着时间的推移,这些差异可能会被双方的官方传媒捕捉、反映、强化、推广(Poole,2000)。

综上所述,"可以彼此交流"、"存在系统性差异"、"国家间的界限"分开来看都不是界定方言、语言的必要条件,合起来看也并不是构成界定方言和语言的充分条件,因此语言学家们只好接受了方言和语言之间的灰色区域。

归根结底,语言只是拥有军队和政权的方言。

第四节 语言与性别

语言本身虽无性别之分,但某些语言的使用者则有性别差异。这些差异是语言使用者出于社会、文化、习俗等方面的考虑而表现出来的一种语言现象。语言学家们对此也早有研究。

1922 年,丹麦语言学家杰斯普森(Jespersen)在其著作《语言的性质、起源和发展》(*Language: Its Nature, Development and Origin*)中不仅介绍了女性语言,指出女性更多地使用委婉语,还列举了一些男性、女性各自常用的语言。20 世纪 60 年代后,随着社会语言学的发展,语言和性别成为语言学中的独立分支,并受到了越来越多学者的重视和研究。这些研究最初将重点放在两性语言的结构特点上,随着语言和性别研究的发展,越来越多的语言学家开始在语言交流中研究语言和性别。

本节就对语言中的性别倾向和造成这一现象的原因以及语言中的性别歧视进行深入探讨。

一、语言中的性别倾向

社会语言学家特鲁吉尔(Trudgill)曾说,男人和女人使用的不是两种语言,而是一种语言的不同变体。男性与女性使用语言的差异反映在语言的各个层面上,使得男性和女性在语音、词汇、句法以及交流的内容、方式上都会表现出不同。

(一)语言结构中的性别倾向

1. 话语主题的性别倾向

心理学研究表明,男性和女性感兴趣的话题有很大的差别。女性感兴趣的话题大多是男性、衣服以及女性本身;而男性则对金钱、生意、娱乐和其他男性的话题更感兴趣。一项针对大学本科生的调查研究发现,男性经常讨论竞争、运动、身体进攻;而女性群体则常常讨论自身、感觉、家庭以及与其人他的关系。显然,兴趣话题的不同会使男性和女性在常用词汇上产生差异。

2.语音中的性别倾向

(1)语调的性别倾向

男性和女性在语调使用上有不同的倾向性。一般情况下,女性说话时倾向于使用升调,即使是回答问题也常常使用表示征询、疑问的声调,这一方面表现了女性的礼貌、客气,另一方面也反映了女性办事不够果断、缺乏自信的特点。与此不同的是,男性更倾向于使用表示肯定、语气坚决的降调来回答问题,并且回答时语调较为平缓。

(2)语音的性别倾向

在语音上,女性的发音一般比男性的发音要更准确。或者说,女性的语音比男性更接近于标准语体、高雅语体,并且女性发音更加小心、清晰;相比较之下,男性发音就显得比较粗糙、模糊。社会语言学家曾经对此做过大量调查,结果发现:不管是哪个社会阶层,与男性相比,女性的发音更加接近标准语音,并且受教育越多、社会地位越高的女性,其语言就越接近于标准语言。

之所以产生上述现象,是因为受过高等教育的人士或上层人士习惯使用标准、纯正的语音。因此,有语言学家认为,女性之所以更多地使用接近标准英语的发音方式是因为这样可以使自己显得更有教养、社会地位更高。鲁吉尔就曾说过,女性特别注意通过明确地使用语言来补偿自己在其他方面身份、地位的缺乏。而男性由于可以从事业等其他途径来现实自己的身份、地位,因此也就不太注意发音方式了。

3.词汇中的性别倾向

(1)形容词使用的性别倾向

男性和女性在形容词使用方面存在比较明显的差异。形容词能够恰如其分地、更好地表现女性细腻的感情,而男性则很少有女性的这种心理特征。因此,与男性相比,女性更多、更广地使用形容词。例如,女性会说"What an adorable. /He is a wonderful friend.",而男性通常只会使用 very,utterly,good 等平凡的字眼。英语中有一些形容词具有中性性质,是男性、女性都可以使用的。但也有一些体现女子气质、常出现于女性言语中的形容词,如 adorable,lovely,charming 等。另外,女性还倾向于使用具有夸张效果的形容词,如 fantastic,gorgeous,glorious 等。

(2)颜色词使用的性别倾向

男性和女性在颜色词使用上存在一定的差异。由于女性天生就对颜色比较敏感,因此与男性相比,女性往往掌握和使用更多的颜色词。

第八章　语言与社会

(3) 俚语、禁忌语、诅咒语使用的性别倾向

一般而言,男性使用俚语、禁忌语、诅咒语的频率要比女性高很多。当女性要表达相同的意思、情感时,往往会避免使用这类词语,而常常使用比较文雅、委婉的词语。例如,男性经常用 shit,damn,bitch 等词;女性则经常用"Oh,dear!"、"Dear me!"、"Good heavens!"等表达自己的惊讶之情。

4. 句法中的性别倾向

在句法表达上,男性一般倾向于直接表明对事物的看法,因此常常使用陈述句、祈使句以表达要求、命令的口吻;而女性则更倾向于婉转、间接地表达自己的意愿,因此常常使用疑问句、带商量口吻的祈使句或反意疑问句,如"They caught the robber,didn't they?"等。

1984 年,霍尔姆斯(Holmes)曾经对反意疑问句的功能及男女两性使用翻译疑问句的概况做过一次调查。经过调查分析发现,女性使用反意疑问句比男性多,如表 8-6 所示。

表 8-6　反意疑问句的功能及男女两性使用情况

功能	女性	男性
表示不确定	35%	61%
调节会话	59%	26%
缓和语气	6%	13%
表示困惑	—	—
总数	51%	39%

在祈使的使用上,女性一般倾向于使用建议方式,并且在祈使句中较多地使用特指人称代词 you 或者人称代词 we,这样不仅可以清楚地包括了听话者一方面,表达对对方的尊重,而且可以拉近交际双方的空间距离、情感距离。而男性则往往较多地使用简单明了的祈使句。因此,即使在同一场合下要表达同一意思,男性和女性使用的祈使句也有所不同。例如,若要让别人将什么东西拿过来,男性会说"Bring that here.",女性则会说"Could you please bring that here?"。

另外,女性比男性更常用调节结构。这里所说的调节结构包括一些模棱两可的话,如 I mean,you know,I think 等,也包括有声停顿,如 perhaps,well,sort of 等。调节结构的使用可以表明说话者不确定、迟疑、试探的心理状态,也可以表明说话者在说话时的思维停顿,还可以表达一种委婉的语气,避免说出的话语咄咄逼人,从而保证交谈更加愉快、顺利地进行下去。

(二)语言结构外的性别倾向

语言结构外的性别差异较语言结构中的性别差异更为抽象,但是它在交流中的作用是至关重要的。黛博拉·坦嫩(Deborah Tannen)在其著作《你怎么就是不明白》(*You Just Don't Understand*)中解释了异性交流中经常会出现误解与矛盾的现象,并且以其独特的眼光看出导致男女之间许多矛盾与冲突的罪魁祸首,就是言语行为的性别差异。如果理解了语言中的性别差异,在与异性进行交流时就能多从对方角度出发考虑问题,避免无谓的冲突。

1. 交流的方式

坦嫩认为,女性在交流时比较注意交际双方的关系。换句话说,女性在谈话的过程中,谈话的中心并不是自己,因此她们在发表自己的意见时,总是先引述别人说过的话,然后才说自己想说的话,并且会将自己要说的话与前面别人所说的话紧密联系起来,从而保持谈话的一致性与连贯性。除此以外,她们还经常会询问一下对方的看法,或者在自己说话的过程中停顿一下,给对方说话的机会,这样一来,每个人都有说话机会,大家轮流说话,很少出现个人独揽发言权的情况。另外,谈话过程中,如果对方滔滔不绝地发表看法,女性一般会安静地聆听,直到对方说完再发言。

不同的是,男性通常把会话看作一种自我表现活动,并希望通过谈话来显示自己的能力、知识、才华,因此男性在交谈中往往有着较强的竞争意识,他们喜欢按照自己的思路进行交谈,并且有较强的话题垄断欲,总想自己主导、控制谈话的内容与发展方向,不肯轻易让出话语权。因此可以说,在谈话中,女性比男性更具有合作意识。

2. 交流的内容

坦嫩把语言交流内容分为两种,一种是信息交流(report talk),另一种是情感交流(rapport talk)。其中,信息交流的目的是使人得知某一信息、看法、观点和意见;而情感交流的目的则更侧重于维护交流双方的友好关系,交流中的信息则是次要的。

男性在谈话中往往侧重信息交流,而女性则往往侧重情感交流。因此,男性谈话的信息量丰富、话题比较宽泛,往往比较喜欢交谈一些抽象的、观念性的话题,如政治、经济、宗教等问题;而女性话题则比较狭窄,较多谈及与个人相关的事情,如子女、家庭、家务、邻居、食品、健康等。

二、影响语言性别倾向的原因

造成语言中存在性别差异的原因包括生理因素和社会因素两个方面。下面仅对其中的社会因素进行讨论。

(一)性别歧视

男女社会地位不同的背后渗透着一个社会标准,即对男女言谈举止有着不同期望值,也就是性别歧视。随着女权运动的发展,女性地位已经有所提高,但是社会赋予女性的地位始终没有改变,社会始终戴着有色眼镜去看待女性。例如,人们常说男女幽默是不同的。同样的幽默,在男人身上体现的是开朗、乐观、洒脱,而在女人身上就会被视为粗俗、无聊、放荡。原因就在于人们已经无意识地给男女特点贴上了标签。

(二)社会地位

纵观世界历史可以发现,从政界首脑的男性数量到家庭中父亲的绝对地位,男性都被赋予的权利的象征,而女性则更多地被赋予贤妻良母的期望。尽管近百年来,女性的社会地位在不断上升,但从总体上看,当今世界仍然是一个男权社会。而男性和女性在社会地位上的不平等必然导致男性和女性在使用语言时存在种种差异。

(三)文化教育

由于社会赋予男性和女性的社会地位不同,社会对男性和女性的期望也不一样。一般而言,父母希望男孩儿勇武、胸怀远大志向,长大后去外面的世界闯荡,在工作、事业上取得成功;希望女孩像白雪公主、灰姑娘一样美丽温柔,长大后能遇到白马王子,在城堡中过上幸福安宁的生活。因此,社会对男性和女性的教育标准不同,甚至每个国家对男性和女性的教育标准都有很大不同。以中国为例,男性始终被父母教育须具有男子汉气概,要善于、勇于挑战;而女性自小就被父母教育要听话、服从,严格遵守社会规范。这种不同的教育标准,使男性在语言上较多使用命令句、陈述句,体现了生活中男性教育所宣扬的威严与果断;而女性在语言使用上则较多使用疑问句,这是谦虚的表现。

三、语言中的性别歧视

前面指出,语言本身并无性别差异,因此也不存在性别歧视问题。但语言在使用过程中,受到人类主观意识的影响而产生了性别歧视。这种性别歧视主要表现在以下五个方面。

(一)语序中的性别歧视

在语序上,男性词汇总是位于女性词汇之前,如表8-7所示。

表8-7 语序中的性别歧视

父母	father and mother
祖父母	grandfather and grandmother
爷爷奶奶	grandfather and grandmother
伯父伯母	uncle and aunt
叔叔阿姨	uncle and aunt
岳父岳母	father-in-law and mother-in-law
男孩女孩	boys and girls
兄弟姐妹	brothers and sisters
夫妇	husband and wife
儿女	sons and daughters

从上表可以看出,很多与亲属关系、社会关系有关的表达中,表示男性的词汇总是在表示女性的词汇之前。这种模式在一定程度上刺激了语言中的性别歧视现象,将女性置于一种既定的从属地位(Farris,1988)。如果我们故意改变词序,将女性词语放在前面、男性词语放在后面,不仅很难为人们所接收,而且说起来也极其别扭。

(二)名词指称中的性别歧视

包括英语在内的很多语言经常用男性名词来统指男女两性。例如,brotherhood of man(同胞之情)可以包括妇女,而 sisterhood(姊妹之情)却不包括男人。

近年来,随着妇女解放运动的发展和人类文明的进一步提高,语言中的性别倾向也悄悄发生着变化。有人(特别是女性)主张用 chairperson(主席)代替 chairman,用 freshperson(大学一年级学生)代替 freshman,用 humankind(人类)代替 mankind,用 synthetic(合成的)代替 man-made,用 postal worker(邮递员)代替 mailman,用 fire fighter(消防员)代替 fireman,用 public safety officer(公安人员)代替 policeman。

(三)词汇联想中的性别歧视

语中很多表示男性的词汇总是被赋予正面的联想意义,而很多女性则总是被赋予负面的联想意义。我们将这类词汇的一部分列举出来以作示范,如表 8-8 所示。

表 8-8 男性词汇、女性词汇及其联想

词汇	关于词汇的联想
governor	a person who governs a state
governess	a woman at the head of a household or family or takes care of children
bachelor	an unmarried man
spinster	an unmarried woman who is no longer young
wizard	a man who has magic powers
witch	a woman who has magic powers used for evil things
major	an army officer of medium rank
majorette	a girl who marches at the front of a musical bank in a procession
master	a man who has authority and control over someone or important fields
mistress	a woman who lives with a man as if she were his wife or is kept by him and visited for the purpose of conducting a sexual relationship

上表所列的五对名词中,指称男性的名词即使没有明确的褒义,至少也是中性的,而指称女性的名词不是携带明显的贬义,就是暗示没有价值。

(四)词汇构成中的性别歧视

当男女两者分别使用不同的名词形式时,男性名词总是无标记的(unmarked),而女性名词则往往通过附加一个粘着性语系而构成。这一差异反映在构词法上就是指称女性的词汇通常由在男性词汇后添加词缀或组成复合词而构成,如表 8-9 所示。

表 8-9　非标注性的男性名词和标注性女性名词

男	女
prince　王子	princess　公主
author　作者	authoress　女作者
count　伯爵	countess　女伯爵
actor　演员	actress　女演员
host　主人	hostess　女主人
poet　诗人	poetess　女诗人
heir　继承人	heiress　女继承人
hero　英雄	heroine　女英雄
god　神	goddess　女神
manager　经理	manageress　女经理
waiter　服务员	waitress　女服务员
steward　管家	stewardess　女管家
Paul　保罗	Pauline　保兰

上表左边一栏用来指称男性的名词都是非标注性的,而且在某些情况下也可以用来指称女性,如当所指对象的性别不明时,或者所指对象既包括男性又包括女性时;而右边一栏用来指称女性的名词都是标注性的,是由相应的男性词加后缀-ess 构成,这些词都不能用来涵盖男性。

(五)女性词汇中的性别歧视

尽管当代社会中,女性的地位不断提高,女性在教育、从业、参政等各方面都开始享有与男性平等的权利,语言中的性别歧视也已经发生了一定的改变。但不可否认的是,性别歧视现象在很多国家依然存在,语言中的性别歧视仍然随处可见。请看下面这段引文。

A businessman is aggressive, a businesswoman is pushy. A businessman is good on details, she's picky… He follows through, she doesn't know when to quit. He stands firm, she's hard… His judgments are her prejudices. He is a man of the world, she's been around… He isn't afraid to say what is on his mind; she's mouthy. He exercises authority diligently; she's power mad. He's closemouthed; she's secretive. He climbed the ladder of success; she slept her way to the top?

  读完这段文字可以发现,社会在评价男女为追求事业而做的奋斗以及所取得的成就时采用了双重标准:男人应该追求事业,应该成功,这种追求和成功都是值得尊敬的;女人不应该追求事业,她们为事业而付出的努力和牺牲也是不值得夸赞和同情的。由此可见,语言中的性别歧视依然根深蒂固地存在于现代社会中,要消除语言中的性别歧视并非易事。

第九章 语言与文化

在过去的几十年里,语言与文化是语言学界讨论最多的话题之一。这是因为,语言与文化密切相关,文化渗透在语言之中,语言又是文化的组成部分。这种错综复杂的关系为语言研究增加了难度。本章我们就对语言与文化进行四个方面的研究:语言与文化的关系、文化差异的语言表现、语言相对论假说以及英语文化的教与学。

第一节 语言与文化的关系

长期以来,学术界对语言与文化的关系一直争论不休。这是因为,语言与文化之间的关系十分复杂,忽略任何一方面都会导致我们的看法不全面、不客观。因此,我们必须多角度、多方面辩证地去看待二者之间的关系。下面介绍一些比较有影响力的观点。

一、哈德森的观点

社会语言学家哈德森(Hudson)认为,语言和文化是一种交叉关系。哈德森曾对语言下过这样的定义:"我们通过直接学习或观察他人的行为而从他人那里学到的知识。"[①]可见,哈德森将文化分为三类:一是通过观察他人,从他人那里学到的知识;二是个人通过直接学习或是自身体验而获得的知识;三是人们共享的普遍认同的知识,不需要互相学习得来,如天冷了要穿衣服,渴了要喝水等。哈德森认为语言并非完全通过文化得来,一部分是个人通过总结自身经验或直接习得的,因此哈德森所说的语言和文化的交叉部分便是个人从他人习得的语言。

---

① 转引自贺显斌.语言与文化关系的多视角研究.西安外国语学院学报,2002,(3)

第九章 语言与文化

二、萨丕尔和沃尔夫的观点

关于语言与文化的关系,萨丕尔(Edward Sapir)及其弟子沃尔夫(Benjamin Whorf)提出的"萨丕尔-沃尔夫假说"(Sapir-Whorf Hypothesis)最为著名。这一假说的中心思想是语言决定思维。该假说一经提出就引起了学术界的巨大争议,有的学者支持这一假说,有的学者认为该假说过于绝对,认为语言对思维的影响只是相对的,而非绝对的。今天,随着人们对语言学研究的不断深入,几乎没有人绝对赞同"语言决定思维方式"的观点,但我们也不能全盘否定该假说的正确性。因此,对于这一观点,我们认为部分承认该假说的正确性才是合理的态度。

三、本书观点

通过上述介绍可以发现,虽然不同学者对于语言和文化关系的看法各持己见,但可以肯定的一点是,语言和文化是密不可分的。这种密切的关系主要体现在以下三个方面。

(一)语言是文化的一部分

语言是文化的一部分,文化包括物质文化和精神文化。物质文化中语言的作用并不明显,但语言对于精神文化的建设至关重要,精神文化需要语言来表达,需要语言来记载,语言是精神文化得以产生和发展的必要前提之一。因此,我们可以说语言本身便是文化的一个特殊组成部分。

(二)文化的发展离不开语言

之所以说文化发展离不开语言,是因为语言可以记载和传承文化,没有语言,很多文化就会在历史的变迁中流失掉。另外,不同文化之间的交流和沟通也是通过语言这一手段进行的,可以说语言是文化发展的必要前提。

(三)文化发展会促进或制约语言表达

文化发展对语言的促进和制约作用表现在新词的出现、旧词含义的变更上。

(1)新词的出现。随着科技文化的发展,大量新词进入了人类语言中,如"3G"、"Wi-Fi技术"、"蓝牙"、"安卓"等。

(2)旧词含义的变更。随着时代的变化,语言中有很多词语被赋予了新的内涵或词义发生改变,如"同志"一词古时候指志同道合之人,建国初期指有共同信仰的人,现在还可以指同性恋者。由此可见,文化因素是语言演变的主要动力。

第二节 文化差异的语言表现

一、思维文化差异的语言表现

概括来说,西方人的思维趋向于个体思维、抽象思维和直线型思维,而中国人则趋向于整体思维、形象思维和螺旋型思维。这些思维差异在英汉两种语言中有着明显的反映,主要表现在英汉句式结构和篇章布局的不同上。

(一)句式结构不同

1. 英语形合与汉语意合

中西方思维差异在句式结构上最直接的体现就是英语注重形合(hypotactic),而汉语注重意合(paratactic)。

(1)英语形合

形合是指句子结构组成部分的完整,结构安排遵循逻辑顺序,句法结构严谨合理。英语的句子通常是以主谓宾为主干,并以此为中心扩充多个从句或短语,句子的各个成分层层搭架,整体上呈现一种由中心向外铺开的空间结构。

(2)汉语意合

意合是指句子内容和含义上的完整。汉语往往不太看重句子结构上的完整,只要能够将意思表达清楚便可。不同于英语句式的发散式结构特征,汉语句子往往按照时间顺序安排句子结构,以流水式结构层层铺开。

2. 英语句子先部分后整体,汉语句子先整体后部分

西方人注重个体思维和中国人注重整体思维的这一差异反映在句子结构上就是:英语句子部分先于整体,汉语句子则先整体后部分。例如,在表达时间和空间的顺序上,汉语遵循从大到小的规律,英语则正好相反。英语描述时间的顺序为:分—时—日—月—年,汉语的顺序则为:年—月—日—

时一分;英语描述地址的顺序为:街道—市—省—国家,而汉语则为:国家—省—市—街道。再如,在人名的结构顺序安排上,中国人的名字是先姓氏后名称,而西方国家的人名通常是先名称后姓氏,因为在中国人的传统观念上,代表整个家族意义的姓氏要比代表自己的名重要,姓氏自然要放在名字的前面;西方人更看重"个体"的地位,因此名放在姓名的前面。

(二)篇章布局不同

前面我们指出,中国人倾向于螺旋型思维,这使中国人在表达观点时更加含蓄、委婉,即通过旁敲侧击的方式来让读者自己得出与作者一致的意见,而很少直接在文中点明观点。与此不同的是,西方人的思维方式直截了当,喜欢在文章开头便点明要点,然后从正面的角度直接论述,清楚地摆明自己的观点,因此在文章的布局上基本属于头重尾轻型。试比较下面两段文字。

(1) Because most of our production is done in China now, and uh, it's not really certain how the government will react in the run-up to 1997, and since I think a certain amount of caution in committing to TV advertisement is necessary because of the expense. So, I suggest that we delay making our decision until after Legco makes its decision.

(2) I suggest that we delay making our decision until after Legco makes its decision. That's because I think a certain amount of caution in committing to TV advertisement is necessary because of the expense. In addition to that, most of our production is done in China now, and it's not really certain how the government will react in the run-up to 1997.

通过对比可以看出,段(1)的表达十分含蓄,作者先把与结论有关的原因一一列清之后,才点明自己的真正意图。而段(2)则开门见山,直奔主题,作者先提出结论,再摆明原因,与段(1)形成了鲜明的对比。事实上,段(1)通常是中国商人在进行商业会谈时使用的语言,而段(2)则是美国商人在进行商业会谈时使用的语言。

二、历史文化差异的语言表现

一个民族语言的形成、发展过程也是其历史发展的过程,语言不可避免地会受到历史的影响。因此,不同的历史文化在语言中有着明显的体现,主要表现在两个方面:语言记载历史事件和反映历史文化。

(一)语言记载历史事件

历史典故是语言文化中的一个重要组成部分,也是不同民族传统文化的精华,在汉语和英语中,有许多成语、习语都源于历史事件或文学著作。中国的文化典故大都来源于古代文学名著或民间传说神话,也有部分来自传统体育娱乐方面,如象棋或戏剧等。"楚河汉界"、"一马当先"、"步步为营"等都是跟中国象棋有关的成语,"真是马后炮"是来源于象棋的习语。"鞠躬尽瘁"、"三顾茅庐"、"乐不思蜀"、"言过其实"等成语则来自中国古典名著《三国演义》。

西方文化的典故大多来自于莎士比亚的戏剧,古希腊、罗马神话以及一些历史人物传记等。例如,burn one's boats(破釜沉舟),即自绝后路的意思,在古代的战争中有这样一个传统,将军会命人烧毁船只来断绝自己的后路,以示不胜则亡的信心,并通过这样的做法来鼓励士兵的士气。公元前49年,罗马将军凯撒(Julius Caesar)在征战罗马执行官庞培时,就曾下令焚舟,以示必胜的决心。再如,swan song(临终绝笔),字面意思为"天鹅之歌",这个成语源于希腊成语 Kykneion asma,在希腊神话中,太阳神阿波罗(Apollo)不仅是光明之神,因为他多才多艺,同时又是诗歌和音乐之神,阿波罗的神鸟是天鹅,因此天鹅这一形象常用来指代文艺。传说天鹅平时不唱歌,只有在临死前,天鹅才会引颈吟唱,歌声婉转哀伤,凄美动人,这是天鹅唯一一次也是最后一次歌唱,于是西方国家便借用这一典故来比喻诗人、作家或作曲家临终前的遗世之作,或者演员、歌唱家离别舞台前的最后一次演出。英国文豪莎士比亚、乔叟等在其文学作品中都曾借用过这一典故。例如,莎翁的四大悲剧之一《奥赛罗》(Othello)中,雅戈(Iago)之妻爱米莉亚(Emilia)在关键时刻勇敢地将丈夫的丑行公布于众,在临终前,爱米莉亚将自己比作一只天鹅,唱完自己人生最后一支歌。

(二)语言反映历史文化

英语和汉语虽然所承载的历史背景不同,但都有着极其丰富的成语或习语,因此我们可以找到很多表达方式不同,但是表达含义类似的说法。例如,Sword of Damocles 和中文的"千钧一发"有异曲同工之效。古罗马时期著名的政治家、哲学家和文论作家西塞在《图斯库拉的谈话》中写道:公元前4世纪,有个国王名叫狄奥尼修斯,他统治着西西里岛上最繁华的城市叙拉古,他拥有一座非常美丽的城堡,城堡里面有着数之不尽的珍宝。这个国王有一个大臣名叫达摩克里斯(Damocles),他经常对狄奥尼修斯说:"你是人世间最幸福的人。"这样的做法引起了狄奥尼修斯的不悦,终于在一次宴会

第九章 语言与文化

上,狄奥尼修斯质问达摩克里斯:"你真的觉得我比任何人都幸福吗?那么我愿意和你交换一下位置。"于是,达摩克里斯便穿上王袍,戴上金冠,坐上了宝座,当他抬头时,却猛然发现头顶上正悬着一把用头发丝系着的宝剑,随时都有可能掉下并刺穿他的头顶,达摩克里斯顿觉如坐针毡,心惊胆跳,脸色煞白,浑身发抖,只想立刻逃离皇宫。国王问他:"怎么了我的朋友?那把剑很可怕吗?而我每天都看见有这样一把剑悬在我的头顶上,说不定哪天有人垂涎我的权位而图谋杀死我,或者百姓会集体反对我,或者邻国派兵攻打我,风险永远和权利同在。"达摩克里斯终于体会到国王除了财富和权利之外还需要承担的忧虑。后来,Sword of Damocles 就用来比喻临头的危险或紧急的情况。中国成语"千钧一发"来源于《汉书·枚乘传》中的一句:"夫以一缕之任,系千钧之重,上悬无极之高,下垂不测之渊,虽甚愚之人,犹知哀其将绝也。"意指用一根头发悬起千钧(三万斤)的重物,同样用来比喻情况极为紧急。再如:

  keep one's powder dry 枕戈待旦
  meet one's Waterloo 一败涂地
  speak of devil 说曹操,曹操到
  two birds 一箭双雕

  值得一提的是,虽然有些英汉习语表达看似相同,但其意义有所差别,不能直接互译。例如,lock the stable door after the horse is stolen,有许多人将其译为"亡羊补牢",实则不妥。*English Proverb Explained* 对该习语的解释是这样的:"it is useless to take precautions after something has happened that could have been foreseen and guarded against."意思是当一些可以预见或防范的事情发生以后,再做任何的补救也是于事无补的,这显然和汉语"亡羊补牢"的含义恰好相反,可见典故来源不同,其含义也不尽相同,体现了民族文化的差异性。

  历史因素对于语言的影响还体现在有关军事战争的习语方面。中国自古以来便有许多用来形容战事的成语,如"知己知彼,百战不殆"、"逼上梁山"、"进退维谷"、"背水一战"等。西方历史也是战争频繁,因而用来表达战事的词语也有很多。例如:

  an apple of discord 不和之因
  stick to one's guns 坚持立场
  round-table meeting 圆桌会议
  arm to the teeth 全副武装

三、地理文化差异的语言表现

地理环境主要包括地理位置、气候条件等方面。地理环境对于一个民族的文化形成起着决定性的作用,而文化因素又决定着一个民族的语言形成。下面从气候、地理位置以及自然资源三个方面探讨地理环境因素对语言的影响。

(一)气候条件差异的语言表现

不同的地理位置有着不同的气候特点。亚洲大陆属于亚热带季风气候,冬天低温少雨,夏天湿热;欧洲大陆属于海洋性气候,夏季凉爽,冬季温和。气候的差异对于民族语言的形成有着一定的影响。以中国和英国为例,中国处于亚欧大陆,中国的黄河流域属于典型的温带大陆性气候,其气候特点表现为:四季分明,夏天炎热,冬天寒冷;而英国位于北欧北温带,属于温带海洋气候,其特点为:终年湿润多雨,夏天不热,冬天不冷。由此可以看出,中英两国的夏冬两季气候完全相反。因此,汉语用来形容夏天的词语有"炎炎夏日"、"酷暑难耐"、"骄阳似火"等,因为中国人眼中的夏天是炎热而难熬的。英国的夏天十分凉爽,最高温度也不过摄氏27度。因此,在英国文学作品中,往往将夏天形容得美好而惬意。

再如,对中国人而言,东风是温暖的,西风是寒冷刺骨的。因为中国的东风是从温暖的海洋吹来的,而西风是从北部的寒冷大陆吹来的。与此不同的是,英国地处西半球,报告春天消息的是西风,报告秋冬消息的则是东风。这一点从英汉两首诗歌中就能看得出来。

虞美人

李煜

春花秋月何时了?
往事知多少?
小楼昨夜又**东风**,
故国不堪回首月明中。

雕栏玉砌应犹在,
只是朱颜改。
问君能有几多愁?
恰似一江春水向东流。

第九章 语言与文化

Ode to the West Wind
O wild West Wind, thou breath of Autumn's being,
Thou, from whose unseen presence the leaves dead
Are driven, like ghosts from an enchanter fleeing,
Yellow, and black, and pale, and hectic red,
Pestilence-stricken multitudes: O thou,
Who chariotest to their dark wintry bed
The winged seeds, where they lie cold and low,
Each like a corpse within its grave, until
Thine azure sister of the Spring shall blow
Her clarion o'er the dreaming earth, and fill
(Driving sweet buds like flocks to feed in air)
With living hues and odours plain and hill:
Wild Spirit, which art moving everywhere;
Destroyer and preserver; hear, oh hear!
...

(二)自然资源差异的语言表现

自然资源对于语言的影响主要体现在自然资源的分布方面,自然资源具有区域性,一些资源的匮乏或缺失可能造成语言上的差异。例如,梅花历来深受中国人的喜爱,咏梅的诗句可谓是数不胜数,如"遥知不足雪,为有暗香来","梅花开尽白花开,过尽行人君不来","宝剑锋从磨砺出,梅花香自苦寒来"等,可见,梅花在中国文化中有着举足轻重的地位,它象征着一种不屈不挠,纯洁高尚的品质;然而西方国家早期是没有梅花这一花种的,因此与其相关的词汇或是记载是十分稀少的。再如,竹子这一形象也深受中国文人墨客的喜爱,古人吟诵了很多关于竹子的佳句,如"竹生空野外,梢云耸百寻","咬定青山不放松,立根原在破岩中。千磨万击还坚劲,任尔东西南北风","竹外桃花三两枝,春江水暖鸭先知"等,竹子在中国文学作品中往往被赋予坚韧、清高的象征意义;但英语中,我们很难找到与竹子相关的文学记载,连英语单词 bamboo 一词也是外来语。

当然,西方也有一些自然资源是中国没有或是后来才引进的,如玉米、洋葱和马铃薯等,洋葱和马铃薯是西方人非常喜爱的蔬菜品种,因此在英语的谚语或俚语中很多都涉及这两个事物。例如:

  know one's onion 对自己的工作很在行
  an onion will not produce a rose 乌鸦里飞不出金凤凰

a hot potato 棘手的事或情况
big potato 大人物
a couch potato 懒虫、电视迷

由于西方国家的畜牧业较为发达,农作物主要以小麦和燕麦为主,因此牛奶、燕麦、面包等是西方国家的主食。例如:

bread and butter 赖以生存的手段
bread is the staff of life 民以食为天
it is no use crying over spilt milk 覆水难收
milk and honey 多种多样的享受
all bread is not baked in one oven 人心不同,犹如其面

(三)地理位置差异的语言表现

中国和英语国家在地理位置上有着极大的差异,这种差异在英汉语言中也各有体现。以英国为例,周围稠密的河流和漫长的海岸线蕴藏着极其丰富的渔业资源,于是英语中产生了大量与海洋、捕鱼、航海有关的词汇及习语。例如:

to be in the same boat 一片茫然
like a duck to water 如鱼得水
Hoist your sail when the wind is fair.
好风快扬帆。
A small leak will sink a great ship.
千里之堤溃于蚁穴。

而中华民族由于发源于黄河流域,距离大海较远。因此,汉语中的"海"大多具有神秘、遥远的意义,如"天涯海角"、"海底捞月"、"苦海无边"等。

四、宗教文化差异的语言表现

(一)宗教在汉语中的表现

自古以来,中国人信奉的宗教主要有道教、佛教和儒教,这些宗教信仰的思想已经广泛而深入地影响着人们的社会生活。从人们的思想观念和文学作品中,我们可以看出宗教信仰对于一个民族的语言带来的影响。

1. 儒教在汉语中的表现

儒教又称"孔教",起源于春秋战国时期,最早的记载出现于《史记》,其

《游侠列传》道:"鲁人皆以儒教,而朱家用侠闻。"儒教所推崇的儒学思想在中国古代哲学中处于主流地位,对中国封建时期的思想有着极其重大的影响。《辞源》对"儒"的解释为:"儒"是"古代从巫、史、祝、卜中分化出来的人,也称'术士'。后泛指学者"。据史书记载,孔子曾以"儒"(为富贵人家办理丧事赞礼)为业,于是后人将其创立的学派称之为"儒家"。《汉书·艺文志》记载:"儒家者流……游文于六经之中,留意于仁义之际,祖述尧舜,宪章文武,宗师仲尼,以重其言,于道最为高。"按照冯友兰先生的说法,因为这个学派的人都是学者同时又是六经的专家,所以这个学派被称为"儒家"。①

儒教的创始人孔子(公元前551年~公元前497年),名丘,字仲尼,是中国哲学史上最有影响力的人物之一,儒教圣经是十三经,包括《诗经》、《尚书》、《易经》、《仪礼》、《礼记》、《周礼》、《春秋公羊传》、《春秋谷梁传》、《春秋左传》、《论语》、《尔雅》、《孝经》、《孟子》。孔教所提倡的哲学思想对于中国传统思想的形成起着关键性的作用。十三经不仅丰富了汉语文学宝藏,还被广泛应用于汉语文学作品之中。

2. 道教在汉语中的表现

道教,又称"玄门",起源于中国,是中国土生土长的宗教。它创立于东汉年间,奉我国古代伟大的哲学家、思想家老子(姓李,名耳,字聃)为教祖,并兴盛于南北朝时期。与儒教一样,道教也是中国最具影响力的宗教之一,对中国文化的形成与发展产生了不容小觑的作用。

道教信奉神明,认为制炼丹药、研修法术是修炼成仙的途径。道教崇尚自然,推崇自然无为、清心寡欲的处世哲学,讲求天人合一的最高境界。道教三大经典《道德经》、《黄帝阴符经》、《周易参同契》所蕴含的世界观和人生观影响了自古以来的许多文学家及其文学作品。

此外,道教主张对立的思辨哲学观,如阴与阳、善与恶等,这使中国人形成了对立的思辨习惯、中庸的处事策略、向善的人文精神和谦虚的交际原则。道教对中国文化的影响从很多汉语成语中即可窥见一斑。例如:

"清静无为"喻指面对外界的事物、事件时,采取不干涉、静观其变的态度。清静无为是道教的核心思想,即主张一切事情都应该顺其自然,不必有所作为,也不必有意识地加以触动、变更,这样才算顺应了自然。

"超凡入圣"喻指人的思想、文化等造诣精深。该词原是道教的常用术语,意思是说经过刻苦修行已达到超脱凡人俗世的最高境界,成仙成道。

"天网恢恢,疏而不漏"喻指作恶的人一定逃不掉惩罚。道家认为,天道

---

① 祝西莹,徐淑霞.中西文化概论.北京:中国轻工业出版社,2010

像一个广阔的大网,作恶者无法逃出这个天网,必将受到天道的惩罚。

3.佛教在汉语中的表现

佛教是最早的世界性宗教,是世界三大宗教之一,其余两个是基督教和伊斯兰教。佛教起源于公元前6世纪的古印度,距今已有三千多年,在东汉明帝时期,经丝绸之路正式传入我国。佛教的创始人为乔答摩·悉达多,后来被人们称为"释迦牟尼"。佛教对于汉语的影响主要体现在汉语表达和古代文学两个方面。

(1)汉语表达

佛教是一种外来宗教。在佛典传译的过程中,创造了大量的佛教词汇,同时也对汉语词汇的结构发展起到了促进作用。不仅如此,由于受到了佛典所用梵语的启发,梵语很大程度上推动了汉语表达的发展进步。

在译介佛典的过程中,许多佛教词汇由此而生。例如,"五体投地"原是佛教中最恭敬的礼拜方式,"五体"亦名"五轮",即"二肘、二膝及顶",名为五轮。后凡言对某人或某事心悦诚服,倾倒备至,多谓之"五体投地";"心心相印"出于《祖庭事苑》卷八谓:"心印者,达摩西来,不立文字,单传心印,直指人心,见性成佛",据此,则"心心"前一心指"佛心",后一心指"人心",意即以佛心印证众生之心,契合无间,后来形容彼此之间情投意合即为"心心相印";自由自在,佛教大涅有"常乐我净"四德,即"永恒、恬静、自在和清静的境界",彻底摆脱各种束缚而能充分主宰之"我",谓之"自在",也就是四德中的"我德"。"自由"与"自在"义近,后泛指闲适而无拘束。[①] 类似的词语还有"万劫难复"、"回光返照"、"普渡众生"、"头头是道"、"本来面目"等。除了词语之外,由于佛教思想对于中国古代文学思想的影响,大量与佛有关的谚语也应运而生。例如,"平时不烧香,临时抱佛脚"用来形容人平时不做准备,到了最后时刻才慌忙应付。"佛要金装,人要衣装"形容穿着打扮对于人仪表美观的作用很大。

中国古汉语大多为单音节词,在传译佛典时,产生了大量的双音节词或多音节词,如望—希望,恭—恭敬,予—给予,奇—奇怪,饥—饥饿,旗—旗帜,巩—巩固,崇—崇高,晴—晴朗等。

佛典所用的梵语属于拼音文字,在翻译这些经文的过程中,中国人在语音知识方面也受到了很大的启发,逐步形成了汉语的语音规律,成就了汉语音韵学的巨大进步。梵语对汉语语音的影响主要体现在两个方面:一是切韵的发明;二是四声规律的发明。

---

① 黄勇.英汉语言文化比较.西安:西北工业大学出版社,2007

(2)古代文学

佛典本身便是古代文学的一个瑰宝。佛典作为伟大的文学作品历来受到文人学者的青睐,如《华严经》、《法华经》、《楞严经》三大经,还有四阿含经、十大般若等佛经都是蕴含人生真想和哲理的文学典藏。由于佛学对于古代文学的深远影响,古代的诗人学者在创作诗篇或文集,往往引用佛学的理念,如中国四大名著之一的《西游记》、干宝的《搜神记》等都是典型的受佛教文化影响而创作的文学著作。除此之外,有许多艺术形式也受到佛学的直接影响,如敦煌莫高窟的变文、戏曲小说、民间传记等。可以说,佛教对于中国古代文学的发展起到了重要的推动作用。

(二)宗教在英语中的表现

基督教起源于公元1世纪迦南地的耶路撒冷地区。基督教对于西方文化、艺术和语言的发展起到了至关重要的作用。就语言而言,自公元579年,罗马传教士圣·奥哥斯丁及其门徒登上英伦三岛之后,基督教便开始传入英国,随着基督思想的深入和推广,英语中的宗教色彩也越发明显。基督教对于英语这一语言的影响主要体现在以下几个方面。

1. 宗教在英语词汇中的表现

自从基督教从罗马引入英国之后,英语中出现了大量与基督教有关的词语。例如:

paradise 天堂
bishop 主教
gospel 福音
hymn 圣歌
confession 忏悔
angle 天使
Protestant 新教
pray 祈祷
religion 宗教

还有一些词语蕴含基督教的思想。例如,holiday(假日)一词的本意是 holy-day,即圣日的意思;breakfast(早餐)的本意是 breaking the fast,即"解除禁食";goodbye(再见)一词的本意是 God be with you,即"神与你同在"。类似的词语还有 millennium(一千年),disciple(追随者、信奉者),lecture(演讲、讲座),martyr(受害者、烈士)等。

2.宗教在英语习语中的表现

习语(idiom)包括比喻性词组(metaphorical phrase)、俚语(slang)、俗语(colloquialism)、谚语(proverb)等。英语中有许多习语来自于《圣经》。例如：

An eye for an eye, a tooth for a tooth.
以眼还眼，以牙还牙。
Sow the wind and reap whirlwind.
种的是风，收的是风暴。
英语中还有很多与基督教思想有关的习语。例如：
Man proposes, God dispose.
谋事在人，成事在天。
God bless those who help themselves.
天助自助者。
God shapes the back for the burden.
脊背生来就是负重的。

3.宗教在英语人名中的表现

从英国等西方国家普遍使用的人名也可以看出基督教对其文化的影响。例如，男性名字中的Adam(亚当)来源于希伯来语人名，含义是据说为"男人，土，红土"；Joseph(约瑟夫)来源于希伯来语男子名，含义是"愿上帝再添(一子)"；Jacob(雅各)，雅各是《圣经》中的人物，是以撒次子；Samuel(塞缪尔)来源于希伯来语，意思是"太阳的侍从"；John来源于希伯来语，含义是"耶和华是仁慈的"。女性名字中的Sarah来源于圣经中的人名Sarai；Ruth(露丝)来源于《圣经》中的人物路得；Naomi(内奥米)来源于希伯来语，含义是"令人愉快"等。

4.宗教在日常交际语中的表现

英语中许多日常交际语也和基督教文化有关，如人们在表达感叹或惊讶时常说的话语有"Oh, my God!"、"Oh, Jesus!"、"Jesus Christ!"、"Dear Lord!"、"Thank God!"、"Dame it!"等；人们在表达美好的祝愿时会说："God bless you!"、"God bless his soul!"、"God save the mark!"等；人们在发誓时常说："I swear to God!"等。可见，基督教的思想已经深入到西方文化的各个方面。

第三节 语言相对论假说

一、萨丕尔-沃尔夫假说

沃尔夫是美洲著名的人类学语言学家,曾花费了大量时间研究美洲的印第安语。他认为,人们对世界的认识由于受制于所在民族的语言而仅具有相对的真理性。不同语言的形式形成不同言语社团的认知系统和意识背景,不同的系统和背景使各言语社团的世界观(世界样式)呈现相对性。[①]沃尔夫吸收了萨丕尔研究语言所得出的论点,即"现实世界在很大程度上是不知不觉地建立在人群集体的语言习惯上的,从来没有这样相似的两种语言,可以让我们能够把它们看作是表现了同一个社会现实的思想",在此基础上发展了他的"语言决定论"和"语言相对论"假说。因此,这个假说也叫"萨丕尔-沃尔夫假说"。需要提及的一点是,沃尔夫除了受萨丕尔的影响之外,还受到德国语言大师威廉·冯·洪堡特(Wilhelm von Humboldt)的"语言世界观"的深刻影响。洪堡特认为,不同的语言可引起人们对客观世界不同的理解和解释。也就是说,讲不同语言的人生活在不同的世界中,形成了不同的思维体系。

"萨丕尔-沃尔夫"假说有两种表述:"语言决定论",即语言决定思维;"语言相对论",即思维相对于语言,思维模式随着语言的不同而不同。随后,人们又将该假说分为强式假说和弱式假说。

(1)强式假说,即语言决定思维、信念、态度等。语言不同的民族其思维方式完全不同。它是这一理论的初始假说,即强调语言在塑造我们的思维方式过程中起到了决定性作用。

(2)弱式假说,即语言反映思维、信念、态度等,或者语言并不完全决定思维,但确实影响认知和记忆方式,影响人们从事思维的难易程度。它是初始假说的修正形式,即认为语言影响思维,语言不同的民族其思维方式在一定程度上有差异,但是产生不同思维方式的跨文化差异只是相对的而不是绝对的。[②]

[①] 高延菊.浅谈"沃尔夫假说".聊城大学学报,2009,(2)
[②] 同上

(一)语言决定论

语言决定论,即强式假说:语言决定思维。沃尔夫一生都致力于防火保险工作,他在分析火灾地区的失火原因时发现,人们在那些存放有汽油桶的地区会分外小心,从不吸烟或乱扔烟头,以避免引起火灾。但人们在放着空汽油桶的地区则常常粗心大意,随便吸烟或扔烟头。事实上,空汽油桶由于含有爆炸性气体而更加具有危险性。尽管如此,由于根据常规在语言上只能用"空"来命名它们,而"空"则意味着无危险。因此,沃尔夫认为人的思维和行动受到语言的"残酷"限制,根本不可能冲破语言的束缚并且只能做语言的"阶下囚"。

另外,沃尔夫在《科学与语言学》中讲过这样一个观点:语言现象对于讲这种语言的人而言带有很大程度的背景性质,它不受自然逻辑阐释者审慎意识和控制的影响。背景性的语言系统不仅是一种用来表达思想的再生工具,而且其本身也在塑造着我们的思想。据此可知,当一个人在表达推理、逻辑以及正确思考的准则时,他只是对语法事实之陈规的论述,并且这种语法事实打上了他自己母语或语系的背景烙印。

(二)语言相对论

语言相对论,是使用不同语法的人会因其使用的语法不同而有不同的观察行为,对相似的外在观察行为也会有不同的评价,因此作为观察者的他们是不对等的,也势必会产生在某种程度上不同的世界观。[①] 在研究了许多种语言之后,沃尔夫发现语言的结构直接影响着人对世界的观察。换句话说,语言结构不同,人们对世界的看法便截然不同。沃尔夫主要研究了亚利桑那州的霍皮语。由于霍皮语与印欧语不同,他发现霍皮人对世界的分析与欧洲人便不同。下面将从两个方面对英语与霍皮语进行对比说明。

(1)词汇上的不同点。英语中的大部分词汇可分为两类:动词和名词。这两类词分别有不同的语法和逻辑特征。因此,讲英语的人认为自然界也是双向的。但事实并非如此,如自然现象中的"雷电"、"火花"、"波浪"等只是短暂的动作或事件,这些词不应该是名词。在霍皮语中,除了鸟类动物,其他所有会飞的东西,如飞行中的飞机、昆虫、飞行中的驾驶员等,都仅用一个词来表示。

(2)时间概念上的不同点。与英语不同,霍皮语中没有物理学的时间概念。例如,要表达"她呆了五天。"这句话时,霍皮语会这样表述"他第五天离

[①] 高延菊.浅谈"沃尔夫假说".聊城大学学报,2009,(2)

开"。该语言语法比较奇异,在一定程度上说明母语是霍皮语的人具有完全不同的感觉和看待事物的方式。

二、语言相对论的核心思想

"语言相对论"的核心思想是强调语言对思维的作用,它引发了人们对多语言和多文化的广泛关注,通过考查不同语言之间的特征差异来探索语言、习惯性思维和非语言行为之间的关系。不过,探讨语言和思维之间关系的前提是需要明确一些相关概念,如"思维"、"思维能力"、"思维模式"、"思维方法"、"习惯性思维"等。沃尔夫对这些概念的认识自然和我们不同。他所描绘的习惯性思维模式决定我们怎样抽象、怎样推理和怎样体现社会现实。此外,"语言相对论"也不仅仅只是表现力"语言差异",它揭示的是思维模式和语言模式密切相关的规律性特征,重点在于维护语言和文化的多样性。可以说,"语言相对论"的重大意义在于沃尔夫用科学道理和大量证据唤醒人们对语言和文化差异的认识。① 概括来说,语言相对论的核心思想包括以下三点。

(一)反"自然逻辑"的思维决定论

历史上,最初对逻辑和理性进行探索的是希腊人。亚里士多德发明了三段论并创立了思维规律,并且古希腊人认为语言具有普遍意义,语言中的逻辑为全人类所共享,词语只是表达思维精华的一种媒介。自然逻辑学家认为,"思维并非取决于语法,而是取决于逻辑或推理的相关法则,而这些法则对宇宙中的所有观察者而言都是一致的。"这一思维观点在历史上持续了将近 2 500 年。沃尔夫经过大量研究实践之后,对此观点进行了反驳,他认为"语言表达思维"仅局限于本民族范围内。换句话说,只有在本民族范围内语言才能表达思维。沃尔夫提出,"某个背景性的语言系统(语法)不仅是用来表达思想的一种再生工具,而且也规范着我们的思想、规划和引导着个人的心理活动。"他强调自然逻辑背后的语言结构制约着我们的逻辑思维方式,当语言不同时,我们对宇宙的认识也会随之改变。他明确提出"自然逻辑"思维方式存在两个谬误。

(1)自然逻辑的思维方式没有认识到某种语言现象对于讲该语言的人而言,在很大程度上仅仅是一种背景特征,并且这种背景特征是不受自然逻

---

① 李艳红.论沃尔夫"语言相对论"的核心思想.河北民族师范学院学报,2013,(4)

辑阐释者审慎意识和控制意识的影响的。据此可知,当某位自然逻辑家在进行推理、讨论、逻辑以及正确思维时,他墨守的是带有自己母语或语系背景特征的语法事实。然而,这些语法事实并非存在于所有语言中,意思就是说,语言不同,语法便不同。因此,自然逻辑的思维方式便不能成为推理的依据。

(2)自然逻辑的思维方式把通过语言达成的关于某个问题的一致意见,混同于达成这一一致意见的语言过程的知识。① 沃尔夫强调,亚里士多德的传统逻辑完全是建立在印欧语言之上的,也就是说,自然逻辑家们依据自己本民族语言所达成的共识并不适用于所有语言。沃尔夫在其著作《语言与逻辑》(1940)一文的最后部分引用了著名哲学家哈罗德的话,"要挖掘与现代数学相似但不相同的新的规则系统,一个重要方面就是比以往更加深入地研究那些与我们的极不相同的语言。"换句话说,沃尔夫认为逻辑学只有建立新的规则系统才有可能在已经确立的许多科学学科中有所突破。以此为突破点,沃尔夫提出了"语言相对论"。

(二)反语言进化论,提出语言相对论

在历史的长河中,18世纪末期到19世纪初期是新科学飞速发展的时期,如达尔文进化论、牛顿万有引力定律、爱因斯坦相对论等思想的广泛传播,引导人们改变了对世界本源的看法,由此引发了"科学与宗教"之间关系的激烈争论。但沃尔夫在此时却从人类物种的角度审视语言与思维的联系。他认为思维发展对人类的发展而言有着至关重要的意义,而思维的发展必然与语言的发展联系在一起,故人类发展史事实上就是语言发展史。沃尔夫批评进化论不能解释语言的起源与发展,他曾说过这样一段话,"从生物学来说,幸运的是在历史进化论发展起来之前,已经有了对世界范围生物的系统分类,这一分类成为历史进化论的基础。在语言学及其他文化研究领域中,情况不幸相反。当现代人对语言和思维的认识还基于对寥寥几种语言的了解时,……进化的观念从天而降。这一进化观煽起了现代人狭隘的偏见,并助长了他们虚幻的狂妄:他们竟以为自己的思维以及作为其基础的少数几种欧洲语言,代表了语言进化的最高成果!这就好比构想出进化观的前林奈(pre-Linnaean)。植物学家们会认为,我们培养的小麦和燕麦与仅在喜玛拉雅山少数地区生长的稀少的翠菊相比,代表了更高的进化阶段。然而从成熟的生物学角度来看,恰恰是罕见的翠菊更有资格承领高

---

① 李艳红.论沃尔夫"语言相对论"的核心思想.河北民族师范学院学报,2013,(4)

度进化的殊荣。"

从沃尔夫的这段话中我们能够了解到他的观点,即语言的进化并不是从简单到复杂、从低级到高级的发展。也就是说,现代文明并不见得就比原始部落语言所代表的文化精神高级。沃尔夫受到爱因斯坦相对论的影响,提出了"语言相对论",用通俗易懂的话来讲,就是使用不同语法的人会因其使用的语法不同而产生不同的行为,对相似的外在观察行为也会有不同的评价,所以作为观察者而言他们是不对等的,也必然会产生在某种程度上不同的世界图景。沃尔夫还相信,科学和宗教矛盾的解决可以从认识语言的相对性开始。

(三)反印欧语中心论,提倡语言文化平等

沃尔夫认为,现在的语言学家分析语言的方法是以印欧语为基础的。他通过把美洲印第安语言的霍皮语同英语就"时间"、"空间"和"物质"的概念做比较,有力地证明了"语言相对论"的观点。欧洲语和霍皮语中的这些概念是有很大区别的。由此可知,每一种语言对客观世界的理解以及对经验的归类都是不同的。他认为讲印欧语言的观察者并不能代表世界上所有的观察者,因为它只是单独一种语言世界观的反映,故以印欧语言为基础所构筑起来的现代科学观是存在缺陷的。

沃尔夫曾说过这样一段话,"欧洲语言及思维习惯处于显赫地位,也是历史原因所致。其文化已经达到现代文明水平的少数几种语言,意欲扩张至整个地球,使成百上千奇异多彩的语言种类遭受灭顶之灾,虽然这一企图是事实,但依此声称这些欧洲语言代表了某种优越性是毫无根据的。……比起自鸣得意的英语,霍皮语是不是显示出更高的思维层次,对情境更富有理性的分析?结论当然是肯定的。在这方面以及许多其他方面,英语较之霍皮语就像是笨拙的短棒之于轻捷的短剑",以此来挖苦以英语为中心论的那些研究者们。

沃尔夫主张进行"世界范围的语言调查",这一想法是人文主义精神的绝佳体现。虽然沃尔夫没有专门研究过汉语,但他在题为《思维:四海之内皆兄弟》(1941)的短文中引用了赵元任的研究来说明汉语的独特性,提出应该认真研究包括汉语及其思维方式在内的其他民族的语言和思维方式。耶鲁大学博士赵元任在其论文《汉语中词的概念》中提出这样一个观点:汉语中没有表示 word 的词,最贴近的是"字",翻译过来是 word,但实际意义是"音节"或"音节成分"……词汇单位上的词可以以一个或两个音节的形式出现,不过汉语的书写传统是将每一个音节都分开的,因而词与词之音的界限就相当模糊。由此可见,沃尔夫研究的目的之一就是搭建沟通不同语言和

文化的桥梁，倡导了解其他民族的语言、认知和情感内容，最终实现全世界人类团结合作的最高理想。

三、关于萨丕尔-沃尔夫假说的论争

萨丕尔-沃尔夫假说引起了人类学家、语言学家和哲学家的广泛关注。许多语言学家对此进行了调查研究，就语言与思维、文化、行为等之间的关系进行了激烈的讨论。而在这一假说的所有论争中，主要的倾向有两种，即"否定说"和"支持说"。

(一)否定说

在否定说的倾向中，用"语言决定论"来讨论母语以外的其他语言所包含的悖论可以说是比较极端的。其代表人物葛林伯格（Greenberg）指出，如果我们的思想样式是由我们的语言决定的，那么沃尔夫是以英语为母语的，他的思想必然是由英语来决定的。那么他又怎样能跳出这种局限而发现了霍皮语的不同范畴，又怎样能用英语把它写出来，而且又怎能被有着同样局限性的人们所了解呢？依照葛林伯格的观点，所有人都不可能正确地理解语言，因为每个人都受到其自身母语的限制，那么关于语言的所有理论都会受到质疑。葛林伯格也许忽略了沃尔夫这样的一段话："任何个人都没有自由来完全不偏不倚地描述自然。即使在他认为自己是最自由的时候，他也是被迫采取了某些方式的解释。在这些方面，最近乎自由的人，就是那些熟悉许多种差别很大的语言体系的语言学家。"[①]

(二)支持说

我国语言学家霍杰在他主编的《文化中的语言》中指出，由于不同语言具有各自的语法系统，而这些语法上的差异造成了两种语言互译过程中的困难，有时甚至连最简单的词组也无法翻译。例如，英文短语 his horse（他的马）和 his horses（他的若干匹马）译成纳瓦霍语就非常困难。因为纳瓦霍语的名词没有复数形式，也没有物主代词 his, her, its, their 等。但是，纳瓦霍语具有自己的语法特点，即区分心理上接近说话者的第三人称和心理上远离说话者的第三人称。下面再举两个例子来论证。

(1)日本著名心理学家筑岛谦三做过这样一个实验：让德国人听日语中的各种拟声词，以便观察德国人的心理上是否能够复现出同样的形象。在

[①] 高延菊.浅谈"沃尔夫假说".聊城大学学报,2009,(2)

听到日语表示木屐声的"吧嗒吧嗒"这个词时,德国人的反应是"旗帜在风中飘动的声音"。

(2)在美国的人类学课堂上,当教师说日本狗是"汪汪"地叫,猫是"喵喵"地叫时,引起了学生们的哄堂大笑。因为在美国英语中狗的叫声是bow-bow,猫的叫声是mew-mew。可见,一旦某个民族的儿童学习到狗是"汪汪"地叫之后,那么除了"汪汪"之外,狗的一切叫声好像都不再被他们听见。

尽管人们对萨丕尔-沃尔夫假说存在各种不同的意见,然而不可否认的是,人们的这些不同意见都有助于对人类语言在形成人类思想认识过程中的作用做深入探讨。在一定程度上可以说,正是该假说对人类语言的深刻洞察,才推动了20世纪人们对语言的积极思考,促成了泛语言主义思潮的发展。该假说无疑是20世纪语言研究领域一个极富魅力的课题,吸引了众多的相关专家从人类思维与文化的各个角度来探究语言的奥秘。

第四节 英语文化的教与学

一、英语学习的文化因素

语言与文化的关系密不可分。语言是文化的一部分,是文化的载体,语言是人们学习文化的主要工具,人在学习和运用语言的过程中获得整个文化。由于东西方社会是在不同文化的基础上形成和发展的,所以人们的思想、信仰、习俗等都存在不同程度的差异,而我们学习英语时不可避免地会接触到这些差异。不了解英语的文化背景,就无法正确理解和运用英语。因此,了解文化因素是学好并熟练运用英语的前提条件。我们可以通过英汉文化差异对比这一方法来更好地了解英语学习中的文化因素,具体可通过习俗文化、思维文化、心态文化、历史文化、体态文化等五个方面的对比来体现和把握。

(一)习俗文化

习俗文化亦可称"语用文化",它与日常生活和社交活动中的社会风俗、习惯紧密相连。下面我们介绍一些常见的英汉习俗文化差异,从而有助于更好地了解英语学习中的文化因素。

1. 问候与寒暄

在问候方面,英美人不像中国人问得那么具体,如"吃了吗?","到哪里去?"等,而只是简单地说"Hello","Hi","How are you doing?"等。对于这种问候,问的人不会太在意对方回答的内容,答的人也不用绞尽脑汁想怎么回答。因此,当中国人迎接远道而来的英美客人时说:"一路上辛苦了,累不累?"(You must have been tired after the long flight/journey.)的时候,他们就会觉得说话人认为自己体弱或有疲劳感,因而会产生不愉快的情绪。事实上,英美人士很希望在他人面前展现自己好的一面,展现自己年轻、有朝气。针对这一点,我们用"How was the flight?","Have you had a pleasant flight?","You have had a long flight."等问候来欢迎他们才是更加恰当的。

2. 称赞与致谢

在中西方文化中,对待称赞与致谢的方式也是不同的。

(1)称赞方面。谦虚谨慎是中国人的传统美德,因此当别人称赞或恭维自己时,中国人总是推辞谦让。例如,当别人说"您的英语讲得真好!"时,中国人往往会说:"哪里哪里,你过奖了。","我还差得远呢!",而在西方文化中,当某人受到赞扬或者恭维时,会很高兴地说一句"Thank you!"表现出一种自强自信的信念。

(2)致谢方面。由于中国推崇互相帮助的文化及乐于助人的美德,因此只有别人提供了重要而有效的帮助时才会致谢,并且在关系亲密的人之间,尤其是家庭成员之间几乎不用道谢,否则显得"生疏"、"见外"甚至"虚伪";而在英语文化中,无论是家庭成员之间,还是上下级、上下辈之间,道谢是司空见惯的事,甚至是诸如端茶递水的小事,也习惯说"Thank you."。作为对别人致谢的回应,中国人往往会表示"这是自己应该做的。"但是英美人则往往会表示"我很乐意。"实际上,Thank you 在西方文化中已经超出了致谢的范围,而已经成为一种习惯。

3. 迎客与告别

与中国文化不同,英美人除了外交场合,平时没有出门远迎客人的习惯,且他们在迎接客人时没有这么多客套,一般问候一句"How are you?"或"Glad to see you."。握手礼也是英美人常用的行礼方式,拥抱礼或者吻颊礼则常见于庄重场合。

在道别方面,英美人士如果突然说"时间不早了",而后站起来告别主

第九章 语言与文化

人,是不礼貌的行为,而是通常需要提前几分钟暗示或委婉地表示将要告别的意思以征得主人同意,然后才可离开。另外,英美人在道别时通常微微一笑并做个表示再见的手势或说:"Goodbye(再见)!","Take care(保重)!","See you later(回头见)!","So long(再见)!"就可以了。

4. 节日习俗

中西方不同的观念意识和传统文化,也在各自的节日中得到较多的体现。节日是指一年中被赋予特殊社会文化意义并穿插于日常生活中的日子,是人们丰富多彩生活的集中展现,是各地区、各民族、各国家的政治、经济、文化、宗教等现象的总结和延伸。[①]

西方传统节日具有极强的神论宗教文化特征,而中国传统节日具有极强的世俗性及泛神性。西方的传统节日大多数是与基督教有关,如西方的主要节日——圣诞节、受难节、复活节、升天节等都是围绕着耶稣的宗教庆典活动。基督教的上帝是世界上一切事物的创造者,是一种求得心灵净化、精神升华、灵魂归宿和终极人文关怀的精神偶像,他不允许人们崇拜其他的神灵和偶像。人类现世生命的福祸、寿夭、贫富都是上帝赐予的而非后天可以求得的。而中国传统的神灵,大多为人们进行世俗利益诉求时的自然崇拜神灵。中国传统节日主张神灵与人二者之间相互的协调与平衡,如七夕节,企盼天上人间共美好;中秋节观天赏月,天上人间共享团圆;重阳登高望远,秋高气爽,天人和谐。

西方节日侧重表达感恩,追求精神愉悦,而中国传统节日传承的是伦理道德。西方主流文化根植于基督教,普遍接受传统的"原罪说",西方传统节日突出对上帝及其儿子心存无限感激,借助节日表达感恩之情。中国传统节日包含了"敬祖"、"祭祖"、"寻根"、"报本"、"孝道"、"团圆"和"继往开来"等元素,如清明祭祖、端午敬贤、重阳敬老、中秋团圆等。

西方国家的传统节日主要以玩乐为主题,许多节日都少有相应的节日食品,而中国的传统节日主要以饮食为主题,许多节日有相应的节日食品,如端午节的粽子、中秋节的月饼。这些差别主要是由中西方不同的思想观念和价值取向造成的。中国有句俗话"民以食为天",这句话充分揭示了中国人认为健康长寿的追求主要是通过饮食来实现的理念。相比之下,西方人除基本的饮食营养外,更注重通过宗教和娱乐活动来追求健康快乐。这种理念导致了他们认为人类必须通过信仰上帝、参加宗教仪式和不断忏悔等才能赎罪,从而得到心灵的净化与快乐。因此,有浓重宗教色彩的西方节

[①] 李军,朱筱新.中西文化比较.北京:中国人民大学出版社,2010

日习俗注重通过宗教仪式后获得的身心解脱式的愉悦和快乐。

5. 送礼与受礼

中西方在赠送礼物与接受礼物方面也存在一定的差异。

中国人送礼物往往比较看重礼物的金钱价值,以其价值的高低来判断礼物的轻重,所以礼物常为贵重之物。而且礼物通常是在商场里精心挑选购置,或者送礼者家中珍藏之物;而西方人则更看重礼物的人文价值,以其隐含的情谊、心意的真诚程度来衡量礼物的价值高低。礼物可以是从商场购得的,也可以是送礼者亲手制作的,如圣诞贺卡、生日贺卡等。有时候制作工艺不佳甚至简陋的礼物仍能为收礼者所喜爱,这正是由于西方人看重礼品的新颖奇特,看重送礼者的精心构思所决定的。

在接受礼物时,由于中国注重礼仪、形式、客套的传统,因此在接受礼物时往往十分客气,连声说:"不好意思,让您破费了。"、"哎呀,还送礼物干什么呀?"等,而且中国人收到礼物时,认为当着送礼人的面拆开礼物既不礼貌又会使客人感到尴尬,所以一般是先放在一旁,等客人走后才拆开。而西方人收到礼物时,一般是当着送礼者的面拆开,并以"Very beautiful！Thank you！"、"Thank you for your present."等表示赞美、感谢。

(二) 思维文化

相对而言,中国人重具象思维,对事物的描述和表达都尽可能地具体,而英美人重抽象思维,擅长用抽象的表达描述具体的事物。因此,英语科技文章中多用概括、笼统的抽象名词,而汉语文章中多用具体词语。在翻译这些具体词语时,如果生硬直译,必然会使译文晦涩难懂,因此需要将英语中的大量抽象名词具体化,以使译文符合英语表达习惯。例如:

Is this emigration of intelligence to become an issue as absorbing as the immigration of strong muscle?

知识分子移居国外是不是会和体力劳动者迁居国外同样构成问题呢？

本例原文中的 intelligence 一词原意为"智力,理解力",muscle 的原意为"肌肉,体力"。但译文并没有进行死译,而是灵活地将它们译为了"脑力劳动者"和"体力劳动者"。很明显,将抽象名词具体化以后,译文就更容易理解了。

(三) 心态文化

一个民族的心态文化是其民族文化的历史沉淀,不同的民族有着不同的心态文化。心态文化与民族心理、宗教意识、社会意识等紧密联系,不同

第九章 语言与文化

民族的心态文化差异性表现在价值观、审美观、伦理道德等方面。

1. 价值观念

价值观来源于人们的思维模式,尤其是人们的世界观。正如前面所述,不同的民族有着不同的思维模式。因此,不同的民族、不同的文化拥有不同的价值观念。下面简单比较西方文化与中国文化在价值观上的主要区别。

(1)集体主义与个人主义是中西方价值观念差异的最突出表现。个人主义和集体主义价值观都是对社会实践和社会存在的反映,社会的发展、不同文化间的交流必然会导致价值观的变化。中国文化与西方文化对个人主义的理解不同。中国文化对个人主义的理解带有贬义,而西方文化对个人主义的理解却十分积极、推崇。《大不列颠百科全书》这样解释个人主义:一种政治和社会哲学,高度重视个人自由,广泛强调自我控制、自我支配、不受外来约束。① 在西方文化中,一个人价值的大小通常通过他获得的 self-perfection 或 self-integrity,在于他 individualism 的强与弱。西方人普遍认为,"Each person has his own separate identity which should be recognized and stressed."。因此,西方人考虑的问题通常是"What is the meaning of my life?"。在汉语文化里,我们强烈反对个人主义,奉行的是集体主义,即个人价值的实现在于他对社会做出的贡献。我国传统文化中的集体意识一直在思想意识中占统治地位,并且已经深深渗透到了人们的日常习俗中。中国人常说"在家靠父母,出门靠朋友。"把互相帮助、和谐共处作为美德就是集体主义的表现,集体主义也常常以民族主义和爱国主义等观念形态表现出来。

(2)西方文化与中国文化的价值观念还体现在对待权力的态度上。在多数西方人看来,权力只是选民或上级政府所给予的借以执行职责、完成任务的手段,他们对权力的追求欲望已大大淡化。而由于中国数千年来实施封建专制、完全没有民主制度可言,因此中国人则较为崇拜权力,有较为强烈的权力追逐欲。

(3)西方人与中国人对待金钱的态度也不一样。英美人自幼受到的教育便是长大后追求两样东西,一是"金钱",二是"权力"。在西方,子女年满18岁便开始离家过独立的生活,即使父母很富有或很有权势,也不愿慷慨赠与子女;而我国传统文化推崇淡泊名利的思想,对金钱的态度历来比较淡泊,认为"钱是身外之物",尤其是一些文人名士更是视金钱如粪土。

---

① 陈俊森,樊葳葳.跨文化交际与外语教育.武汉:华中科技大学出版社,2006

2.审美观念

审美观念的差异是民族传统文化、民族心理、社会生活方式等差异在审美活动中的具体表现。英汉民族由于社会、历史文化的不同,各自的审美观及审美趣味也是大不相同的。

(1)在相貌审美方面,西方文化既有相同之处,又有差异。在对待相貌这方面,中西方共同的美的标准是大眼睛、高鼻梁。但"樱桃小口"更受中国人喜爱,而西方则以"大嘴"为美。

(2)对肤色的追求和推崇的差异也体现了西方人和中国人的审美观念差异。中国女子自古相信"一白遮百丑"这一观念,比英语国家更讲究"以白为美",而西方虽然曾一度将"白皮肤"视作贵妇人的专利,是身份和地位的象征。但现在,人们崇尚健康,推崇将皮肤"晒黑",并且认为"太阳色"的皮肤才健康、漂亮。

(3)对于男士蓄须,中西方也有差异。虽然中西方都存在留胡须的习惯,认为留胡须使男性显得更成熟稳重。但是西方文化对蓄须非常讲究,特别忌讳胡子拉喳,蓄须者也很注意对胡须的养护和修整。而中国人则比较随意,比较能够容忍一个人几天不刮胡子。

此外,在审美差异中,颜色审美是一个不得不提的问题。不同的民族对不同的色彩的感觉是不同的。在国际贸易中,色彩的重要性则更具现实意义。例如,巴西人忌绿色,日本人忌黄色,墨西哥人忌紫色,比利时人忌蓝色,土耳其人忌花色,欧美人忌黑色。如果不了解这一点,不尊重不同民族的不同颜色偏向,那么就极可能造成误解。

3.伦理道德

不同民族伦理道德观的差异会带来语言使用上的差异,如果不了解这些差异,在现实的社会交际中就容易引起不必要的误会。

(1)英美人认为年龄、收入、婚姻、信仰等有关个人的信息纯属个人隐私,在交谈中十分忌讳涉及到类似问题。在汉语文化中,年龄、收入、婚姻几乎是会话交谈中的必谈话题。对汉民族来讲,即使是刚认识不久的朋友,问及这些问题也是很自然、顺理成章的,也符合社会道德。

(2)子女对父母的义务也是中西文化差别较大的一个方面。在英美等国,子女长大后一般不负有赡养父母的义务;而在汉语文化中,如果子女不尽赡养父母的责任,是不为社会所接受的,是会遭到社会谴责的。

(3)亲吻在西方十分普遍,即使在公众场合、光天化日之下,亲吻都不违背伦理道德,亲吻在一些欧美国家是一种礼貌。但是,这种在公众场合的亲昵行为在中国是不道德的,是人们难以接受的。

(4)关于身体裸露的部位,中西文化也有很大区别。由于欧美文化中身体能裸露的部位比中国要多得多,因此中国人误认为英语国家的人都很开放。实际上,思想保守的欧美人比比皆是,他们认为外表的裸露并不代表观念的开放。在跨文化交际中,我们应该切忌戴"有色眼镜"看待别人,应该明白裸露多的西方人不见得就"有伤风化",处处要包裹严实的阿拉伯妇女也未见得就"封建落后"。

(四)历史文化

任何文化都是不同民族在自身的发展历程中累积起来的精神成果,不同民族在不同的历史时期存在疆域的变迁、适度的革新、事件的发生、文学艺术的发展等,因此形成了许多具有民族历史属性的文化词。而且,在文化发展的过程中,人们对事物的名称、观念也会随着历史的发展而发生变化。因此,中西方因历史文化的不同也存在较大的文化差异。

这里所说的历史文化是文化的历史发展与文化的历史沉积在各自语言中的表现,特别是指一些传统说法、典故、格言、成语等。例如,汉语里的习语"程咬金"、"月老、红娘"、"老泰山"、"应声虫"、"河东狮吼"、"穿小鞋"、"戴高帽子"、"抓辫子"、"清水衙门"、"身在曹营心在汉"、"不看僧面看佛面"、"一人得道,鸡犬升天"等。而成语中蕴含的特定的文化意义则更加丰富,如"三顾茅庐"、"卧薪尝胆"、"四面楚歌"、"图穷匕见"、"背水一战"、"牛郎织女"等。而英语中的 meet one's Waterloo, eat crow, beat the air, the Judgment Day, January chicks, green revolution, black Friday, talk turkey, white elephant 等都具有一定的历史文化内涵,有着很深的历史文化烙印。

(五)体态文化

来自不同文化背景的人具有不同的体态文化。我们这里讲的体态文化包括非言语交际的诸方面,如身体动作、面部表情、空间距离、服饰与装饰等。虽然有些非言语交际手段与方式随着时代的变迁而变迁,但在信息传递中体态文化始终占有十分重要的地位。

1.举止神态

举止神态是人的身体动作或身体语言,如人的举手投足、眼神或表情都属于举止神态学的内容。体态文化所涉及的举止神态包括以下几个方面。

(1)面部表情。面部是人们传递感情和分析他人感情的主要渠道。这也正是为什么影视作品中经常使用特写镜头来表达角色感情的缘故。面部表情是交际过程中加强或削弱谈话内容的基础,也是对外传播内心感觉和感情的主要途径。

(2)眼神。不同的眼神可以表示不同的含义。目光接触作为一种重要的非言语交际行为,其方式和频率因文化的不同而有所不同。英美人交谈时,双方往往是相互直视。当向人致意或与人交谈时,需要正视对方,否则通常被认为是羞怯或者缺乏热情,甚至是懦弱。在西方文化中,即使是在演讲,发言者也要与听众进行频繁的目光接触,一方面是表示对听众的尊敬,另一方面是便于审视听众的反应,获得反馈信息。而在中国文化中,为了表示谦卑或尊敬,在交谈时双方并不需要不时地直视对方,有时还要有意地回避目光的不断接触。

(3)手势。相同的手势在英汉两种语言中可能代表不同的含义。同样,在表达相同的含义时,中国和西方国家也可能使用不同的手势。这就体现出非语言交际符号与其代表含义之间的任意性。例如,中国人表示"再见"的手势是手掌与手指随手腕前后摆动,这在美国人看来是"过来"的意思,美国人通常通过左右摆动手掌和手指来表示"再见"。

(4)姿势。姿势是人的肢体用来传递信息的主要方式之一,我们通常可以透过不同的姿势得到不同的潜在信息。例如,双肩低垂可以表示人正承受压力或身负重担,双肩高耸有时可以表示一个人很自信或正受人重视。双肩平放在美国人眼中是充满力量的表现。

2. 空间距离

因空间的使用和控制而发出的交际信息称为"空间信息"。空间信息与人口和文化有着十分密切的关系。中国人口稠密,因此个人所能拥有的空间相对有限;而欧美国家的人口相对稀疏,个人空间相对较大。这一自然因素的差异导致了中国和欧美两种不同的文化特性:中国文化属于聚拢型,讲究人与人之间关系亲近;欧美文化则属于离散型,主张个人的独处。这一文化差异使得很多初到中国的西方人感到处处拥挤不堪,没有任何私人空间;而中国较欧美人际距离小,对拥挤的容忍性则较高,因此导致中国人初到欧美国家会觉得人与人之间距离过于疏远,感到备受冷落。下面我们将从领地、个人空间和零空间三个方面对中西方空间信息差异进行阐述。

(1)领地

领地是指人们认为自己对其具有拥有权或处置权的地域空间。领地可以是固定的,也可以是临时性的,固定的如家、办公室、私人汽车等,临时的如饭店预定的餐桌、图书馆、自习教室、公共汽车乃至候车室内临时占用的座位等。中西文化差异在领地方面主要表现在以下三个方面。

第九章　语言与文化

①欧美人与中国人对领地的标示方式有差异。欧美等国人们常常以矮矮的篱笆、一块匾额等将领地与公共空间隔离开来。而中国人习惯用鲜明、有形的物品明确地将领地与公共空间隔离开来。例如,高大的围墙、马路上的栏杆等。

②欧美人与中国人对领地的占有欲望不同。西方人对领地的占有欲较强,他们的领地概念还延伸到对个人物品的独占,在这一点上英国和德国表现得尤为突出;而中国人鼓励将个人物品共享。例如,在西方不可能看到一个人在公共汽车上、候车室里阅读报纸时,别人会凑过来一起看,而在中国这种情况很常见,甚至读报纸的人还会等别人看完后才会翻到下一页。

③在领地被侵犯时,欧美人与中国人的反应也不相同。欧美人的反应会比较强烈,中国人的反应要温和些。例如,当排队遭遇别人插队时,欧美人对这样的行为会明确地表现出不满并加以阻止;而中国人往往默默忍受,不做过多计较。

(2)个人交际空间

个人交际空间也称为"体距"。个人交际空间是人随身携有的领域,在直观上表现为交际双方之间的距离。根据关系疏密不同,体距也有所区别。有学者将交际空间分为以下四个区。

①私密距离。此概念是指从接触点到人之间46厘米以内的距离。由于私密距离的范围很小,故身体接触是十分常见的。在此距离内,人体的感官系统在私密距离内一般处于较兴奋状态,很容易被外界环境激发。因此,当人们处于不舒服或情绪不稳定状态时,容易出现反抗、攻击等负面行为。

②个人距离。个人距离的范围是46~120厘米。个人距离是人们之间保持的最为自然的距离。在这个距离内,人们同样可以进行日常的非语言交际行为,如握手或牵手等。人们在非正式场合大多都是保持这一距离,因为人在这样的距离内感觉最放松。在与人交谈时,如果距离太近,容易给人带来紧迫感;而如果距离太远,则会让人感觉到被冷待。

③社会距离。社会距离的范围是120~360厘米。一般情况下,社会距离保持在离他人一臂之长的地方。人们在一些较为正式的场合,如谈论生意或是正式会面等一般保持这一距离。通常而言,人们处于社会距离时不会进行过于私密的交流。

④公众距离。公众距离的范围是360厘米以外,是以上所有距离中最为安全的一种。在这一距离内,人们通常不会发生谈论或交流。由于这种距离已经超出了个人所能参与的范围,因而人际交流不易发生。可见,公众距离通常是人们不太希望与陌生人发生关系时保持的一种较远距离。

中西方文化不同,因而体距也不同。双方交流可能会因体距的差异导致不安和焦虑,中西体距文化的不同也就成为误解的根源。具体而言,西方人认为合适的体距,在中国人看来是太冷漠;而中国人看来合适的体距,西方人会觉得有些过分,甚至双方会对彼此的关系产生误解。在欧美人看来,挤在一起的体距是无法忍受的,而中国人的体距比西方国家要近得多。例如,几个中国人结伴到饭店吃饭,大家为显得亲近而尽量挤在同一张桌子上吃;而西方人则会分开坐两个桌子。再如,在中国可以看到四五个中国人挤在同一辆出租车内,两人同坐公共汽车上一个座位。这在欧美十分少见,即使是一家人,他们也会分坐两辆车,或其中一人站着。

(3)零空间

零空间又称"体触、接触"。受传统文化和生活、居住方式的影响,不同民族的体触观念也有所不同。西方人从小就受到教育要避免与陌生人的身体接触。他们只有在亲密无间的时候才愿意与别人有身体接触,除此之外,通常不愿意与别人有身体的接触,如果不小心碰撞了别人则会表示歉意。他们会因为在公共场所如公共汽车、火车或拥挤的商店里身体的相互碰撞而感到极度不舒服。与英美人相比,中国人对拥挤和身体碰撞的容忍度比较大。

霍尔(Hall)按照体触频率的不同提出了高体触和低体触文化的概念。但是,由于受到性别、人际关系、年龄等多种因素的影响,很难确切地将某种文化环境下的体触行为定义为高体触的还是低体触的。相对于欧美,中国人在异性之间是低体触,同性之间则是高体触。在儒家文化的长期影响下,中国男女之间一贯强调低体触,在公众场合关系不够密切的男女一般不彼此接触;中国同性年轻男子之间常用搭肩膀,这在中国会认为是兄弟情谊,而在西方同性年轻男子之间搭肩膀会被误解为有同性恋之疑。即使是女性的同性接触,中西方也有很大区别。首先,中国同性女子之间的接触频率比男子之间要高得多。中国女子在赞美对方衣着或发型漂亮时,常用手摩挲一下对方的衣服或头发,以强化其言语的表达,而西方女子之间只是言语上赞美一下,却不会有中国女子的行为。总之,在与西方人交往时,要注意同性交往时,尽量避免与对方发生体触,以免造成误会;异性交际时,要意识到对方的某些行为是出于礼貌与友好,不要过分敏感。另外,中国妇女对别人摸摸、拍拍或者亲亲她们的孩子觉得很正常,认为这是别人喜欢自己孩子的表现,而英美妇女则对此类行为感到别扭甚至反感。

综上所述,中西方的体触文化差异使西方人觉得中国人过于热情,不尊重个人隐私;而中国人觉得西方人开放但傲慢,对人冷漠。因此,我们在进行英语学习时,要意识到这两种观念的存在。

第九章　语言与文化

3.礼仪文化

礼仪是交际中不可忽视的重要内容,得体的举止对跨文化交际的成功有着至关重要的影响。以宴会为例,人们需要注意的礼仪包括以下几个方面。

(1)在着装上,来宾通常需要穿戴较为正式的服装(如颜色相近的整套深色西装或黑礼服),这一点一般会在宴会请柬的下方注明。

(2)在座次上,西方宴会通常采用男女交叉的席位安排,并以女主人的座位为准,主宾坐在女主人的右上方,主宾夫人坐在男主人右上方。这一点与中国的宴会席位安排(一般按照职务顺序安排,若夫人同行,则将女士们安排在一起)是不同的。

(3)在餐具摆放上,一般正面放汤盘,左手边放叉,右手边放刀,汤上方放匙,再上方放酒杯,空汤盘里或空酒杯上放餐巾,面包、奶油盘摆在左上方。

(4)在上菜顺序上,一般先上餐前面包,然后上汤、各类菜肴、布丁,最后上咖啡或红茶。若是正式宴会,内容会更加丰盛。

(5)入座后摊开餐巾或离座前收起餐巾都应以主人为先。

4.服饰与饰物

服饰一直被视为文化的标志,不同民族的服饰和饰物往往也存在很大的差异。

(1)服饰。服饰可以体现一个人的地位、身份、职业和经济状况等。在中国古代,帝王将相和平民在服饰的质地、图案、色彩各方面均有严格的规定;在早期的英格兰,若丈夫的财产少于一千元,妻子禁止戴丝质围巾。实际上,在当代我们仍然可通过一个人的着装来判定他的职业和经济状况。英美人讲究服装与场合相协调,尤其是英国。即使是日常穿衣,英国人也十分讲究,通常是显得庄重、含蓄。例如,讲台上的英国教授永远是西服笔挺。一般情况下,参加音乐会、歌剧等场合服装越正式越好,私人聚会则视具体情况而定。而中国人对服装与场合的搭配没有如此严格的规定,穿着礼服挤公共汽车或穿休闲装进大剧院的现象很常见。此外,在着装颜色和款式方面,中国人和西方人有着一定的差异。

(2)饰品。在随身饰品中,戒指是一个重要的信息传递工具。在西方文化中,戒指的意义性比较强,佩戴的方式不一样,其含义也不一样。戒指戴在左手无名指表示已婚,左手中指表示订婚,小指则表示未婚。戒指戴在右手则主要起装饰作用。虽然中国自古也有佩戴戒指的习俗,但佩戴的戒指及其佩戴方式并没有什么含义。随着国际化的进程，西方的戒指文化也传入了中国，很多中国成年女性也有佩戴戒指的习惯，但值得注意的是，我们佩戴戒指应该弄清楚其具体含义，否则容易导致误解和笑话。

综上可知，汉民族与英语民族之间存在巨大的文化差异。在英语语言知识的学习中，必须学习英汉文化中的差异，从而有利于更准确地使用英语这一重要的交际工具。

二、英语教学的文化导入

掌握一门语言与熟悉其所属文化有密切的关系。因此，在教学过程中，教师要重视文化的导入，加强文化背景知识的教学，从而有助于学生更深刻地理解语言及其背后的文化，加强学生的文化理解能力，提高学生的跨文化交际能力。具体而言，教师需要注意以下几个方面的内容。

（一）教学准备中要提高文化素养

教师是教学的主导者，在英语教学中发挥着极为重要的作用。因此，教师在学生跨文化交际能力的培养中有着非常重要的影响。为此，教师首先要认识到培养学生跨文化交际能力的重要性。只有教师首先增强了跨文化交际意识，才能够做到在教学中注重对学生的跨文化交际能力的培养。教师在教学中应该以培养学生的语言运用意识以及自学能力为目的，引导学生充分挖掘教材中的文化内容，并鼓励学生扩大阅读量，广泛接触原版语言材料，使学生能够从不同角度、不同层面接触、吸收到各种文化知识，从而提高学生对文化差异的敏感性以及对不同文化的包容性，为培养学生的跨文化交际能力奠定基础。为此，教师应通过学习各种教学理论，大量阅读书刊杂志，时刻了解社会变化，及时更新教学观念，顺应教学潮流，在教学中坚持以学生为中心，并不断提高自己的文化素养、跨文化意识。在可能的情况下还可以到外国进一步学习，切身感受英美国家的语言与文化，深刻认识中英文化的差异，从而有利于增强培养学生的跨文化交际能力的效果。

（二）教学目标中要突出文化地位

随着世界的发展，我国的发展已渐渐进入国际轨道，并正在国际化的大舞台上扮演越来越重要的角色，而培养与我国发展相接轨的人才则成为我国当前教育的当务之急。培养与我国发展相接轨的人才，即培养面向世界的人才，也就是培养了解各国的语言和文化、具有国际竞争力的人才。这对我国的英语教学提出了新的要求——我国未来的人才必须具有国际视野和

第九章　语言与文化

世界意识。因此,英语教学应当突出文化的地位,培养学生的跨文化意识和跨文化交际能力,在教学目标中突出文化的重要性。据此,在我国的英语教学中,应建立以下四个方面的目标。

(1)知识目标。知识目标是语言能力发展的基础,主要包括语音、词汇、语法等方面的知识。

(2)能力目标。能力目标是指在语言知识基础上发展起来的听、说、读、写的能力以及运用英语进行交际的能力。

(3)文化目标。文化目标是中国由封闭走向开放之后中国公民应具有的素质,主要是指要使学生了解英语国家的价值观念、思维习惯、社会习俗和当今生活,明白我国文化和英语国家文化的差异,提高跨文化意识和国际理解力,最终使学生具有跨文化交际能力。

(4)情感目标。情感目标是指培养学生的文化敏感能力,对英语文化有尊重、开明和容忍的态度,并且通过多元文化的对比,引导学生更加清楚地感受中国文化的独特性,增强爱国的热情。

(三)教学内容中要增加文化知识

在我国,汉语是母语,英语是外语。因此,我国学生学习英语有两大特点:一是在汉语的环境下学习;二是在课堂上学习。在这种以汉语为母语的背景之下,学生主要依靠课本认识、了解、感受英语文化,而并不能像学汉语一样,在学会汉语的同时就能了解、掌握汉语文化。因此,在课本中、在教师的教学内容中应反映英语民族的文化和风俗习惯,使学生在学习英语的同时,也学习到有关的英语民族文化和社会习俗,而不是用英语谈论中国,以英语学习汉语文化。此外,随着社会的发展,知识的更新,英语每年都产生新的词汇。因此,教学内容应尽量贴近英语国家的现实生活,使学生所学的语言要跟实际生活相联系,学生只有感受到所学的内容和实际生活是相互联系的,才会更加积极地学习。

(四)教学过程中要重视非语言行为

人际交流主要有两种方式,一种是言语行为,另一种是非语言行为。有心理学家指出,在整个交际过程中,通过语言传递的信息和意义只占7%,而有93%的意义和信息是通过非语言形式传递的,其中,由声音传达的占38%,其他的非语言行为则占55%。[①] 由此可见,非语言交际是一种重要的交际方式。中西方的非语言行为存在很大的差别,学习和了解英美国家的

---

① 赵彦芳.论大学生跨文化非语言交际能力的培养.科技信息,2008,(26)

非语言交际及其与中国非语言行为的异同,有助于解决非语言交际行为中的文化冲突问题。在不同的文化背景下,非语言行为的差异主要表现在以下两个方面。

(1)社会文化不同,非语言交际行为相同,但其含义不同。例如,跺脚在英语国家表示不耐烦,而不是表示生气、悔恨;在西方,在进行交流时不敢直视对方的眼睛会被认为是不诚实的。

(2)社会文化不同,非语言交际行为不同,含义也不同。例如,中国人接受别人的礼物时一般双手接受,并且出于尊重别人的原因,一般不会当面打开礼物,而是过一段时间等赠礼人不在面前才会打开;而西方人则不一样,西方人一般会当场打开礼物,以示欣赏。

在跨文化交际中,交际者如果不了解彼此之间非语言行为的差异,往往会造成文化冲突,使双方产生误解,不利于交际的顺利完成。因此,培养学生的跨文化交际能力,需要重视对非语言行为的学习。学生只有对英美文化的肢体语言、空间语言、时间语言、辅助语言、颜色语言等非言语行为有所了解,才能提高其跨文化交际能力,才能顺利完成跨文化交际。

教师可以在英语教学中有意识地向学生传授非语言行为的知识,并向学生讲解中西方的非语言交际行为的差异。例如,在太阳穴处用食指画一个圈,在英语国家表示某人太古怪或者是表示某人疯了,而在中国则意味着要求对方动动脑筋、想想办法。

(五)课堂教学中要创造文化氛围

在文化视阈下,仅仅向学生传授语言知识,并不能满足现代社会对人才的要求,还要使学生了解造成语言差异的不同文化背景。课堂是学生接触、学习英语文化的主要途径,因此教师在英语教学过程中应该创造与语言相符合的文化氛围,以培养学生与不同文化背景的人准确、自然地进行语言交际的能力。要在课堂中创造文化氛围,需要注意如下两个方面。

(1)教师要重视学生的主体地位,鼓励学生在学习中发挥主动性和创造性,增强学生的自主学习能力和运用英语的能力。在英语教学中,教师应为学生创造思维空间,善于引导学生思考、讨论、回答并提出问题,而不是限制学生的思维。只有在逼真的情景之下,学生的创造性思维和学习主动性被激发起来,在活跃的气氛下学习、感受英语文化,从而激发了学习英语及其文化的兴趣。

(2)教师应以内容广泛、形式多样的课外活动创造文化氛围。教师可以将课堂延伸到课外,设计和组织内容广泛、形式多样的多种难易适度的课外活动,让学生根据自己的兴趣和爱好选择参与。学生在参与活动的过程中,

第九章 语言与文化

通过查阅资料、调查了解外国朋友、观察、体验,可以使学生认识到两种不同文化的独特性及其价值观,培养学生的探究精神和文化的理解力。

(六)教学实施中要增加跨文化实践

英语是一门实践性非常强的学科,要培养学生的跨文化交际能力,必须依靠大量的训练和实践才能实现。我国学生是在非母语语言环境中学习英语,因而只有创造理想的语言环境,并提供大量的语言实践机会,才能使学生的英语综合能力得到有效提高,才能使学生的跨文化交际能力得到提高。因此,教师在英语教学中,无论是在课堂上还是在课余时间,都应该为学生提供大量跨文化交际实践的机会。

课堂是我国学生学习英语的主要场所,同样也是培养学生跨文化交际能力的主要场所。因此,教师要充分利用课堂时间类来锻炼学生的跨文化交际能力。教师可以将英语课堂作为学生进行社会交往的模拟场合,并根据教学内容设计出不同的交际活动。例如,教师可以在课堂上模拟现实中的交际情景,让学生扮演不同的角色,进行情景交际活动,如进行电话预约、接待客人等。学生在模拟情景中进行跨文化交际能力的表演时,教师应该指导学生尽量融入模拟情景中,使自己置身其中,尽量按照角色的特点、交际的环境,正确使用语言进行交际,从而加深学生对英美国家文化的理解,帮助学生提高情景交际的能力,提高跨文化交际能力。

课堂教学时间毕竟是有限的,学生需要利用课余时间进行阅读才能积累大量的文化知识。因此,教师必须引导学生利用课余时间学习英语文化知识,培养自己的跨文化交际能力。例如,教师可以引导学生阅读难度适中的英语经典名著;向学生推荐英语学习网站;可以定时安排、组织语言实践活动,如看电影、电视访谈节目、记录片等;可以举办英语文化节;可以开展有关英美国家的文化知识的竞赛;可以鼓励学生开展英语角等。

(七)教学评估中要强化文化考核

学生在学习外语的过程中通过接触和了解外国文化,克服民族中心主义,对外国文化能够采取尊重和宽容态度的能力,就是文化理解。我国传统的英语考试往往只注重对单纯的英语语言知识的考核,而忽视了对学生文化理解能力的考核,从而导致了教师和学生对英语文化知识的忽视。因此,在英语教学中,需要强化对文化理解的考核,以考试促进教师对文化的教授和学生对文化的学习。强化对文化理解的考核可以通过以下两个方面来进行。

(1)在笔试中考核文化理解。也就是说,在传统的以考查语音、词汇和语法知识为主的英语考试中,增加对文化知识的考查。

(2)增加活动考查。也就是改变以笔试为唯一评价方式的现状,通过朗诵、演讲、讨论、课本剧表演、编写英语小报等活动形式来考查学生,并给予学生一定的评语式评价。

(八)加强国际教学文化交流活动

在全球化趋势中,英语教学不能够把学生的视野封闭起来。为了加强国内外文化的交流,激发学生学习英语以及了解国外文化和教育的热情,可以通过开展形式多样的国际教育合作活动来实现。

1. 国际校访活动

国际校访活动,增强我国学生与其他国家学生的交流,是培养学生跨文化交际能力的有效途径。国际访校活动,即由我国学校组织优秀学生代表团到英语国家的学校进行访问和社会实践活动,从而增加学生对英语国家文化的直接、感性认识,有效激发学生学习英语文化的兴趣,开阔学生的视野。当然,也可以邀请外国的学校组织代表团到我国学校进行访问活动。无论是哪一种方式,都必定会促进学校之间的文化交流,促进学生对不同语言国家的文化差异的了解,有助于培养学生的跨文化交际能力。开展国际间的学校文化交流活动,可以相互学习、感受并增强彼此的学校文化氛围,不仅可以为我国营造英语学习氛围提供思路,而且可以推动我国学校英语教学的顺利发展。

2. 国际教师交流活动

由于教师的跨文化交际能力对培养学生的跨文化交际能力有重要影响。因此,开展教师间的国际交流活动,同样有助于培养学生的跨文化交际能力。与国外优秀学校进行合作,互派教师到对方学校进行访问、教学和科研,将有利于提高我国英语教师的英语文化素质,并有效推动我国英语教学的发展。我国英语教师到英语国家访问,亲身体验英语国家的文化和教育,学习西方文化的优秀教学成分,将会得到极大的收获,从而促进国内英语教学的发展。

3. 国际学生交流活动

开展国际学生交流活动可以使学生直接感受国外的文化,是学生学习外国文化知识的直接途径,可以有效地培养学生的跨文化交际能力。与国外学校合作,互换学生到对方学校进行短期学习,让我国的学生获得在英语

第九章 语言与文化

国家生活、学习的机会,可以使学生获得亲自体验英语文化的机会,从而更直接、深刻地了解英语国家文化。这些学生回国返校后,将会进一步带动学校文化活动的开展。从外国到我国进行交流学习的外国学生,对促进不同文化的交流也是十分有利的。来自不同文化的学生在一起学习,使不同文化进行碰撞、融合,将会使学生更深刻地理解不同文化之间的差异,从而增强学生的跨文化交际能力。

第十章 语言与认知

认知是一种个人的心理活动,与语言有着紧密的关系。自20世纪50年代乔姆斯基(Noam Chomsky)《句法结构》(1957)的出版推动认知革命的发展以后,关于语言与认知关系的研究便层出不穷,而且成为了语言学家长期关注和讨论的重心。本章就对语言与认知的相关问题进行重点探讨,包括认知的内涵、认知语言学、有关认知语言学的重要概念与理论。

第一节 认知的内涵

一、认知的含义

从心理学角度来看,认知(cognition)是指个人的心理过程或者知识的能力,包括知觉、意识、判断和推理等,并与情感、意志相对应。

认知语言学关于认知的定义主要有以下五种认识。[①]

(1)认知是信息加工。
(2)认知是心理上的符号运算。
(3)认知是解决问题。
(4)认知是思维。
(5)认知是包含感知觉、记忆、想象、概念形成、范畴化、判断、推理、思维及语言运用在内的一组能动的活动。

在上述五种定义中,(1)、(2)属于"信息加工论",把人脑等同于电脑,但这与认知语言学关于认知的理解并不相符。(3)、(4)指出了认知的核心在于思维。(5)是广义认知语言学关于认知的理解。

认知语言学中的认知是广义的,它指的是大脑对客观世界及其关系进行处理从而能动地认识世界的过程,是通过心智活动将对客观世界的经验进行组织,将其概念化和结构化的过程。[②]

[①] 白雅,岳夕茜.语言与语言学研究.昆明:云南大学出版社,2010
[②] 同上

二、语言与认知的关系

语言与认知的关系一直都是语言学界非常关心的问题。不同的哲学家、语言学家都对其进行了深入探讨,并发表了自己的观点。关于语言与认知的关系这里主要介绍以下几种观点。

(一)沃尔夫假设

著名的人类学家沃尔夫(Benjamin Lee Whorf)经过对霍皮语(Hopi)研究之后发表了这样的观点:语言就像人类戴着的一副眼镜,镜片或多或少有些屈光,人类就是通过这副眼镜来看周围的世界的。这就是大家熟知的"沃尔夫假设"(Whorf Hypothesis)。

霍皮是一个古老的印第安人部落,生活在美国亚利桑那州,他们所使用的语言就是霍皮语,该语言与英语有很大的不同。沃尔夫对两种语言进行比较后提出,不同的语言赋予各自的使用者以不同的世界观,比如说英语的人和说霍皮语的人在世界观上就表现出很大的差异,尤其是他们对时间和空间的认识存在着巨大的差别。英语中对"时间"概念的理解在很大程度上依赖于"空间"的相关概念。例如:

one second 一秒钟
two minutes 两分钟
three hours 三个小时
four days 四天
five weeks 五周
Winter is coming.
冬天快到了。
Those good old days are gone for ever.
那样的好时光一去不复返了。

但是,并不是所有的语言都如同英语这样依赖空间来表述时间。沃尔夫研究发现,霍皮语就与英语的表述不同。他发现霍皮语中的时间概念类似于英语中的 duration,很难通过空间或运动来表述。以"Ten days is longer that nine days."这一句子为例,霍皮语中与之最接近的表达可能是"The tenth day is later than the ninth."

此外,沃尔夫还认为,人类如何能挣脱从语言中继承下来的世界观的问题已经成为近代物理学、哲学及逻辑学中最难解决的一个问题。他甚至认为霍皮语与西欧的各种语言相较而言,也许霍皮语赋予了它的使用者更符合现代物理学概念的世界观(Bolinger,1968)。

总而言之,"沃尔夫假设"一直都是哲学家、人类学家以及语言家不断争论的焦点。现在的人们普遍认为"沃尔夫假设"有些夸大了语言对人类思维的控制。时至今日,专家们仍然未能完全明确语言和思维之间的关系。可以看出,要想明确语言与认知之间的关系,还需相关专家们不懈努力。

(二)传统语言观

传统的语言观认为,语言与认知的关系可以概述为以下几点。[①]
(1)自然语言独立于人的思维和运用之外的客观意义,词语也具有明确的、能客观描述现实的语义。
(2)物体有其独立于人之外的内在特性,语言就是表现其特性的外在符号。
(3)语言是封闭的、自足的体系。
(4)对语言研究是描述语言与客观现实的对应情况。
(5)认知与语言是对客观世界的直接反映。

(三)新的语言观

不同于传统语言观,新的语言观认为语言是开放的、依赖性的,并强调人的经验和认知能力在语言运用和理解中发挥着重要的作用。这一观点认为语言和认知的关系具体如下。[②]
(1)语言能促进认知的发展。
(2)语言是巩固和记载认知结果的工具。
(3)认知是语言的基础,语言是认知的窗口。

第二节 认知语言学

一、认知科学的基础

(一)心理学基础

在新的认知科学形成之前,唯物主义的代表笛卡尔(Descartes)指出了

[①] 白雅,岳夕茜.语言与语言学研究.昆明:云南大学出版社,2010
[②] 同上

思维或理智对认知的作用。他提出了一个著名的观点——"我思故我在"。但是,一些早期的经验主义者则强调经验对认知的作用,他们提出了"白板说"作为自己的观点和理论支撑。随后,现代认知心理学提出了研究认知内部心理机制的一种新方法,即"信息加工论",这一方法认为人的一切行为受其认知过程的制约,否定了大脑作为机器的论点,崇尚皮亚杰(Piaget)的"相互作用论"。认知语言学便继续和发展了认知心理学的上述成果以及经验联想主义的一些观点。认知语言学认为大脑的认知是以自身为基础向外如"左、右"扩展的,大脑的思维开始于大脑所存在的、与外界发生作用的人自身。总的来讲,认知是人与外部事物相互作用的产物,是人对客观世界感知和经验的结果。

(二)哲学基础

在新的认知科学形成之前,认知科学一直将莱考夫(Lakoff)的"客观主义认识观"作为自身的哲学基础。莱考夫的这一观点主要包括客观主义理性论和唯心主义两项内容。其中,客观主义理性论主要是指唯物主义经验论、逻辑实证主义等;唯心主义则指的是理性主义和先验论。这一观点的本质是主客观分离的"二元论"。而认知语言学摒弃了唯心主义和客观主义的观点,把非客观主义认识观作为自身的哲学基础。非客观主义认识观的本质是主客观相结合,强调经验在人的认知和语言中的重要性。非客观主义认识观又称"经验现实主义认知"或"经验主义"。

二、认知语言学的起源与发展

(一)认知语言学的起源

1987年被认为是认知语言学正式诞生之年,在这一年兰盖克(Langacker)的《认知语法基础》(*Foundations of Cognitive Grammar*)和莱考夫的《女人、火和危险的事物》(*Women, Fire, and Dangerous Things*)正式出版,这两本书的出版使越来越多的人开始关注和研究认知语言学,也标志着认知语言学作为一门独立的语言学理论而诞生。

1. 早期研究

在认知语言学正式发展成为一门独立的语言学理论之前,许多的学者都对其进行了研究,并提出了自己的理论和观点。下面就简要介绍几位著名学者的典型理论。

(1)格式塔心理学

格式塔心理学又称"完形心理学",其代表人物是考夫卡(Koffka)和科勒(Kohler)。格式塔心理学强调思维活动的整体结构,认为心理现象最基本的特征是在意识经验中所显现的结构性和整体性,同时强调整体不是部分的简单相加,因为心理过程本身就具有组织作用。

此外,认知心理学继承了格式塔心理学关于内部心理组织的一些观点。认知心理学认为,表象的实质是一种类比表征,与外部客体有着同构关系,这种关系不是直接的对应关系,而是有着认知的加工。

(2)文化历史发展理论

文化历史发展理论是由维果斯基(Lev Vygotsky)提出的。文化历史发展理论最早提出了"内化"理论,即"外部形式的活动→概括化、言语化、简缩化→内部活动"。同时,该理论区分了低级心理机能(即生物进化结果)和高级心理机能(即历史发展结果)。

(3)相互作用论

这一理论的代表人物是皮亚杰。皮亚杰认为心理结构的发展涉及四个方面,即图式、同化、适应和平衡。此外,他提出儿童认知能力的发展经历三个阶段:动作、形象、语言。语言的使用与认知能力中的象征功能的发展有关,语言能力以认知能力发展为基础,不能超越认知能力的发展。

到20世纪五六十年代,乔姆斯基生成语法理论的提出和维果斯基《思维与语言》(1956)的重新发表使得心理与认知重新得到重视。并且维果斯基的"外部动作化"和皮亚杰的"内外因相互作用论"重新得到了那些认为机械主义和心灵主义有失偏颇的语言学家的研究。而且这些理论也成了认知语言学研究的重要出发点。

2. 其他学科的贡献

其他学科对认知语言学的贡献主要包括以下几个方面的内容。

(1)"游戏"范畴

维特根斯坦(Wittgenstein)提出了"游戏"范畴。他认为,范畴之间没有固定的、明确的边界。范畴成员之间没有共同的特性,而只有多种方式的"家族相似性"。范畴成员不具有同等的地位,有中心成员和非中心成员之分。

(2)词汇研究

奥斯汀(Austin)提出了词汇研究,其观点主要有以下几点。

①"一个词的各种意义构成一个范畴,各意义之间不具有相同的特征,而是以某种方式发生联系"。

②词具有核心意义和扩展含义,如 wide 和 width。

③概念结构是将人们对人体的认知投射到对其他事物的认知的结构中,如 the foot of a mountain, the foot of a list。

(3)亲属称谓体系研究与颜色词研究

劳恩斯伯里(Lounsbury)进行的亲属称谓体系研究对认知语言学做出了很大贡献。该研究指出:同一范畴的称谓具有焦点成员和非焦点成员之分。

凯(P. Kay)和柏林(B. Berlin)进行了颜色词研究,发现颜色词中含有基本颜色词。基本颜色词具有这样一种规律:黑/白＞红＞黄/蓝/绿＞棕＞粉/橙/灰/紫。这些典型颜色叫作"原型"(白雅、岳夕茜,2010)。

认知语言学家罗施(Rosch)根据上述相关专家的研究内容,将具体问题的范畴和原型研究普遍化、理论化,建立了"基本范畴和原型理论"。罗施认为"原型"(prototype)是人们对世界进行范畴化的认知参照点(cognitive reference point)。

3. 认知语言学的形成

语言学中的语用学和生成语义学构成了认知语言学形成与发展的主要动力来源。

(1)语用学对认知语言学的贡献主要体现在以下三个方面。

①从单独研究语言到研究一定语境中的语言。

②用含义推理解释语言理解,不仅提出了由句子意义向会话含意的推导,而且提出了会话含意的推理的原则。

③将隐喻纳入语言研究范围。

(2)生成语义学的贡献。莱考夫、麦克考利(McCauley)和罗斯(Rose)等学者认为,句法不是自主的,不能独立于语义,而生成语义学的语义部分才是句法生成的基础,语义不能独立于人的认知之外而存在。

(二)认知语言学的发展

20世纪80年代,认知语言学得以迅速发展,其发展主要经历了以下三个阶段。

1. 第一阶段

莱考夫和约翰逊(Johnson)共同编写的《我们赖以生存的隐喻》(Metaphors We live By)从隐喻的角度对语言的本质进行了探讨,证明了语言与隐喻认知结构的密切相关性。该书为认知语言学的发展奠定了基础,具体体现在以下几点。①

(1)认为隐喻是一种思维方式。

(2)提出了"经验主义语义观"。

(3)阐述了人类隐喻认知结构是语言、文化产生发展的基础,而语言反过来又对思想文化产生影响的互相参照论。

2.第二阶段

在这一阶段,"经验主义语言观"被提出,该观点主要涉及以下内容。

(1)客观事物只有被大脑感知才能有意义。

(2)感知器官及其运作环境直接影响到思维和语言。

(3)推理受制于人的生理基础、认知能力、社会文化、经验等。

(4)人类的理性是富有想象力的、隐喻的,并与人体具有内在的联系。

3.第三阶段

1987年,莱考夫的《女人、火和危险的事物》(Women, Fire, and Dangerous Things)和兰盖克的《认知语法基础》(Foundations of Cognitive Grammar)的出版标志着认知语言学作为一种独立语言学理论正式诞生。

1989年,在德国杜伊斯堡召开的第一次国际认知语言学会议被认为是认知语言学成熟的重要标志。随后,在1990年出版了《认知语言学》(Cognitive Linguistics)杂志,成立了国际认知语言学会(International Cognitive Linguistics Association)。

三、有关认知语言学的一些认识

(一)认知语法与认知语义学

认知语言学有时也被称为"认知语法"(cognitive grammar)和"认知语义学"(cognitive semantics)。

认知语法一般指以兰盖克为代表的一派认知语言学家所从事的研究,这些语言学家强调用语法以外的因素来解释语法现象。

认知语义学一般指以莱考夫为代表的认知语言学研究,隐喻和借代的认知功能以及语言和意义之间的关系是他们关注的焦点。

两者虽然侧重点有所不同,但其最终目标都是将语言置于人与环境、人

---

① 白雅,岳夕茜.语言与语言学研究.昆明:云南大学出版社,2010

第十章 语言与认知

与同类的交往这一大背景之下,研究的主要内容是语言和人类的普遍认知能力之间存在的密切的、辩证的关系。

(二)生成语言学与认知语言学的分歧

生成语言学与认知语言学的分歧具体如下。

(1)生成语言学主张语法天赋论,把语言视为一种天赋的、自主的形式装置。而生成语言学主张自主论,认为语言是建立在人类的一般认知能力之上且承担着交际功能的符号系统。

(2)生成语言学与认知语言学有着不同的信条。生成语言学持乔姆斯基信条(Chomsky Commitment),将语言视为抽象符号和操作体系来进行描述,符号的意义以及所指无须考虑。认知语言学持认知信条(the Cognitive Commitment),认为语言学家对语言的描述应符合认知科学的其他领域所提供的关于人的心智和大脑的认识。

(三)认知语言学的几个基本假设

认知语言学对语言的认识决定了它的研究方法,而认知语言学对语言的认识是建立在以下一些假设基础之上的,这些假设具体如下。

(1)传达意义是语言的主要功能,但为什么语言会这样构造?为什么语言要这样用?这是认知语言学首先应该考虑和回答的问题。

(2)既然语言运用和发展的动因是在语言结构之外,那么语言的外部解释比语言的解释更有力量。

(3)语言是历史的产物,因而首先应该对造就这种产物的动力进行解释。

(4)语法变化是单一方向的。从词汇到语法,从语法再到更加语法化的形式。

(5)特定形式表达特定意义是"有动因的"而非"任意的","有动因"的意思是说语言形式不是任意创造的,当它们被引入特定功能时是有意义的。

(四)认知语言学的研究课题

认知语言学所研究的课题主要包含以下几个。

(1)语言构造的功能原则。例如,自然性(naturalness)、象似性(iconicity)、标记性等。

(2)概念结构以及自然语言范畴化的结构特征。例如,典型性(prototypic)、概念隐喻(conceptual metaphor)、心理空间(mental space)、意象(image 或 imagery)、认知模型(cognitive model)、多义性等。

(3)句法与语义的概念接面。例如,语言运用的经验及语用背景;语言与思维的关系;兰盖克的认知语法(Cognitive Grammar)、菲尔莫(Firmo)的框架语义学(Frame Semantics)以及构式语法(Construction Grammar)所研究的内容等(白雅、岳夕茜,2010)。

其中,概念结构、范畴化的典型理论、概念隐喻、意象图式、象似性、语法化等成为了近年来研究的重点课题。

第三节 有关认知语言学的重要概念与理论

一、范畴化

范畴化是人类对世界万物进行分类的一种高级认知活动,以此为基础,人类才具有形成概念的能力,语言符号才具有意义。相关专家认为,范畴可以分为三个层次:基本层次范畴、上位范畴和下属层次范畴。

(一)基本层次范畴

那些最能突显文化和最能满足人类认知需要的范畴就是处于基本层次的范畴。克劳福特和克鲁兹(Croft & Cruse,2004)将这一层次的特征概括为下列四个方面。[①]

(1)由行为相互作用产生典型范式的最具包容性的层次。
(2)构成清晰图像的最具包容性的层次。
(3)代表部分—整体信息的最具包容性的层次。
(4)为日常参考所提供的层次。

由以上特征可以看出,人类在这一层次可以发现范畴特性的最理想化结构;基于这个层次,人类可以感知"事物"的最大不同;这一层次也是最经济的范畴,因为我们与外部世界相互作用的许多信息均储存于此层次。

(二)上位范畴

上位范畴是最具概括性的范畴,各成员没有足够的共性构成一个共同的完形。通常,人们都是从基本层次范畴提取一些特征,用于上位范畴。有人也许会认为挑选了对自己重要的基本层次范畴,自己借用的特征或许是

[①] 廖美珍.语言学教程(修订版)精读精解.成都:西南交通大学出版社,2009

整个上位范畴的代表,但实际上这些特征只是上位范畴内所有成员具有的特征的很小一部分。例如,当有人要求你说出一种交通工具时,你首先会想到小轿车或公交车;当有人要求你说出一种植物时,你会立刻想到树或者花,这种现象在认知语言学中被称作"寄生范畴"。我们往往把寄生范畴用于上位范畴。克劳福特和科鲁兹(2004)认为,与基本层次范畴相比,上位层次范畴具有如下特征。

(1)上位范畴没有基本层次范畴好,尽管它的成员可以区别于邻近的范畴,但是范畴内的相似性相对比较低。

(2)上位范畴比基本层级范畴的定义特征少。

(3)基本层次范畴的中间层次上位范畴与高级上位范畴之间有单一的修饰关系。

(4)从语言学的角度来看,上位范畴的名词以物质名词为主,而基本层次范畴的名词则是可数名词。

(三)下属层次范畴

通过下属层次范畴可以感知基本层次范畴成员之间的差异。下属层次范畴的名称形态较复杂,且是典型的复合形式。与组成成分相比,复合形式的下属层次具有更多的特征,因此复合形式的意思并不意味着是简单的组成成分的组合。只有通过观察复合形式的语义框架,才能解释复合形式意义的特征。

下属层次范畴具有清晰可辨的完形和许多个性特征。克劳福特和克鲁兹(2004)总结下属层次范畴的三个特征如下。

(1)下属层次范畴的信息量相对比它们的上位范畴少。

(2)下属层次范畴是多词素性的,其最普遍的格式为修饰—中心语结构。

(3)与基本层次范畴相比较而言,下属范畴的范畴性要弱,尽管它们的成员间有很高的相似性,但与邻近范畴成员的区别性却很低。

二、识解及操作

识解是一种在特异性、心理扫描、定向性、优势地位以及图形与背景的分离等多种不同的方式下理解和描绘相同的情境的能力(Langacker,2000)。识解操作是人类语言处理过程中概念化的过程。或者说,识解操作是理解语言表达方式所使用的基本心理过程和来源。[1] 很多专家都对此进

---

[1] 胡壮麟.语言学教程.北京:北京大学出版社,2007

行过研究和描述,如托尔密(Talmy)、莱考夫、兰盖克和克劳福特等人。

(一)判断/对比

判断/对比识解操作是人类基本的认知能力,它与把一个物体比作另一个物体的判断有关。在空间研究时,我们往往利用图形—背景的关系,这种关系也适用于我们感知运动的物体。因为运动物体既是典型的突显物,又是可以充当图形的物体,而其余的刺激构成了背景。

兰盖克(1987)用射体表示运动的图形,用路标表示运动图形的背景,以便区分静态和动态的图形—背景关系。例如:

There's a cat[图形] on the chair[背景].
Batman[图形] was standing on the roof[背景].
We[射体] went across the field[路标].
He[射体]'s going to London[路标].

(二)突显/注意力

突显下的识解操作与我们关注突显事物所需注意力有很大关系。通常而言,我们在知觉中往往把注意力集中在感知到的情景部分,在认知中往往把注意力关注于概念结构的激活。也就是说我们会将更多的注意力放在相关的概念上。例如:

He cleaned the window.
他擦窗户。
He opened the window.
他打开窗户。

在上述两个例句中,前一个句子的注意力在窗户的玻璃上,后一个句子则突显在窗扇上。又如:

We drove along the road.
我们沿着马路开车。
She ran across the road.
她跑着穿过马路。
The building workers dug through the road.
建筑工人挖掘了一条横穿马路的通道。

在上述三个例句中,第一个句子中马路被概念化为一条线,第二个句子中马路被概念化为一个平面,第三个句子中马路则被概念化为一个立体。又如:

I've broken the window.

我打碎了玻璃。
A stone has broken the window.
石头打碎了玻璃。
在这两个句子中,第一个句子前景落在事件中"我"的身上,第二个句子前景落在事件中"石头"的身上。

(三)视点/方位

视点也是认知语言学的一个识解操作。所谓视点,即我们以所处的位置来观察一个情景。视点由以下两个方面决定:(1)观察者的位置与观察情景的关系;(2)情景的安排与观察者的位置的关系。
My bike is behind the car.
我的自行车在汽车的后面。
My bike is in front of the car.
我的自行车在汽车的前面。
上述例句中,观察者的位置与观察情景由于视点的不同而出现不同的表述。由此可见,这些识解以从不同的角度实地观察汽车和自行车的位置为先决条件。

另外,视点还涉及指示词的使用。指示词是一种从说话环境出发,指向某物的语言形式。按照认知的术语,指示词是主语所在位置对情景中某物所指的应用。英语中最典型的例子就是"这"和"那"。例如:
Look at that[construes distance].
看那儿。[识解为距离远]
Look at this[construes proximity].
看这儿。[识解为距离近]
此外,常见的指示语还包括以下几种:(1)社会指示词识解话语参与者的社会关系;(2)人称指示词识解话语环境中参与者的关系;(3)篇章/推论指示词识解篇章中已提及的内容。

三、转喻

认知语言学将转喻定义为认知过程,在这一过程中,源域为同一域中的目标域提供了心理通达。对于转喻的理解,不同的专家有着不同的看法,下面列举几个著名专家的观点。

莱考夫(1987)把转喻视为理想化认知模式(ICMs)。
兰登和库瓦克塞斯(Radden & Kovecses,1999)把转喻理解为概念映射。

克劳福特(2002)认为转喻是域的突显。

曼都泽(Mendoza,2000)认为转喻是映射和突显的结合。

潘瑟和桑博格(Panther & Thornburg,1998)把转喻视为事件情景。

兰盖克和巴萨洛那(Barcelona)认为转喻是参照点的激活。

基于本体域,转喻可以分为三类:"概念"世界、"形式"世界和"事物"世界。这些域与奥格登和理查兹(Ogden & Richards,1936)提出的著名"语义三角"中的实体(思想、符号和所指)是相符的。同域实体与非域实体的相关性导致各种理想化认知模式和转喻的可能性。因此,有三种不同实体域的理想化认知模式:符号理想化认知模式、所指理想化认知模式和概念理想化认知模式。① 兰登和库瓦克塞斯(1999)则提出了两种概念表征形式:整体与部分间的转喻;部分与部分间的转喻。以下就对这两种概念表征形式进行具体介绍。

(一)整体与部分间的转喻

整体与部分间的转喻具体包含以下几个方面。

(1)标量转喻。标量是事物一种特殊的类,标量单元是类的部分。其中,整体标量替代标量上限,标量上限可以替代整体标量。例如:

WHOLE SCALE FOR UPPER END OF THE SCALE:Peter is speeding again for "Peter is going too fast."

整体标量替代标量上限:皮特又在加速了替代"皮特的速度更快了。"

UPPER END OF A SCALE FOR WHOLE SCALE:How old are you? for "what is your age?"

标量上限替代整体标量:你多大了?替代"你的年龄是多少?"

(2)事件转喻。事件可以隐喻地视为事件的各个部分。例如:

WHOLE EVENT FOR SUBEVENT:David smoked marijuana.

整个事件替代子事件:大卫抽大麻。

SUBEVENT FOR WHOIE EVENT:John speaks Spanish.

子事件替代整个事件:约翰说西班牙语。

(3)事物及部分转喻。此转喻可以分为两个转喻变体。例如:

PART OF A THING FOR THE WHOLE THING:England for "Great Britain"

事物的部分替代事物的整体:英格兰替代"大英帝国"

---

① 胡壮麟.语言学教程.北京:北京大学出版社,2007

WHOLE THING FOR A PART OR THE THING：America for "United States"

整个事物替代事物的部分：美国替代"美利坚合众国"

(4)压缩转喻。部分替代整体的最后一种转喻是符号形式的压缩。例如：

PART OF A FORM FOR THE WHOLE FORM：crude for "crude oil"

形式的部分替代整个形式：未加工的替代"原油"

(5)构成转喻。它涉及构成物体成分的物质或材料。例如：

OBJECT FOR MATERIAL CONSTITUTING THE OBJECT：She smells skunk.

物体替代构成物体的材料：她闻到一股臭鼬味。

MATERIAI CONSTITUTING AN OEJECT FOR THE OBJECT：wood for "forest"

材料成分替代物体：木头替代"森林"

(6)范畴及范畴成员转喻。范畴及范畴成员构成一种关系。例如：

MEMBER OF A CATEGORY FOR THE CATEGORY：aspirin for "any pain-relieving tablet"

范畴成员替代范畴：阿司匹林替代"镇痛药"

CATEGORY FOR A MEMBER OF THE CATEGORY：the pill for "birth control pill"

范畴替代范畴成员：药片替代"避孕药片"

(7)范畴及属性转喻。属性既可以被隐喻视为拥有的物质（属性是拥有）或转喻地视为物体的部分。例如：

DEFINING PROPERTY FOR CATEGORY：blacks for "black people"

属性替代范畴：黑色替代"黑人"

CATEGORY FOR DEFINING PROPERTY：jerk for "stupidity"

范畴替代属性：傻瓜替代"愚蠢"

(二)部分与部分间的转喻

部分与部分间的转喻主要包括以下几个方面。

(1)知觉转喻。知觉在人们的认知世界里起着如此重要的作用,值得拥有自己的转喻。知觉是有意图的,知觉转喻与行为转喻可以进行交叉分类。例如：

PERCEPTION FOR THING PERCEIVED:sight for "thing seen"

知觉替代知觉到的事情:视觉替代"看到的事物"

THING PERCEIVED FOR PERCEPTION:There goes my knee for "There goes the pain in my knee"

知觉到的事物替代知觉:我的膝盖又来了替代"我的膝盖又痛了"

(2)控制转喻。它包括控制者和被控制者,产生相互转换的转喻关系。例如:

CONTROLLED FOR CONTROLLER:The Mercedes has arrived.

被控制者替代控制者:奔驰到了。

CONTROLLER FOR CONTROLLED:Nixon bombed Hanoi.

控制者替代被控制者:尼克松轰炸了河内。

(3)符号和指代转喻。它们产生转喻交叉切分实体域。在符号转喻里,词形替代一个相关的概念;在指代转喻中,符号、概念和词形替代外部事物。例如:

WORDS FOR THE CONCEPTS THEY EXPRESS:a self-contradictory utterance

单词替代单词表达的概念:自相矛盾的话语

(4)修饰转喻。它主要用于符号的省略形式。例如:

SUBSTITUTE FORM FOR ORIGINAL FORM:Do you still love me? —Yes,I do.

替代形式替代原始形式:你还爱我吗? ——爱。

(5)因果转喻。原因和结果相互依存,一个隐含另一个。此外,它们解释了人们因果混淆的事实。理论上,因果转喻会产生相互转换。例如:

EFFECT FOR CAUSE:slow road for "slow traffic resulting from the poor state of the road"

结果替代原因:车辆行驶缓慢的道路替代"行驶缓慢的交通由道路状况不良造成"

CAUSE FOR EFFECT:healthy complexion for "the good state of health bringing about the effect of healthy complexion"

原因替代结果:健康的肤色替代"良好的身体状况产生健康肤色的结果"

(6)地点转喻。地点常与生活于该地点的人、位于该地点的著名机构、发生在该地点的事件以及该地点生产的产品和从该地点运输的产品有联系。例如:

INSTITUTION FOR PLACE:I live close to the University.

机构替代地点:我住在大学附近

PLACE FOR INSTITUTION:Cambridge won't publish the book for "Cambridge University Press"

地点替代机构:剑桥不出版此书替代"剑桥大学出版社"

INHABITANTS FOR PLACE:The French hosted the World Cup Soccer Games for "France"

居民替代地点:法国人当了世界杯足球赛的东道主替代"法国"

PLACE FOR INHABITANTS:The whole town showed up for "the people"

地点替代居民:全城出动替代"城里的居民"

EVENT FOR PLACE:Battle,name of the village in East Sussex where the Battle of Hastings was fought.

事件替代地点:Battle,东萨塞克斯郡一个村落的名字,黑斯廷斯战役遗址。

PLACE FOR EVENT:Waterloo for "battle fought at Waterloo"

地点替代事件:滑铁卢替代"滑铁卢战役"

(7)领属转喻。领属转喻会产生相互转换的转喻。例如:

POSSESSED FOR POSSESSOR:He married money for "person with money"

被领属替代领属者:他娶了金钱替代"有钱的人"

POSSESSOR FOR POSSESSED:That's me for "my bus"; I am parked there for "My car"

领属者替代被领属:那是我的替代"我乘坐的公共汽车";我停在这里替代"我的车"

(8)生产转喻。这一转喻方式涉及生产行为。在行为中,每个参与者使生产行为产生产品。产品的生产是因果行为中突出的类别。例如:

PRODUCTION FOR PRODUCT:I've got a Ford for "car"

生产替代产品:我有一辆福特替代"福特车"

(9)容器转喻。容器的意象图式情景非常基础和固化,它应在地点关系上被认为是一种转喻。例如:

CONTENTS FOR CONTAINER:The milk tipped over for "the milk container tipped over"

内容代表容器:牛奶翻倒了替代"牛奶瓶翻倒了"

CONTAINER FOR CONTENTS:The bottle is sour for "milk"

容器代表其内容:这瓶是酸的替代瓶里的"奶"

(10)行为转喻。它涉及行为者与谓语要表达的行为间的关系。例如：

MANNER FOR ACTION：to tiptoe into the room

方式替代行为：踮起脚尖走进房间

TIME FOR ACTION：to summer in New York

时间替代行为：在纽约过夏天

INSTRUMENT FOR AGENT：the pen for "writer"

工具替代行为：笔替代"作家"

MEANS FOR ACTION：He sneezed the tissue off the table.

手段替代行为：他打喷嚏把桌上的纸巾吹掉。

DESTINATION FOR MOTION：to porch the newspaper

目的地替代行动：把报纸放在门廊

ACTION FOR RESULT：the production；the product

行为替代结果：生产；产品

ACTION FOR AGENT：writer，driver

行为替代行为者：作者，司机

AGENT FOR ACTION：to author a new book；to butcher the cow

行为者替代行为：写一本新书；杀死这头牛

ACTION FOR INSTRUMENT：pencil sharpener

行为替代工具：铅笔刀

INSTRUMENT FOR ACTION：to ski

工具替代行为：滑雪

ACTION FOR OBJECT：the flight is waiting to depart

行为替代物体：航班等待离开

OBJECT FOR ACTION：to blanket the bed

物体替代行为：铺床

RESULT FOR ACTION：to landscape the garden

结果替代行为：美化花园

四、隐喻

隐喻与两个概念之间的对比有关，它是用一个概念识解另一个概念。隐喻由始源域和目标域组成，始源域的结构相对清晰。隐喻就是将始源域的图式结构投射到目标域之上。隐喻不仅是一种语言现象，还是人类的认知现象，是新的意义产生的根源，是人类将其某一领域的经验用来说明和理解另一类领域的经验的一种认知活动（束定芳，2000）。莱考夫和约翰逊

(1980)把隐喻分为三类:结构隐喻、实体隐喻和方位隐喻。以下就对这三种隐喻进行详细介绍。

(一)结构隐喻

结构隐喻(structural metaphors)表明一个概念是以另一个概念隐喻地构建起来的。结构隐喻不仅使人们超越指向性和所指,还可以使人们通过一个概念构建另一个概念成为可能。例如,"争论是战争"这一隐喻可以产生以下几种情况的表达。

He attacked every weak point in my argument.
他向我争论中的每个弱点发起进攻。
His criticisms were right on target.
他的批判一针见血。
If you use the strategy, he'll wipe you out.
如果你用计谋,他会消灭你。
Your claims are indefensible.
你的言辞不容辩解。
I've never won an argument with him.
同他争论我从未赢过。
I demolished his argument.
我摧毁了他的争论阵地。
He shot down all of my arguments.
他驳倒了我的争论。

通过上述例句不难发现,所争论的事情部分由战争概念构成。

(二)实体隐喻

实体隐喻(ontological metaphors)是指人们通过实际的经验和物质实体为观察事件、活动、情感和思想等实体和材料提供了基本方法。实体隐喻服务于各种目的。实体隐喻可以给非清晰的实体,如山、篱笆、街角等有界的平面,把事件、行为和状态概念化为实体。以涨价经验为例,这种经验可以通过名词"通货膨胀"隐喻为实体。例如:

If there's much more inflation, we'll never survive.
如果有更多的通货膨胀,我们将无法生存。
Inflation is lowering our standard of living.
通货膨胀在降低我们的生活水准。
Buying land is the best way of dealing with inflation.

对付通货膨胀的最佳方法是购买土地。
Inflation is backing us into a corner.
通货膨胀把我们逼到绝路。
We need to combat inflation.
我们必须抗击通货膨胀。
Inflation is taking its toll at the checkout counter and the gas pump.
通货膨胀使人们在付款台和加油站付更多的费用。

上述例句中,如果将通货膨胀视为一个实体,人们就会对其进行讨论、量化、识别,同时还会将它看作一个事件,来应对它。

(三)方位隐喻

方位隐喻(orientional metaphors)是指给概念一个空间方位,它以连接隐喻两部分的经验为基础,连接动词 is 作为隐喻的一部分应被看作是将两端不同经历连接起来的媒介。① 此外,方位隐喻基于人类身体和文化的经验。下面就来研究一些方位隐喻,并且给出每个隐喻概念来自人类身体和文化经验的暗示(胡壮麟,2007)。例如,我们以"高兴为上;悲伤为下"为隐喻,可有如下几种表达。

He's really low these days.
几天来,他情绪不高。
I'm feeling down.
我感到情绪低落。
My spirits sank.
我的情绪不高。
I'm depressed.
我感到悲伤。
I fell into a depression.
我陷入了悲伤之中。
Thinking about her always gives a lift.
回想起她总是让我高兴。
You're in high spirits.
你兴高采烈。
I'm feeling up.
我感到高兴。

---

① 廖美珍.语言学教程(修订版)精读精解.成都:西南交通大学出版社,2009

第十章 语言与认知

My spirits rose.
我的情绪增长了。
That boosted my spirits.
那激起我的情绪。

通过上述例句可以看出,直立的姿势与积极向上的状态相关,低垂的姿势与悲伤、沮丧相关。

五、意象图式

意象图式是由约翰逊(1987)提出的。他将意象图式定义为通过感知的相互作用和运动程序获得的对事物经验给以连贯和结构的循环出现的动态模式。意象图式存在于抽象层次中,在命题结构和具体图式心理组织层操作。意象图式"充当无数经验、知觉以及在相关方面构成物体和事件图式形成的识别模式"(Johnson,1987)。意象图式的结构有两个特点:其一是来自身体经验的前概念图式结构;其二是人的感觉互动的不断操作,通过空间和把握物体的身体运动。意象图式主要包括以下几个方面的内容。

(1)标量图式。该图式涉及生理或隐喻数量的增加与减少,如物理数量,数量系统的属性。

(2)容器图式。该图式涉及生理的和隐喻的界限、闭合的区域或容器,或者不闭合的范围或容器,如界限内外的物体、闭合内力的限制、闭合内物体的保护等。

(3)垂直图式。该图式涉及"上"和"下"关系,如爬楼梯、直立、看旗杆等。

(4)中心—边缘图式。该图式涉及生理的和隐喻的中心与边缘,从中心到边缘的距离范围,如个人的知觉范围、个人的社会范围等。

(5)循环图式。该图式涉及不断发生的事件或系列事件,如呼吸、睡觉与苏醒、循环、每天、每周、每年、情绪的增加与释放等。

(6)连接图式。该图式由两个或两个以上由生理或隐喻连接起来的实体组成,如把灯与墙上的插头连接、孩子牵着妈妈的手等。

(7)部分—整体图式。该图式涉及生理或隐喻整体与部分的关系,如家庭成员、整体与部分、印度种姓等级等。

(8)力图式。该图式涉及生理和隐喻因果互动关系,如强制图式、阻碍图式、反作用力图式、平衡图式、引力图式等。

(9)路径图式。该图式涉及从一点到另一点的生理或隐喻移动,由起点、终点和系列中间各点组成。

六、概念整合理论

法康尼尔和特纳(Gilles Fauconnier & Turner,1994)提出了概念整合理论(conceptual blending theory)。这一理论是指一种认知操作即两个或更多的心理空间通过投射整合为一个新的、合成空间,这个空间有其独特的结构。

基本的整合网络由四个心理空间构成。其中,两个为输入空间(input spaces),并在其间建立跨空间的映现;第三个空间为类属空间(generic space),指的是跨空间映现创造或反映了两个输入空间所共享的更抽象的空间;第四个空间是整合空间(blended space),由输入空间进行选择性的映现而来,它含有一个非输入空间构成的层创结构(emergent structure),由组合、完善和扩展三种相互关联的方式产生。

(1)跨空间映射。输入空间中的相应元素间存在部分映射关系,如图10-1 所示。

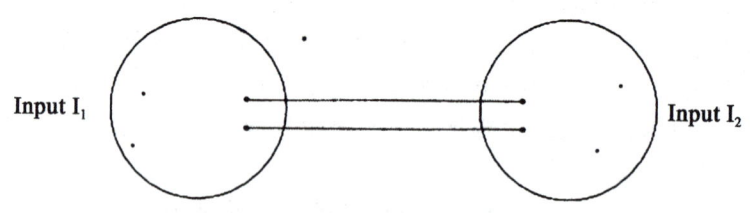

图 10-1 跨空间映射

(资料来源:胡壮麟,2007)

(2)类属空间。类属空间对每一个输入空间进行映射,反映输入空间所共有的一些抽象结构与组织,并定义跨空间映射的核心内容,如图10-2 所示。

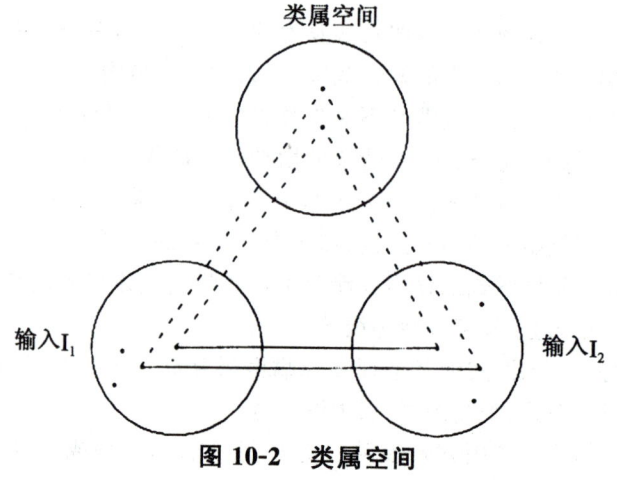

图 10-2 类属空间

(资料来源:胡壮麟,2007)

第十章　语言与认知

(3)合成空间。两个输入空间部分地投射到第四空间,即合成空间,如图 10-3 所示。

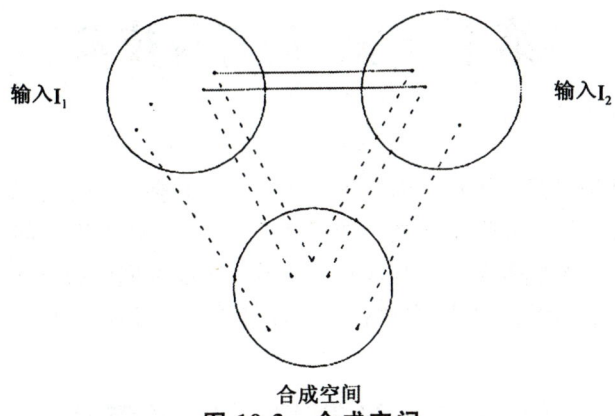

图 10-3　合成空间

(资料来源:胡壮麟,2007)

(4)层创结构。合成空间有一个非输入空间构成的层创结构,如图 10-4 所示。

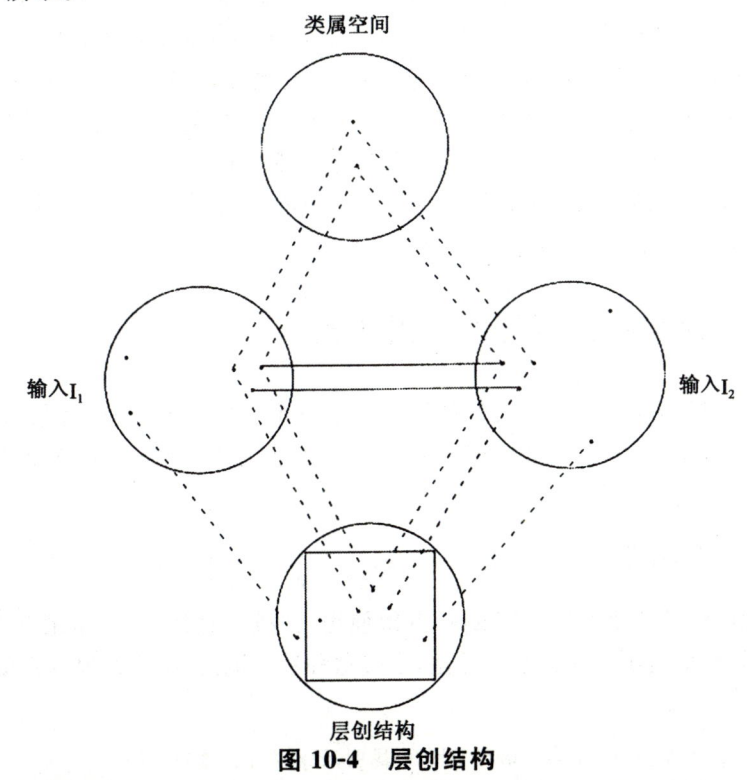

图 10-4　层创结构

(资料来源:胡壮麟,2007)

第十一章 语言与技术

计算机是根据一组存在内存里的指令来处理数据的电子设备。① 计算机可以在短时间内处理十分复杂的任务,而语言与计算机之间有着密切的联系。美国语言学家乔姆斯基(Chomsky)的转换生成语法就在计算机科学中发挥了积极作用。因此,本章就对语言与技术进行具体研究。

第一节 计算机语言学简述

语言学与计算机之间可以构成一门新的学科——计算机语言学(Computational Linguistics)。计算机语言学又称"计量语言学"(Quantitative Linguistics)、"自然语言理解"(Natural Language Understanding)、"自然语言处理"(Natural Language Processing)、"人类语言技术"(Human Language Technology)。计算机语言学主要通过建立形式化的数学模型,分析、处理自然语言,并在计算机上用程序来实现分析和处理的过程,从而达到以机器来模拟人的部分乃至全部语言能力的目的。② 下面就对计算机语言学的相关知识进行详细说明。

一、计算机语言学的发展历史

计算机语言学的发展大致经历了以下三个发展时期,即萌芽期(20世纪50年代前)、发展期(20世纪50年代—20世纪80年代初)、兴盛期(20世纪80年代—至今)。

(一)萌芽期

德国科学家里格(W. Rieger)首次使用了"机器翻译"这一术语。在20世纪初,里格提出了一种数字语法,通过这种数字语法,结合词典的帮助,可

---

① 白雅,岳夕茜.语言与语言学研究.昆明:云南大学出版社,2010
② 王德春.普通语言学.上海:上海外语教育出版社,2011

第十一章　语言与技术

以利用机械将一种语言翻译成其他多种语言。20 世纪 30 年代,法国工程师阿尔楚尼(G. B. Artsouni)发明了一种叫作"机械脑"(mechanical brain)的"翻译机"。1946 年,世界上第一台电子计算机 ENIAC 问世。在研究计算机的应用范围时,有人提出这样一种想法,即通过计算机进行语言自动翻译。

(二)发展期

到 20 世纪 50 年代,美国开始致力于研发计算机翻译系统,主要是俄英机器翻译系统。此时机器翻译主要研究的是以词到词,由于与人们希望的全自动高质量(FAHQMT)的翻译差别太大,因此美国于 1966 年公布了否定计算机翻译实用性的报告。随之,机器翻译也开始进入了低潮。20 世纪 70 年代之后,句法语义分析技术开始应用于自然语言理解系统,在语言分析方面有了很大的进步,LUNAR、SHRDLU 和 MARGIE 是其中较著名的系统。

(三)兴盛期

到 20 世纪 80 年代后,自然语言理解系统采用复杂特征集和合一运算作为语法系统的基础,达到了一定的智能化。在国际市场上开始出现了一批商品化的机器翻译系统,如美国的英语"人—机"接口系统 Intellect、Themis"人机"接口、ASK 接口;欧洲共同体的机器翻译;日本富士通公司开发的 ATLAS 英日、日英机译系统;我国的"译星"(TRANSTAR)。随着网络的不断发展,网上翻译成为了机器翻译的一个显著特点。

1990 年 8 月,第 13 届国际计算语言学大会首次提出了处理大规模真实文本的战略目标。到现在,计算机语言学正朝着基于语料库技术的大规模真实文本处理方向迅猛发展。

二、计算机语言学的研究内容及方法

(一)计算机语言学的研究内容

计算机语言学主要研究以下问题。
(1)计算机如何识别句子结构。
(2)计算机如何模拟知识和推理。
(3)计算机如何使用语言来完成特定的任务。
而计算机语言学主要研究的内容包括以下几点。

— 275 —

(1)计算机语音学。主要研究如何利用计算机对语音信息进行处理。

(2)计算机词汇学。主要研究如何通过计算机处理自然语言中的词汇,建立语言词汇库。

(3)计算机语法学。主要研究如何运用计算机来分析自然语言中的语法,包括语法理论和相应的剖析技术。

(4)计算机语义学。主要研究如何运用计算机来分析自然语言中的语义。

(5)计算机语言学习。其主要目的是通过机器学习,自动获得语言处理所需要的专门知识,并将这些知识形式化地表达出来。

(6)语料库语言学。其研究的基础是机器可读的大容量语料库和一种易于实现的统计处理模型。

(二)计算机语言学的研究方法

理性主义方法与经验主义方法是计算机语言学研究的主要方法。

1. 理性主义方法

理性主义方法表现为符号处理系统,且符号须具有以下特点:任意性;能按照递归规则构成组合符号。在计算机语言学中,符号处理系统通常根据一套规则将自然语言作为符号结构。在一个典型的自然语言处理系统中,按照人所设计的自然语言的语法,由语法分析器将输入语句分析为语法结构,然后根据一套规则将语法符号结构映射到语义符号结构。其中所涉及到的规则都是人赋予机器的。

2. 经验主义方法

经验主义方法表现为基于语料库的研究。这一方法认为,语言是一个开放的系统,符号处理并不能反映这一现实,而且也不能应付真实语言中的不规则语言现象。这些都需要借助语料库语言学的研究方法。现在,语料库语言学多采用统计学方法,这种方法为要解决的语言处理问题建立统计模型,并且由语料库来估计统计模型中的参数。统计法多应用于语法分析、歧义分解、机器翻译和语音识别等。但是语料库方法也有其局限性,忽视语言的深层结构就是一个突出的缺陷。实际上,在自然语言处理过程中,理性主义方法与经验主义方法常结合使用。

三、计算机与人脑

(一)人脑的工作原理

人脑是人类认识世界、改造世界的重要工具,是非常复杂的物质结构,人脑处理、加工语言的过程也是很复杂的。概括来说,人脑处理语言的过程包括两个步骤:(1)理解言语;(2)生成言语。其中,言语理解过程是处理语言的前提,具有重要的作用。

所谓理解言语,就是指听话人从接收扩展的外部言语到最终领会说话人表述动机的过程。这一过程包括诸多环节,如语音感知、词汇识别、句式构造、语义图式、意图推导等。具体来说,语音感知大致要经过听觉感受、语音分辨、音位识别等步骤,将外部传入的连续声波信号解码为一连串的音位。词汇识别就是将已经识别出来的音位组合与心理词汇相对照,通过对照检索到跟音位组合相匹配的词项,由此获得意义。语音感知和词汇识别是言语理解的两个基本环节,然而要理解语篇的整体意思,还要确定词与词之间、句与句之间的语法关系和语义关系。这就要求将语句的语义内容表示为同时呈现的语义关系体系,即多维语义图式。

人脑处理语言的过程离不开记忆功能的有效配合。大脑的记忆功能很强,包括感觉记录器、短时记忆和长时记忆等记忆结构。因此,听话人的言语理解往往不会停留在字面意思上,而会在记忆中的知识、经验体系的支持下,从字面意思推导出内在含义。加涅(Gagne,1977)曾使用一个流程图来表示大脑处理信息的过程,如图 11-1 所示。

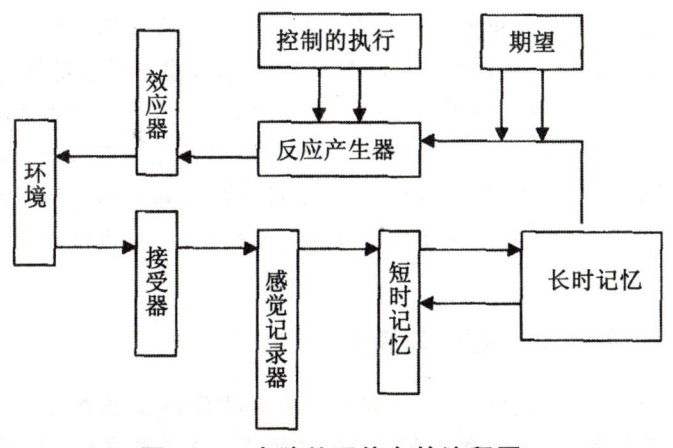

图 11-1 大脑处理信息的流程图

(资料来源:王德春,2011)

人的三种记忆结构在信息处理过程中发挥着不同的作用。

(1)感觉记录器。感觉记录器用来处理视觉和听觉信息,首先对言语进行选择性听辨,然后将听到的信息送入"短时记忆"。

(2)短时记忆。短时记忆发挥着中央处理器的作用,可以短时储存或排练信息,对信息进行语义编辑后送入"长时记忆"。

(3)长时记忆。长时记忆是信息处理质量的影响因素与考核标准。

从上图可见,信息处理的核心过程就是信息在"感觉记录器"、"短时记忆"和"长时记忆"中加工以及这三者相互间的加工过程,而言语信息的提取(如词汇的提取)则是将信息从长时记忆中提取到短时记忆中。按照桂诗春(2000)的说法,这个过程实现了符号心理表征系统的要求,是有序的,体现了可计算性的原则。

(二)计算机的工作原理

计算机由以下五个部分构成。

(1)控制器。控制器相当于人脑的神经中枢系统,通过读取、翻译和分析各种指令而对各部件进行控制。

(2)运算器。运算器和控制器合称"中央处理器",其主要功能是按照程序给出的指令序列分析、执行指令,完成对数据的加工处理。

(3)存储器。存储器用于短时或长时存储信息。

(4)输入设备。输入设备用于从外界向计算机读入或录入信息。

(5)输出设备。输出设备用于从计算机向外界读出或调取信息。

计算机的工作原理是:从外部输入的程序首先通过输入设备存放在计算机内部的存储器中,然后送入中央处理器运行并对各种数据进行运算处理,运算处理的中间结果或最后结果仍然要保留到存储器中以便进一步的运算或送到输出设备中输出。在工作过程中,控制器对其他部件进行控制。

计算机需要接受人提供的数据和指令进行工作,这些数据和指令就充当了人与计算机通信的一种"语言",即计算机语言。计算机语言属于人工语言,其词法、句法、语义的分析和生成等技术已非常成熟。但自然语言因为歧义太多,结构复杂,语义变化多样而不易描述,计算机处理起来就困难得多。

(三)计算机与人脑的异同点

通过对人脑与计算机工作原理的分析不难看出,计算机是对人脑的部分模拟。具体来说,人脑和计算机对信息处理的过程本质上是相同的,它们都包括信息的采集、输入、编码、存储、运算处理、传输、译码、输出等环节,都是信息加工厂。事实上,计算机是从思维功能、思维过程、思维状态上来模拟人脑的(常宝儒,1990)。

从系统论观点看,计算机是用人工的办法建造思维模式,以此来模拟人脑的思维活动。计算机的思维模式主要有两种。

(1)符号(文字、图像)模型,用以表示存在其中的数据、知识和经验。

(2)解题程序和规则,即运用数据、知识和经验的方式,把两者结合起来成为统一体,就是对客体活动方式的摹写。

计算机模拟人的智能活动时,首先根据不同对象建立起相应的数学模型,然后再把被识别对象的基本特征与存储在机内的模型进行比较、匹配进而识别对象。

但是,计算机毕竟是对人脑的模拟,二者之间还是存在一定差别的,如表11-1所示。

表11-1 计算机与人脑的差别

	计算机	人脑
处理对象	二进制代码和逻辑关系	各种抽象的层次图形和层次关系
处理方式	串行方式	并行方式
是否具有模糊思维能力	否	是
信息群局部对整体造成影响的后果	电脑中信息群的个别元素的改变将可能造成整个信息群总结构的改变	人脑中信息本身的微观结构是一个统一的整体,这个整体的个别元素(如个别神经元冲动)的改变一般不会影响整个信息群的总的结构改变

第二节 计算机辅助语言学习

一、CAI、CAL 和 CALL

(一)计算机辅助教学(CAI)

所谓计算机辅助教学(computer-assisted instruction,简称 CAI),就是在教学的过程中使用计算机(Richard et al,1998)。计算机辅助教学包括以下两个部分。

（1）一个通过计算机按顺序显示的教学程序。学生在计算机上做出回答，计算机显示该回答正确与否。

（2）计算机教学管理系统。教师可以通过计算机监测学生的学习进程，指导学生选择合适的课程、材料等。

（二）计算机辅助学习(CAL)

CAI 注重于教师的教，而计算机辅助学习(computer-assisted learning, 简称 CAL)强调在教和学两方面使用计算机，帮助学习者达到教学目标。最初的 CAL 程序体现出与程序化教学相类似的原则，即计算机指导学生一步一步地完成学习任务，并用提问的方式来检查学生的理解。根据学生的反应，计算机向学生提供下一步练习和进度。随着技术的发展，现在的 CAL 课件允许学生与计算机互相交流，探讨一个主题和问题时也能够执行更高级别的任务。

（三）计算机辅助语言教学(CALL)

与 CAI 和 CAL 不同，计算机辅助语言教学(computer-assisted language learning, 简称 CALL)是指将计算机运用到第二语言或外语的教学中去。换句话说，CALL 是专门用来处理语言教学的。经过近二十年的发展，CALL 已成为语言教学中不可或缺的重要手段。

按照 Richards et al(1998)的观点，CALL 可以采取以下形式。

（1）以印刷或教室为基础的课堂活动的延伸或改变(如教学生写作技巧的计算机程序，它帮助学生逐步展开一个题目或主题，并从词汇、语法和主题展开等方面来检查一篇作文)。

（2）通过其他媒介进行与学习并行的活动，但使用计算机设备(如使用计算机来显示阅读文本)。

（3）对 CALL 而言的独特活动。

二、CALL 的发展阶段

CALL 的发展过程可以大致分为以下四个阶段。

（一）实验室阶段

在这个阶段，计算机还限制在研究机构里，如伊利诺伊大学设计出了 PLATO(自动化教学操作的程序逻辑)。这一阶段的 CALL 主要具有以下几个特点。

（1）主机非常大。程序都储存在这些超大主机上，并且只能从某些大学网站的终端上接入。

（2）教学方案规模巨大。无论是语法解释还是听说语言教学，教学方法通常都是传统的。在进行语法解释时，学习者看到屏幕上显示了一个要点的解释，随后还有实际材料。在进行听说语言教学时，以书面形式出现的语言点被一遍又一遍地操练。

（3）教学模式以自我指导为主要方式。每台计算机一个学生，有时集中在和语言实验室相类似的计算机实验室里。

(二) 小型计算机阶段

在这一阶段，小型计算机出现了，价格比以前的要便宜，这使得新一代程序的产生变为可能。这一阶段的 CALL 主要具有以下几个特点。

（1）教学程序不是由心理学家或在实验室阶段起主要作用的计算机专家来设计，而是自学计算机的教师来设计。

（2）小型计算机使得软盘存储成为可能，而且整个系统都是便携的。

（3）教学程序不再是大块的语言模式或教学理论，而是以学生为定位，并且更加重视实效。

(三) 教室交互阶段

在这一阶段，计算机逐渐普及到教室，使 CALL 呈现出以下特点。

（1）学习主要不是通过文本自身的语言，而是通过认知的处理问题的技术和小组中学生之间的相互交流。因此，计算机被当作学生之间交流的触点（trigger）。

（2）教学形式发生了新的变化，即几个学生围绕着单一的计算机进行交流或单一的计算机成为整个班级的资源。

（3）一些"交流性"的活动（如交互的多角色游戏）变得可行。

(四) 个人电脑阶段

在这一阶段，新技术成为家庭的需要，使用这种方式进行语言教学具有更加广泛的适应性。

（1）专家们已经开始采用多媒体技术使各种各样的信息类型在计算机上可以同步利用，这样在屏幕上不再只是显示书面语句，同时也能产生口语语言和移动的影像。

（2）文字处理已不再是为语言教学编写具体的程序，而是适应语言教学,使学生用一种非永久性形式写作并修改他们的作品。

(3)CALL 开始与关于学习的传统观点相结合,并向 ICALL(智能计算机辅助语言教学)的方向发展。

三、CALL 的技术

基础的操练实践软件程序着重于词汇或离散的语法点,多年来一直占领着 CALL 市场,这些程序大量的"操练—实践"程序仍然被利用。然而,创新和交互性程序正以不断增长的数量在开发。希金斯(Higgins,1993)将 CALL 的程序总结为以下几种。

(一)定制、模块和编程

使用 CALL 来教学可以使用从简单模块程序到十分复杂的编程语言。如此大的弹性使不太复杂的编程成为可能,教师能够用他们自己的材料,运用这些程序来创造简单的或精心制作的软件程序。通过这种方式,教师能够设计适合他们自己课程计划的程序。此外,多媒体的发展也有了巨大的潜能。

(二)计算机网络

除了单独的程序以外,计算机还可以通过网络连在一起。具体来说,通过调制解调器和电话线,计算机能运用电子交流软件在千里之外进行交流。国外和国内的说话者能直接地、交互地进行交流,这无疑扩大了语言教学的途径。

在这个过程中,使用频率最高的是局域网(LAN),也就是在教室、实验室或其他建筑里,计算机通过光缆联结在一起。局域网在以下方面发挥着独特的作用。

(1)学生可以用目标语言进行互相合作的写作练习、会话,并且尝试着解决问题。

(2)教师能观察到学生的活动和进步,并从教师的网站对个别学生做出评价,这类似于在一个语言实验室里发生的情况。

(3)某些 LAN 设置允许学生和教师通过计算机互相通信,或指导学生用目标语言合作写作。

(4)将 LAN 与远距离网络联结在一起,还可以促进国内和国外学生之间的交流。

总之,LAN 为教师提供了一种新颖的方式来创造新的活动,对学生而言就是对目标语言提供更多的时间和经验。

(三)光盘技术

可记录光盘(CD-ROM)将大量信息储存在一张磁盘上,信息的提取速度也大大加快。出版商已经把能够装满十来个软盘的百科全书的全部内容放在一张光盘(CD)上。学生和教师能够快速有效地在课内或课后使用信息。光盘的广泛使用淘汰了对许多软盘的需求。此外,光盘技术在外语教育中还有许多其他的作用,如信息检索、交互音频和交互式多媒体程序。

(四)数字化语音

就目前的情况来看,许多程序都具备一项新的物理特性——数字化语音。利用数字化语音的光盘提供了快速自由的获取信息和优良的声音质量的条件。例如,一张"Lingua ROM"软件有一个程序磁盘和各种各样的语言磁盘,它们能容纳数字化言语。有了这种程序,学习者可以按照以下步骤有效地检查和规范自己的发音。

(1)听一个短语、单词甚至一个音节或声调的发音。
(2)模仿听到的发音。
(3)录下自己的发音。
(4)将原来的发音与自己的发音进行比较。
(5)再次录音,再次比较,直到感觉自己的发音已经有了长进或已经正确。

CD 技术的最新进展是 CD-I(交互式光盘)的开发。CD-I 是电子出版物的一种,在数据库、游戏、百科全书、教育和许多商业领域广泛应用,其功能主要包括以下几个方面。

(1)播放 CD-I 光盘。
(2)CD-I 光盘驱动器可以播放音乐光盘(CD-DA)、CD+图像光盘(CD+G)、相片光盘(Photo-CD)。
(3)插入数字影像卡可以播放卡拉 OK 光盘(Karaoke-CD)和影像光盘(Video-CD)。
(4)使用者通过 CD-I 能够以交互方式索取到有意义的信息。

(五)CALL 技术潜力的实现

在外语教学中,CALL 技术潜力扮演着一个重要的角色,但是这种潜力的发展还处在初级阶段。盖瑞特(Garrett,1991)认为,要想实现这种潜力还有赖于以下几个方面的条件。

(1)软件真正个性化的先决条件。

(2)参与评价技术效力的问题。

(3)把技术当作辅助教育到把它视为支持学习的手段的转变。

(4)以教学法设计的材料与真实材料的对照和学习者控制学习环境的优缺点。

第三节　机器翻译

一、机器翻译的发展阶段

所谓机器翻译(machine translation,简称 MT),就是指应用计算机把一种自然语言文本翻译成另一种自然语言文本(Hutchins,1986)。机器翻译涉及数学、计算机科学、语言学及逻辑学等诸多学科和技术,是目前国际上最具有挑战性的前沿研究课题之一,具有重要的理论意义。

早期的机器翻译研究者把机器翻译看成是解读密码的过程,但是后来发现事情并不那么简单,因为翻译和解码不是一回事。译码和解码仅改变词的外形,而翻译却要改变语言。语言是音义结合的语法和词汇的体系,是在人们长期使用中形成的,同人民的历史、思维、文化等密切联系。因此,机器翻译首先要求对语义的翻译,其次才是追求形式的改变。

概括来说,机器翻译经历了以下三个发展阶段。

(一)第一阶段:逐词翻译

20世纪50年代初期,由于受到硬件设施的限制,尤其是内存不足和存储速度慢,以及没有高级程序语言,最早的机器翻译研究者只好求助于以未加提炼的字典为基础的方法,即逐词翻译。1954年,乔治敦大学(Georgetown University)在国际商用机器公司(IBM)的协同下进行的机器翻译以词典为驱动,从源语言句子的表层出发,找出另一种语言的对应词、词组。例如,在汉译英时,输入汉语句子"学生读书",机器虽然可以找出三个对应的英语词 student,read,book,却不会造成合乎英语语法的句子"The student reads a book."。可见,不能进行语法分析和语义分析是其重大缺陷。

由于英汉两个国家在历史背景、地理环境、文化传统、思维习惯、生活方式等方面的不同,英语与汉语中的词汇很难做到一一对应。例如,如果输入的句子是"妹妹听广播",由于英语中的 sister 一词既可指"妹妹"又可指"姐姐",这就造成在英语中找不到一个相当于"妹妹"的对应词,只有 younger sister 才相当于"妹妹"。如果输入的句子是"舅舅读书"则更困难,因为英语中 uncle 一词有"叔叔、伯伯、舅舅、姑父、姨父"等含义,所以语言学家要为机器建立不同语言的词语对应关系。

(二)第二阶段:机器分析语法

学者们认识到,源语与译语的差别不仅表现在词汇上,更主要的是表现在句法结构上。要想增加译文的可读性,就必须在自动句法分析上下工夫。因此,语言学家的当务之急就是要设法使语言形式化,使机器能够识别。在此基础上再建立不同语言的语法对应规则,让机器翻译出合乎语法的句子。正是由于机器掌握了语法形式化规则和不同语言的语法对应规则才使机器翻译从逐词翻译发展到句对句的翻译。

1. 语法形式化规则

第二代机器翻译系统以基于转换的方法为代表,普遍采用以句法分析为主的基于规则的方法,如转换生成语法,以使语法形式化。

(1)转换。所谓"转换",就是把一个句子(核心句)通过一定的转换规则变换为另一些句子(转换形式)。下面以主动句与被动句的转换为例进行说明。将一个英语主动句转换为被动句需要经过以下三个步骤。

①变换名词(或名词短语)的位置。
②被动句中的第二个名词前加上被动标志词 by。
③动词由主动形式变为被动形式。

据此,可以得出如下转换公式:

若 $S1:NP1—Aux.—V—NP2$

(句 1:名词短语 1—助动词—动词—名词短语 2)

是合乎语法的句子,那么与之相应的形式

$S2:NP2—Aux.+be+en—V—by+NP1$

(句 2:名词短语 2—助动词+动词 be—动词过去分词—by+名词短语 1)

也是合乎语法的句子。

那么,可以将

The student reads a book.(学生读书)

转换为:

A book is read by the student.(书被学生读)

(2)生成。所谓"生成",就是具有有限要素和规则的语法装置可产生无限语法上正确的句子。假设想要生成简单句"The student reads a book."(学生读书),可以先把句子纳入语法装置,然后根据短语结构重写规则和词汇重写规则推出。

S→NP+VP(句子→名词短语+动词短语)
VP→V+NP(动词短语→动词+名词短语)
NP→Det.+N(名词短语→限定词+名词)
V→read
Det.→the,a
N→student,book

这是一个重写规则集,由两部分构成:①从 1 到 3 生成代表语法范畴的符号;②从 4 到 6 把符号变换为词。这套规则集的结构如图 11-2 所示。

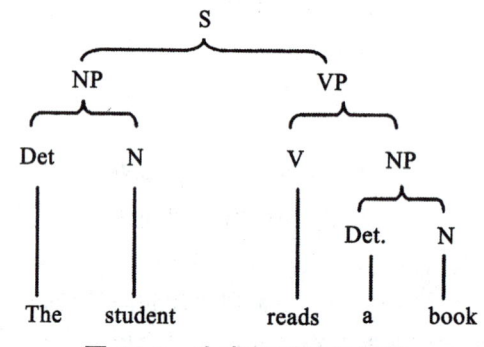

图 11-2　生成规则的树形图

(资料来源:王德春,2011)

通过上述对转换与生成的分析可以发现,机器翻译的任务就是分析输入语词与词的关系,句子各部分间的联系,把输入语的表达形式转换为输出语的表达形式。因此,可以将机器翻译的过程总结如下。

(1)分析输入语的信息,即把表层结构转换到深层结构。
(2)对结构信息按照不同语言的对应规则进行加工。
(3)把这种信息重新生成输出语的句子,即把加工的结果用输出语表现出来。

2.不同语言的对应规则

语言学家除了让语法形式化外,还要建立不同语言的对应规则,事先存储进机器。例如,英语只有不可数名词才使用量词(如 a piece of paper),可数名词一般不使用量词(如 a bag)。但是,汉语普遍在名词与数词之间使用量词,如"一头牛"、"两匹马"、"三把尺子"等。因此,如果机器没有掌握量词的对应规则,在英译汉时就会把"There are five trees in the yard."译为"院子里有五树"。而如果掌握了对应规则,机器就会自动把"棵"字加进去,译成"院子里有五棵树"。

(三)第三阶段:机器分析语义

同逐词翻译相比,机器对语法进行分析是一大进步。但如果只进行语法分析却不对语义进行分析,还是会导致翻译过程中的错误。例如:

The student reads a book.(学生读书)

The piano writes a girl.(钢琴写女孩)

第二个句子从语法结构上分析是正确的,但从语义上分析却是错的。为了避免类似错误,就要对词的语义特征进行分析,把语义形式化。机器翻译发展第三阶段的标志就是机器能分析形式化了的语义。下面,以对名词和动词的语义分析为例进行说明。

1. 名词的语义分析

对名词进行语义分析,首先要判断该名词是可数名词还是不可数名词;如果是可数名词,则判断其是否为生物;如果是生物,则判断其是否为人;如果是非生物,则判断其是否是抽象名词。这一过程可以通过以下选择性规则来表示。

(1) N→＋名词

(2) ＋名词→±可数

(3) ＋可数→±生物

(4) ＋生物→±指人

(5) －生物→±抽象……

2. 动词的语义分析

对动词进行语义分析,首先要判断该动词是否及物,然后用再分类规则把作为这个动词的主语或宾语的名词做出分类。这一过程可以表示为:

V→＋动词

＋动词→±及物(a. 主语;b. 宾语)

运用上述名词与动词的语义分析规则,机器翻译就能有效避免错误,如图 11-3 所示。

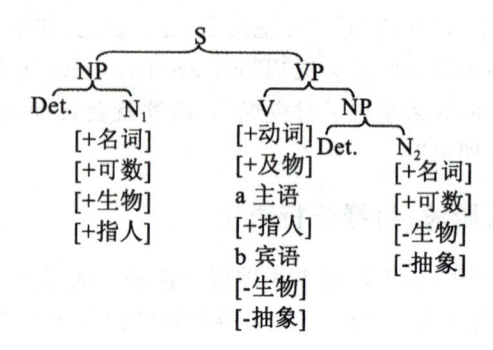

```
              S
         ／     ＼
       NP        VP
      ／＼      ／＼
    Det.  N₁   V    NP
   [+名词] [+动词] ／＼
   [+可数] [+及物] Det. N₂
   [+生物] a 主语    [+名词]
   [+指人] [+指人]   [+可数]
          b 宾语    [-生物]
          [-生物]   [-抽象]
          [-抽象]
```

1. The student reads a book.
2. The piano writes a girl.

图 11-3　机器翻译中的语义分析过程

（资料来源：王德春，2011）

在第二句中，piano(钢琴)不符合 N1 的要求，因为它不是生物名词，更不指人；也不符合 N2 的要求，因为它是非生物名词；writes 虽然是及物动词，但它前面的词不是指人的名词作主语，后面不是非生物名词作宾语。因此，机器可以明确判定第二句是错句，这样对语义进行形式分析就可生成正确的句子。

值得关注的是，义素分析法也是一种有效的把语义形式化的方法。所谓义素，就是构成词义的更简单、更基本的要素。下面我们通过具体的例子来展示义素分析法的使用。

英语中最常用的表示亲属称谓的词有八个，它们分别是：

father(父亲)　　mother(母亲)　　son(儿子)　　daughter(女儿)

uncle(叔叔)　　aunt(婶婶)　　nephew(侄儿)　　niece(侄女)

对这八个词可以使用不同的义素来进行分类。

(1)性别。father, son, uncle, nephew 都有"男性"这个共同含义，于是就用 A 表示男性，A̲ 表示女性。

(2)亲缘。father, mother, son, daughter 四个词有"直系亲属"的含义，于是用 B 表示直系，B̲ 表示旁系。

(3)长辈。father, mother, uncle, aunt 四个词表示"长辈"，于是用 C 表长辈，C̲ 表晚辈。

于是，这八个词中的每个词都可以用义素符号来进行表示。

(1)father(父亲)→ABC(男性直系亲属长辈)

(2)mother(母亲)→A̲BC(女性直系亲属长辈)

(3)son(儿子)→ABC(男性直系亲属晚辈)
(4)daughter(女儿)→ABC(女性直系亲属晚辈)
(5)uncle(叔叔)→ABC(男性旁系亲属长辈)
(6)aunt(婶婶)→ABC(女性旁系亲属长辈)
(7)nephew(侄儿)→ABC(男性旁系亲属晚辈)
(8)niece(侄女)→ABC(女性旁系亲属晚辈)

这八个对象只用三个形式标志,标志组合互不重复。这种分析把每个词义表现为义素的组合写成代码,使语义形式化,机器借助义素了解话语含义,译成另一种语言。

二、机器翻译的过程

机器翻译的操作过程与人的翻译过程大致相当,都包括原文输入、原文分析、译文综合、译文输出四个步骤。下面就来具体分析。

(一)原文输入

原文输入可采取多种方式,常见的有以下几种。
(1)通过磁盘或磁带输入。
(2)通过键盘输入。
(3)通过读带机。
(4)通过光电阅读装置自动识别出原文字母,并自动转换成机内码。
其中,第四种输入方式的效果较为理想。

(二)原文分析

原文输入之后要进行分析。原文分析包括两个阶段:词典分析和语法分析。这两个阶段分别要使用机器词典与机器语法。

1.词典分析

查词典之前应首先把句子的词切分出来,依次按下标送入内存开辟的句子场,句子场不但可以获得词典信息,还接受削尾所得的形态信息。有形态变化的词在大多数机器翻译系统中都以词根形式存储,查词时先到词典查询,如果查不到则削尾再查。

原文以代码形式输入后,首先要查机器词典。查机器词典就是机器用输入语词的代码与词典代码逐个比较。机器词典由以下三个部分构成。
(1)单一词典。词首先进入单义词典。如果该单词是单义,机器就提供词义、语法特征和其他信息,以便查找和译成等值译词。

(2)多义词典。如果在单一词典部分不能立即译出等值词,就转入多义词典查找。多义词典根据上下文和词的形式特征确定词义。例如,many在英汉机器翻译多义词典中的运算程序如下。

①查 many 之前是否有 how,如果有,那么词组 how many 译成"多少"。

②如果没有,再查 many 前面有没有 as,如果有,那么 as many 译成"这么多"。

③如果没有,再查后面是否有名词,如果有,那么 many 译成"多的"。

④如果没有,那么,many 译成"很多"。

(3)熟语词典。如果在多义词典部分仍不能确定其意义,很可能是因为这个词是固定词组的成分,此时就要转入熟语(成语)词典。例如:

all walks of life(各行各业)

this many a day(很久以来)

A contented mind is a perpetual feast.(知足常乐)

熟语词典把整个熟语作为一个词汇单位存入,不进行熟语内部的词的分析。

机器词典包括了翻译过程中所需的详细的双语词汇对照信息和可能的转换信息,因此机器词典非常重要,没有机器词典的机器翻译就相当于无米之炊。需要特别说明的是,采用义素分析法建造的机器词典具有更多优势,具体表现在以下几个方面。

(1)通过义素分析法,计算机可以了解到词与词搭配时在语义上的限制。

(2)通过义素来储存词条可以使用较少量的义素,对词义作形式化的描述。

(3)通过对机器词典中不同义素集合内的各个义素的分析作比较,计算机可以比较容易地找出不同单词在词义上的细微差别(冯志伟,2001)。

2.语法分析

输入语经过词典分析后,就需要进行语法分析。不同的源语和目标语的机器翻译系统具体处理句法分析时方法也有所不同。例如,俄汉机器翻译系统的机器语法由以下两个部分构成。

(1)前半部分是一部俄语语法,其任务是对俄语进行分析。

(2)后半部分是一部汉语语法,其任务是根据汉语规范进行综合,调整各种结构成分的位置,并翻译俄语的某些形态成分。

再如,英汉机器翻译系统的语法分析主要完成以下任务。
(1)进一步明确某些词的形态特征。
(2)对句子进行切分。
(3)找出词与词语法上的联系。
(4)得出英汉语的中介成分。

(三)译文综合

译文综合就是对经过分析的原文按照译语进行重新整合,主要包括以下两项任务。

(1)成分加工。成分加工就是把应当移位的成分调动一下。刘涌泉、乔毅(1991)认为,首先应加工间接成分,从句子的最外层向句子内层加工;其次是加工直接成分,采取依成分取词加工的方法,复句则要区别情况进行加工。

(2)修辞加工。修辞加工就是根据修辞的要求增删一些词,如可以根据英汉语的不同情况增删量词。

(四)译文输出

译文输出是机器翻译的最后一个步骤,此时就可以得到经过机器翻译后的译文。

经过上述介绍,我们对机器翻译的过程有了一个基本的认识。下面通过法汉机器翻译系统的加工流程来展示机器翻译的全过程,如表11-2所示。

表11-2 法汉机器翻译系统的加工流程

第一阶段		原文输入	
第二阶段	原文分析	词典分析	查综合词典、削尾	通过词典分析形成初始符号链
			查成语词典	
			同形、多义、结构词分析	
		语法分析	动词、标点、连词分析	通过语法分析形成中介符号链
			名词分析	
			连词再分析	
			句法分析	
第三阶段	译文综合	调整语序	加工间接成分	通过译文综合形成终端符号链
			加工直接成分和插入句	
第四阶段		译文输出	

(资料来源:刘涌泉、乔毅,1991)

需要特别说明的是,基于规则的机器翻译离不开各类知识库的有效配合,而知识库的描述、建立的难度非常大。于是,从20世纪80年代末期开始,一些研究人员探索避开这些困难的机器翻译方法,于是出现了基于语料库的机器翻译方法。该方法通过大规模收集互为译文的双语语料,并基于这些语料进行翻译。它包括基于实例的机器翻译方法和基于统计的机器翻译方法。

近年来,基于大规模语料库的翻译方法所取得的一系列重要进展,大大改变了人们最初对语料库方法的认识。但更多时候,满意的机器翻译质量是基于语料库和基于规则方法的结合。

三、机器翻译的研究方法

机器翻译研究方法可以从两个方面来叙述:一方面是语言学理论的运用,另一方面是机器翻译研究者们实际所从事的内容。

(一)语言学的方法

由于机器翻译及其质量可以由非专家来进行判断,机器翻译已经被视为语言理论的实验床。换句话说,机器翻译研究已经被看作一个试验新的语言形式或新的计算技术的领域。

1. 理论基础

与机器翻译相关的理论包括以下几个方面。

(1)20世纪50年代和60年代的转换生成语法、信息理论、范畴语法、从属语法和层次语法。

(2)20世纪70年代和80年代的人工智能、非语言知识基础(如词汇功能语法)、中心词驱动短语结构语法、广义短语结构语法以及蒙太古语法等形式主义。

(3)20世纪90年代的神经系统网络、联结主义、平行处理和统计学方法以及其他理论。

研究发现,以小样本为基础且在最初的试验中取得成功的新理论,最终被证实都存在一些问题。因此,为了取得更好的效果,就必须检验所有有希望的方法并鼓励修正。

2. 发展趋势

20世纪90年代初期,由于以语料库为基础方法的出现特别是统计学方法和以实例为基础的翻译的引进,机器翻译的研究有所增强,统计学技术已经摆脱了以前专门以规则为基础(通常定位于句法)方法的不足和越来越明显的限制。同时,以语料库为基础的技术使得歧义消除的问题、首语重复的解决和更多惯用语的生成变得更加容易驾驭。

(二)实践的方法

1. 语际法

语际法是翻译过程中积极全面的较为经济的措施,常被看作是一个步骤。从原则上讲,在一批语言的每两种语言之间,只要求将每一个语言成员翻译成中间语言或从中间语言翻译成每一种语言。如果有 n 种语言,就需要有 n 个成员被翻译成中间语言,然后再翻译成目标语言。中间语言不必是为此目的特别设计的语言。

2. 转移法

由于中间语言必须能表达所有语言中的任何事物,设计一种单独的中间语言是非常困难的。因此,机器翻译转移理论认为,源文本一定量的分析是在源语言的上下文里单独进行的,而译文本一定量的工作是在目标语言的上下文里进行的,大量的工作取决于具体的两种语言的比较信息。换句话说,翻译在本质上就是一种对比语言学的练习。大型的 Eurotra 系统是一个转移系统,其中的各个小组来自所有参与该系统的欧洲联盟国家。日本人则普遍认为转移法带来了早期成功的最好机遇。

3. 基于知识的方法

基于知识的方法从本质上看是一个转移系统。但相对于转移成分来说,分析和生成成分是很大的工作,转移也因此根据相当抽象的条款来处理。在不对语言普遍性承担责任的时候,这个转移系统也具有中间语言系统的特征,所提到的语言普遍性可以看作语际法的特征。

这样的语义转移系统在中间语言和转移之间建立起某种媒介位置。从某种程度上看,它们也是以下二者的折衷与妥协。

(1)我们现在已经考虑到的以语言学为基础的方法。

(2)卡耐基梅隆大学(Carnegie Mellon University)与新墨西哥州州立大学(New Mexico State University)的语言研究中心着重从事的所谓基于知识的系统。

我们可以把日常世界的常识和知识当成是想当然的事,然而我们却无法使机器也用这种方法看世界。正因为如此,翻译在很大程度上取决于非具体语言的信息和能力。

近年来,一些新的主要研究思路不断涌现并投入使用,它使已有的翻译成为关于新作品信息的主要来源。一个在其他方面都设计得相当传统的机器翻译系统能够查阅现有翻译的集锦。IBM 支持一种十分激进的方式。通过这种方式,系统所使用的全部知识都要求自动来自现有大量翻译的统计特性。

四、机器翻译与人工翻译的关系

机器翻译虽然取得了很大的进步,但不可否认的是,所有现有的机器翻译中都会产生错误。例如:

The police refused the students a permit because they feared violence.
警察拒绝给学生通行证,因为他们害怕暴力。

假设它被译成像法语一样的语言,其中 police 这个词为阴性的,那么 they 这个代词也必将为阴性。现在用 advocated 来代替 feared,那么似乎句中的 they 是指 students 而不是 police 了,如果表 students 的词是阳性的,则它又将成为一个不同的译法。这与 students,police,violence 这些日常现象以及我们所看到的它们之间的各种关系有关。

概括来说,机器翻译中常出现的错误包括单复数错误、时态错误、代词误用、介词误用、句法混乱、措辞不当等,而这些错误在人工翻译中是不会出现的。

21 世纪出现的一个新的局面是机器翻译与人工翻译的共存与互补。机器翻译与人工翻译各有自己独特的优势,而这些优势又是对方所不具备的,这就使我们有必要在不同的领域使用不同的翻译方法。

对文本翻译来说,如果对翻译质量没有过高要求,机器翻译常常是一种理想的解决方法。例如,对科学和工业的文件进行"粗略"翻译,如果翻译目的仅仅是为了找出重要的内容和信息时,机器翻译将逐渐成为唯一的选择。在翻译一些令人厌烦的技术文件或(高度重复的)软件本地化手册时,机器翻译也具有不可比拟的优势。经统计,机器翻译加上必要的人工准备和修正的成本,或者在没有计算机辅助时使用计算机化的翻译工具的成本,明显比那些无计算机辅助的传统的人工翻译低得多。近年来,机器翻译还越来越广泛地被应用于对电子邮件和网页的信息摘录以及以计算机为基础的信息服务。

相对而言,人工翻译者对非重复的语言上复杂的文本(如文学文本和法律文本)而言,甚至对个别有关具体的高度专业化学术主题的文本而言,仍将是无可替代的。对信息的一对一交替而言,人工翻译很可能会有作用,如商业通信(尤其是内容是敏感的或有法律约束的)。

在口语翻译领域,就目前的情况来看,人工翻译的作用与影响更加明显。但令人可喜的是,机器翻译系统已开放了一些新领域,如电视字幕的实时在线翻译、数据库里信息的翻译等,这些都是人工翻译从未具有的。毫无疑问,随着技术的进步,机器翻译的实际可用程度将逐步提高。

第四节 语料库语言学

语料库是"电子机读文本的有限集合,最大限度地代表了某种语言或语言变体"。具体来说,语料库以电子版本形式将口语或书面语进行储存,为描述语言结构和语言运用、自然语言的机器处理、语言教学提供资源。利奇(Leech)曾发表过这样的论述:"计算机为基础的语料库语言学提供的不单是语言学习的新方法,……也是语言学这门学科研究的新方法。是因为有了计算机这个强有力的高科技工具,才使语料库语言学这门科学成为可能……"。经过几十年的发展,语料库语言学已成为一门新兴学科并逐步确立了它在语言研究领域的学术地位。

一、语料库语言学的发展简史

语料库语言学的发展历史可以大致分为三个阶段:早期语料库阶段、第一代语料库阶段、第二代特大语料库阶段。

(一)早期语料库阶段

20世纪60年代以前就有了传统意义上的基于语料库的研究,那时的研究者没有电脑,各种数据都用手工计数和计算,非常耗时费力。但当时的语言学家们坚信,对真实的语言进行记录、研究而不是遵循某些专家拍脑袋说出的语言运用规律才是研究语言的正确方法。正是在这种信念的支持下,他们一如既往地埋头苦干,为今天的语料库语言学奠定了基础。早期语料库阶段主要的研究成果如下。

(1)《圣经》和文学研究(Alexander Cruden 1769年的研究)。

(2)词汇学研究(18世纪Samuel Jonhson编纂英语辞典;19世纪牛津词典的编纂等)。

(3)方言研究(Wright 等 1898—1905 年的英语词典)。

(4)语法研究(1909—1949 年 Jepersen 的研究)。

(二)第一代语料库阶段

转换生成语法忽视对语言的描述,他们使用内省数据研究语言,致力于揭示人类语言的内部习得机制,探究人类习得语言的普遍语法。20 世纪 60 到 70 年代,以乔姆斯基为代表的转换生成语法盛行于语言学界,但是这种局面随着两个语料库的先后出现被打破了。

在转换生成语法盛行的环境下,语料库语言学的拓荒者们顶着反对的呼声坚定耕耘,于 1961 年建立了选材于美国各领域报刊文章的计算机电子版本 Brown 语料库。它不仅为语言研究提供了可靠的依据,也向转换生成语法学派提出了挑战,开创了语料库语言学的新纪元。1964 年,所有文本都转录到计算机盘片储存,其完成速度迅捷,功绩卓著。在此后的 1970 年到 1978 年,Lob 语料库建成,它囊括的是不同领域的英国报刊文章。Brown 和 Lob 语料库成为后来很多语料库所效仿的典范。

随着计算机技术的发展,更大容量的语料库、动态语料库、在线语料库和基于不同研究目的的语料库相继出现,语料库语言学在语言研究领域占据了一席之地,并在 20 世纪 80 年代得到飞速发展。

(三)第二代特大语料库阶段

20 世纪 90 年代,语料库变得更大、更好、更普遍,它已经成为语言学研究的新哲学方法(Jenney Thomas)。这一时期,语料库的发展呈现出以下两个新的特点。

(1)数量多。语料库不再是凤毛麟角,比较著名的语料库有 Cobuild 语料库、Oxford 在线语料库、英国国家语料库(BNC)、英语国际语料库等。

(2)容量大。许多语料库的容量可以用"特别巨大"来形容,有的容量甚至达到一亿词以上。

通过对语料库语言学发展历史的回顾不难发现,语料库语言学的发展历史虽然不长,但其取得的成果是有目共睹的。正如辛克莱尔(John Sinclair)所说:"40 年前,是语料库语言学研究刚开始的阶段,人们认为处理几百万字的文本是不可能的;30 年前,人们认为这是有可能的,但想法有些疯癫;20 年前人们认为它是非常有可能的,但还是有些不可思议;当今,语料库语言学已经非常流行。"

二、语料库语言学的特点

(一)以计算机技术为强大后盾

计算机可以进行准确的计数和计算,速度超凡、统计可靠,能够轻松快速地计算分析庞大的数据,对语料库语言学的发展起到了巨大的推动作用,具体表现在以下几个方面。

(1)计算机能准确迅速地完成各种命令,生成无限词条,并按要求列出所需条目,它不会丢掉任何一个所需要的词条。完成这些工作靠人工是无法想象的,而计算机在几分钟甚至几秒钟就可以准确无误地完成。

(2)计算机不但能完成某语言现象的基本搜索、计算、归类工作,而且还可以提供语言现象的概率信息,这也为自然语言的机器自动处理奠定了数学基础。

(3)计算机软件解决了建立大容量语料库的问题,为语料库的设计、建立和使用提供了方便,为需要大容量语料库的词汇研究和词典编纂做好了准备。

(4)计算机为语言学研究提供了高度精确的度量信息,使语言学研究得出了很多有意义的科学推论,并更新、加强了语言描写和不同应用之间的纽带。机器翻译、文本语音合成、语篇分析和语言教学等都从中获益。

(二)以真实语言为研究对象

按照研究对象的获得方法不同,语言研究可以分为三种,即内省法(introspection)、诱导法(elicitation)和语料库方法(corpus-based method)。

内省法是以乔姆斯基为代表的转换生成语法学派采用的方法。乔姆斯基对"语言能力"与"语言运用"两个概念进行了区分。所谓语言能力,就是指说话人和听话人对于本族语的潜在知识,而语言运用则是这种能力的具体运用。内省法的研究对象是依靠研究者的直觉获得的,而且他们分析的语言往往是人造的句子,如"Flying planes can be dangerous."等。这样的句子符合语法,但在实际应用中几乎不会出现。从研究方法来看,内省法对语言是否应该接受、是否存在歧义等的判断都是依靠研究者的直觉。

诱导法通过实地调查收集人们对实际使用的语言材料的看法和人们对语言材料的心理反应。这种方法可以使结论带有某种程度的客观性和可靠性,对某个语言事实的可接受性能得到一定的量的判断。不可否认的是,语言虽然是一种社会现象,语言的使用却是一种心理现象。诱导法通常采用有控制的方法诱导出被试者对句子或句子中的某个成分的判断,要求被试者确定句子中有没有错误、句子的可接受程度、对句子的理解程度以及其他类似的相关数据,由于个别人的语言直觉可能是不可靠的,这必然影响到调查结果的可靠性。

语料库研究方法认为,语言研究不应该是研究人造的句子,而是要研究真实的语言。正如辛克莱尔所说:"植物学研究不应该是通过观察假花进行研究的。"语料库研究方法以语料库为基础,而语料库是在随机取样的基础上收集有代表性的自然语言,代表了某种语言或语言的变体,这就使语料库在最大限度上代表整个语言,确保语言研究的真实性、客观性和可靠性。

(三)以实际语言运用为研究内容

语言的形式和意义是不可分的,它们可称为"一个硬币的两个面"。词的意义永远存在于语境中,没有语境的意义研究是没有价值的。语料库语言学不是只关心固定的语言形式,它还研究语言在语篇中的使用或在语境中的意义。

意义可以从不同层面分析:语义层、语用层或语篇层。每一个意义单位都对应着一定的语言形式,意义和形式没有明显的界限。意义影响语言的结构,这是过去30年里语料库语言学的主要发现,它更清楚地阐述了语料库语言学关于语言形式和意义的态度:语言的意义是语料库语言学的研究重点。

道格拉斯·拜伯(Douglas Biber)将当今的语言研究分为两大领域:对语言结构的研究和对语言运用的研究。在他看来,语料库语言学的重点是强调了语言运用的研究。语料库语言学方法提供了大量语料和语言运用的语境,所以为更多更新的语言运用研究提供了有力的工具。

(四)既有量的分析,也有质的研究

语料库语言学的基本方法既有量的统计分析又有质的研究总结。
(1)量的分析主要依靠有效的计算机软件来完成。
(2)质的研究是指通过语料库的统计信息来对语言的运用状况进行详细描述。例如,Wordsmith Tact Microconcordance 统计软件能很便捷迅速地提供所研究的语言现象的词频、平均词长、句长、平均句长、类符、形符比、搭配词的搭配力等信息,推理统计方法、检验可以用来验证研究得到的结论是否可以推及整体,是否可以下总结性判断。该软件使用峰值和ZMI值(分支计量值)来分别表示搭配词与中心词的搭配力强弱。此外,词汇研究

起到很关键的作用。

需要特别说明的是,语料库所提供的这些信息并不是语料库语言学的全部。正如拜伯所说:"基于语料库的语言学研究绝对不是简单地计数某个语言现象。"对这些信息还要进行人为的主观判断,解释分析和总结。例如,在确立大纲词条时,仅依靠语料库提供的词频信息是不科学的,还要结合其他因素(如学习任务、学习对象、学习条件等)进行综合判断,语言学家依据语料库提供的语言信息进行内省判断,最后综合量的分析和质的研究得出结论。

(五)注重语言的概率特征

和所有的语言研究一样,语料库语言学最初也关注对语言本质、语言结构、语言运用的描述和解释或者语言习得、语言变体和语言变化。语料库语言学不但关注语言结构和语言运用,它更关注语言运用的概率性。换句话说,在语料库语言学看来,语言具有概率属性。正是这个属性使人们在研究语言的过程中引入了统计的方法,如编写词典时用到 Kennedy 分值判断搭配,也谈到了语言的概率特性。

语料库语言学认为语料库为语言研究提供依据,它不一定要不同于其他的语言研究理论,而作为语言科学总的研究来说,任何理论都会因为明智地运用真实的语言数据而受益。任何科学的研究都是经验的,都是有数据支持的。任何结论也应该经得起语言数据的考验。

三、语料库语言学的基本任务

语料库语言学的基本任务包括如下几个方面。
(1)开发分析语料库的工具。
(2)设计编写语料库,收集语料,为语料库的后期分析工作奠定基础。
(3)运用语料库,对词汇语法语言系统和语言的使用进行可靠的描述和分析。
(4)以语料库为基础描述语言,应用于语言教学,自然语言的机器处理(包括语音识别和机器翻译)。

其中,最后一项任务是语料库语言学研究的主要焦点。

四、语料库的应用

由于语料库具有语言样本大、语域广等特征,其收集的语言材料具有很强的代表性,它极大地促进了语言学的发展。例如,《朗文英语口语和笔语语法》(*Longman Grammar of Spoken and Written English*,1999)就是一部完全建立在语料库基础上的语法书。这本语法书依据的语料库由 37 244 个文本,共计 4 000 多万词的文本语料组成,语料主要选自会话、小说、新闻和学术文章四个语域,系统地揭示了英语口语和笔语的语法特点。有了这样一个规模宏大、语域相对齐全的语料库,编者就可以对各种语法现象的分布和频率进行全面而可靠的统计,让使用者清楚地知道哪些是常见的语法现象,哪些是一般现象,哪些属于例外情况。

语料库还有其他方面的作用。例如,内省法毫无用处的历史语言学中,语料库是最有效的研究手段,因为语料库语言学可以处理一定范围内的语料,揭示语言在某一历史阶段的情况。语料库的检索功能和统计手段给句法研究、语篇分析、会话分析和语音研究提供了方便。此外,语料库还可用来研究特定语域的词频、语言结构、意义表达以及语用等特征。

不难看出,语料库的应用范围十分广泛。下面我们就来重点分析语料库在语料处理工具的研制、语言和外语教学、词典编纂、机器翻译以及语言测试中的应用。

(一)在语料处理工具研制中的应用

在语料处理工具的研制方面,语料库语言学推动了许多软件工具的研制,如词汇赋码器和句法分析器。

1. 词汇赋码器的研制

所谓赋码,就是指对文本中的每个字的词类特征及其他特征加上电脑能识别的符号,这是一项极其劳工费时的工作。如果没有机器赋码软件,大规模处理语料将变得十分困难,概率的方法成功地解决了这一难题。研究者使用马科夫模型可以定出如何在一个字符串中对每个字符赋予一组可能标记的规则。也就是说,根据概率可以相当准确地估计出字符串中的字符最可能有的标记顺序,列出概率矩阵。

2. 句法分析器的研制

无论用短语结构分析的方法,还是用字符串处理的方法,总有一些语法结构不能进行自动分析,其原因可能是缺乏可靠的频率资料,也可能是缺乏理论上的共识。因此,句法分析器还未达到令人满意的程度。

(二)在语言和外语教学中的应用

对于语言和外语教学,利用语料库对语言的特征以及学习者的语言使用特征等方面进行分析,其分析结果可应用于指导语言教学的实践。琼斯(Jones)把这种将语料库用于语言学习的方法叫作"语料驱动学习"。例如,语言现象的分布和频率等信息可以用来指导教师确定哪些是教学的重点和难点等;学习者的语言应用和使用失误等信息可以帮助教师诊断学生在语言学习过程中可能存在的问题,并对学生进行富有针对性的训练。

"语料驱动学习"的关键是学生通过分析语料库提供的语言使用模式对语法规则及词汇进行推理习得。这种方法具有以下三个方面的优势。

(1)它对在语言教学与学习中的语法地位进行重新评估,把学习者自己对语法现象的发现作为语言学习的焦点,这就提出了一种新型的"语法意识培养"模式。

(2)它不仅可以丰富教师的语言知识,还促使教师变换角色,在以学生为中心的研究中充当指导者、协调者。

(3)它鼓励学生思考质疑,帮助学习者培养观察目标语的语言模式并归纳总结此模式的用法,这就使学习者从被动的接受者变为主动的研究者。

如果把外语教学建立在以语料库所提供的信息为基础、以词汇为中心的教学模式上,至少有以下几方面的好处。

(1)由于语料库和语料库语言学对外语教学在理论、内容和方法上的促进和指导作用,它使英语教学从已被证明是收效不大的以语法为中心的教学方法中摆脱出来。

(2)它使学生能在自然的语境中学到在真正交际中使用的语言。

(3)它为学生提供了可供学习的典型语料,这些语料既包括最常用的词汇,又包括最常用的语法现象,有利于培养学习者活学活用、举一反三的能力。

(三)在词典编纂中的应用

大型语料库对于词典编纂无疑极有用处。例如,《朗文英语词典》正文中的词义解释、例句和词语使用频率标记等都得益于朗文语料库网,而朗文语料库网又包含下面三个子语料库。

(1)英语口语语料库,含第一个日常英语会话语料库。

(2)朗文学生语料库,含世界上唯一的各国英语学习者书面英语语料库。

(3)朗文/兰卡斯特语料库,含英美语各种类型的书面语 3 000 万词。

再如,《科林斯-科贝尔特英语词典》有自己的大型语料库,《美语传统词典》参考了美国中学生阅读语料库。

(四)在机器翻译中的应用

在机器翻译方面,单语种的语料库可以间接为机器翻译服务,并行语料库可直接为机器翻译服务。语料库在机器翻译方面的应用主要表现在以下几个方面。

1. 直接对译

从20世纪90年代初以来,研究者试验在双语并行语料库的基础上使用统计手段和对应的词表,无须进行语言的结构分析,直接进行对译。例如,在加拿大议会文档英法双语语料库的基础上,他们研制了英法语机器翻译系统。我国的不少英汉对译的优秀电脑软件基本上都是在大型双语词库的基础上研制的翻译器,对双语之间的直接对译带来了极大的便利。需要说明的是,没有完善的句法分析器,整句翻译或段落互译尚不太成功。

2. 话语辨认

话语辨认是指依靠计算机来辨认和识别复杂的话语,这方面的研究尚不成功。当然,在给语料赋码时使用的概率手段也可用于辨别由简短停顿明确隔开的语音材料,计算机从而能算出由两三个词项组成的字符串的概率,不断更新推算的准确性和范围,逐步改进机器辨认话语的能力。

3. 话语合成

研究者用电脑处理口语语料库中经过语音韵律和语法标记赋码的语料,用概率统计的方法推导出必要的规则,从而把文字材料变为具有声音的话语,这就是话语的合成。这方面已经获得了初步的成功。

(五)在语言测试中的应用

对于语言测试,语料库在语言测试中的应用主要体现在命题、试卷分析和基于语料的语言测试模式设计等方面。

1. 命题

根据语料库提供的信息进行命题可以有效地提高考试的效度,同时保证考试的科学性和针对性。首先,查找合适的材料是命题者普遍感到比较困难而且费时的过程,语料库凭借自身优势可以为命题者提供合适的素材。

其次,语料库可以为命题者提供考点分析,如果已经建设一个规模较大的而且具有语言使用失误标注的学习者语料库(如 CLEC),根据错误的分布和频率等信息,命题者就很容易确定哪些词、哪些语言结构应该作为考试的重点。

2. 试卷分析

为提高试卷分析的效果,可创建一个专门的试卷语料库,先把某种考试的历年试卷收集起来,再对试卷语料库进行必要的标注,如通过词汇、考点内容等进行标注。这些标注过的语料库可以对词频和考点分布的频率等做出科学的分析,其分析结果不仅可用于分析试题内容效度还可用来编写富有针对性的应试辅导资料。

3. 基于语料的语言测试模式设计

随着科学技术的不断发展,计算机化考试正在逐渐成为语言测试的一种发展潮流。语料库在设计计算机化考试方面能够发挥重要作用。

此外,语料库语言学有力地推动了计算机语言学的发展,主要表现在语料处理工具的研究、机器翻译及话语识别和话语合成等方面。

参考文献

[1]廖美珍.语言学教程(修订版)精读精解.成都:西南交通大学出版社,2009

[2]王德春.普通语言学.上海:上海外语教育出版社,2011

[3]白雅,岳夕茜.语言与语言学研究.昆明:云南大学出版社,2010

[4]王远新.语言理论与语言学方法论.北京:教育科学出版社,2006

[5]胡壮麟.语言学教程.北京:北京大学出版社,2007

[6]许天福,虞小梅,孙万彪.现代英语语音学.西安:陕西人民出版社,1985

[7]汪榕培,王之江.英语词汇学.上海:上海外语教育出版社,2008

[8]蓝纯.语言学概论.北京:外语教学与研究出版社,2009

[9]隋晓冰.现代英语词汇学概论.哈尔滨:哈尔滨工程大学出版社,2005

[10]陆国强.现代英语词汇学.上海:上海外语教育出版社,1999

[11]戴炜栋,束定芳,周雪林,陈夏芳.现代英语语言学概论.上海:上海外语教育出版社,1998

[12]牟杨.新编简明英语语言学教程学习指南.成都:西南交通大学出版社,2009

[13]张干周.实用英语语法教程.杭州:浙江大学出版社,2010

[14]何桂金,高纪兰.新英语语法教程.北京:外语教学与研究出版社,2010

[15]袁懋梓.大学英语语法.北京:外语教学与研究出版社,2006

[16]束定芳.现代语义学.上海:上海外语教育出版社,2000

[17]严辰松,高航.语用学.上海:上海外语教育出版社,2005

[18]俞东明.什么是语用学.上海:上海外语教育出版社,2011

[19]何自然.语用学十二讲.上海:华东师范大学出版社,2010

[20]熊学亮.简明语用学教程.上海:复旦大学出版社,2008

[21]陈长茂.基础语言学.郑州:河南大学出版社,1986

[22]池昌海.现代语言学导论.杭州:浙江大学出版社,2007

[23]刘润清.语言学入门.北京:人民教育出版社,1990

[24]甘世安.现代语言学精要问答.西安:西安出版社,2002

[25]赵联斌.英语语法学习新视角.郑州:河南人民出版社,2007

[26]祝西莹,徐淑霞.中西文化概论.北京:中国轻工业出版社,2010

[27]黄勇.英汉语言文化比较.西安:西北工业大学出版社,2007

[28]李军,朱筱新.中西文化比较.北京:中国人民大学出版社,2010

[29]陈俊森,樊葳葳,钟华.跨文化交际与外语教育.武汉:华中科技大学出版社,2006

[30]常宝儒.汉语语言心理学.北京:知识出版社,1990

[31]冯志伟.计算语言学基础.北京:商务印书馆,2001

[32]桂诗春.新编心理语言学.上海:上海外语教育出版社,2000

[33]刘涌泉,乔毅.应用语言学.上海:上海外语教育出版社,1991

[34]蓝纯.语言导论.北京:外语教学与研究出版社,2007

[35]何自然,冉永平.新编语用学概论.北京:北京大学出版社,2011

[36]李玉田.试谈社会因素对语言发展的影响.安徽大学学报,1985,(3)

[37]程丽霞.语言接触、类推与形态化.外语与外语教学,2004,(8)

[38]吴俪旻.句法学主要研究目标的分析——句子线性及层次性结构.青年文学家,2013,(4)

[39]税昌锡.语义特征分析的作用和语义特征的提取.北方论丛,2005,(3)

[40]贺显斌.语言与文化关系的多视角研究.西安外国语学院学报,2002,(3)

[41]高延菊.浅谈"沃尔夫假说".聊城大学学报,2009,(2)

[42]李艳红.论沃尔夫"语言相对论"的核心思想.河北民族师范学院学报,2013,(4)

[43]赵彦芳.论大学生跨文化非语言交际能力的培养.科技信息,2008,(26)

[44]Hayes,C. W., et al. *The ABC's of Language and Linguistic*. Chicago:Voluntad Publishers,Inc.,1987